普通高等教育工程应用型系列教材

建设法规与案例分析

徐 雷 主编

科学出版社

北 京

内 容 简 介

本书共分十二章，主要内容包括：建设法规相关法律基础、建设法规概论、工程建设程序法律法规、工程建设行政许可法律法规、建设工程招标投标法律法规、建设工程勘察设计法律法规、建设工程监理法律法规、建设工程安全生产管理法律法规、建设工程质量管理法律法规、建设工程施工合同管理法律法规、建设工程环境保护法律法规、建筑节能法律法规等，每章均设有案例分析一节以及若干复习思考题。本书注意对法律法规最新内容的介绍，注重建设法规具有的体系化结构，在内容编写上力求突出法律法规蕴含的若干知识点之间的系统性、关联性及逻辑性。通过案例分析，提升了本书的可读性、实践性，也使理论知识学习更加深入有效。本书可作为高等学校土木建筑类专业及相关工程类专业的本专科教材，也可供建设单位、设计、施工、监理单位，以及建设行政管理部门等有关各类工作人员，学习建设工程法律法规知识所用。

图书在版编目(CIP)数据

建设法规与案例分析/徐雷主编. —北京：科学出版社，2015.8
普通高等教育工程应用型系列教材
ISBN 978-7-03-045475-1

I. ①建… II. ①徐… III. ①建筑法-案例-中国-高等学校-教材 IV. ①D922.297.5

中国版本图书馆 CIP 数据核字(2015)第 190411 号

责任编辑：陈 琪/责任校对：胡小洁
责任印制：赵 博/责任设计：迷底书装

科学出版社 出版
北京东黄城根北街 16 号
邮政编码：100717
http://www.sciencep.com

北京中石油彩色印刷有限责任公司印刷
科学出版社发行 各地新华书店经销
*

2015 年 8 月第 一 版　开本：787×1092　1/16
2025 年 7 月第十次印刷　印张：14
字数：331 000

定价：59.00 元
(如有印装质量问题，我社负责调换)

前　言

　　建筑业作为我国国民经济的主要支柱产业之一，它与国家社会经济的可持续发展、改善提高人民生活水平、促进生态文明建设等都存在着密切关系。随着我国经济发展进入新常态，建设工程投资总量减少和放缓的态势已然显现。在新的形势下，传统建筑业粗放式的生产模式亟须转变，其伴生的质量安全事故率较高，建设活动能耗较大，环境污染较为严重等问题亟待解决。建筑业从业单位数量众多，且同质化竞争严重。企业缺乏高层次知识产权和高水平技术创新等，涉及行业结构调整和内涵建设的诸多问题，有待破解。

　　习近平总书记在党的十八届四中全会上指出："推进国家治理体系和治理能力现代化，要高度重视法治问题，采取有力措施全面推进依法治国，建设社会主义法治国家，建设法治中国。"

　　因此，对上述问题的解决，虽需要多元化的手段，但在依法治国、市场经济等政治经济宏观背景下，法律方法实为不可或缺的重要手段之一。同时，随着我国加入WTO，我国建筑业一方面迎来新的挑战，同时也迎来了新的机遇，建筑业实施走出去的战略正在逐步实现。而要在国际工程承包市场上进一步扩大经营份额并占领竞争制高点，就必须遵守和适应相关国外法律和国际工程规则。

　　总之，随着我国社会主义市场经济体制建设的不断深入和改革开放的不断深化，其形势必然要求建筑业要大力加强法制化建设。同时，这些建筑业发展所面临的新问题、新情况、新形势都要求建筑业从业人员知识结构、技术能力进行与时俱进的变革、改造和提升。而这其中，建设法律法规就成为一个新的重要且必需的知识部分。作为培养未来建筑业骨干力量的土木、建筑类高等学校在此背景下，也积极进行了相应的教育教学建设与改革，高等学校土木工程专业指导委员会及其他相关专业指导委员会已将《建设法规》列入土木工程专业课程体系。这一举措旨在培养懂技术、懂管理、懂法律的复合型、能创新并且适应社会主义市场经济和国际工程承包市场的专门人才。另外，我国已对建筑业有关从业人员实施了注册执业资格制度。从各种执业资格考试科目来看，建设法规也是其中重要的一个内容。

　　本书从与建设法规有较紧密联系的相关法律基础理论开始介绍，涵盖了建设法规涉及的主要知识内容。本书注意对建设法律法规最新内容的介绍解读，并贯穿知识结构体系化编写思路，注重分析各法律法规包含知识点之间的联系和逻辑。注意结合国家新的相关政策和建筑业当前实际及任务，力图使建设法律法规的理论、知识和规定与建设工程实践紧密结合。通过每章案例分析章节，增加了本书的实践性、可读性及实用性。在每章后附有涵盖本章主要知识点的复习思考题，以方便和深化教学及学习。

　　编写本书的主要目的在于，使学习者掌握建设法律法规基本知识，进一步完善其知识结构并培养工程建设法律意识。使学习者具备运用所学建设法律法规知识，解决工程建设中相关法律问题的基本能力，并提升其依法进行建设工程管理的自觉与水平。

　　本书由西安建筑科技大学徐雷任主编，各章编写分工如下：第一、三、九章由徐雷编写；第二章由黄莺、徐雷编写；第四、六章由李卢燕、徐雷编写；第五章由孙瑞芬编写；第七、八章由王莉、徐雷编写；第十章由万婷婷编写；第十一章由王桃编写；第十二章由郭宏竹、徐雷编写。本书可作为高等学校土木建筑类专业及相关工程类专业的本专科教材，也可供建设单位、设计、施工、监理单位，以及建设行政管理部门等有关各类工作人员，学习建设工程法律法规知识所用。若将本书作为教材使用，建议学时安排在32—36学时为宜。

本书参考文献的相关信息已在书后列出。在此，对其知识产权人表示衷心的感谢。由于编者水平有限，书中难免存有错漏之处，望读者不吝批评指正。

编　者

2015年5月19日

目 录

前言
第1章 建设法规相关法律基础 ·· 1
  1.1 行政许可法基础 ·· 1
    1.1.1 行政许可法概述 ··· 1
    1.1.2 行政许可法的基本原则 ··· 1
    1.1.3 行政许可的设定 ··· 2
    1.1.4 行政许可的实施 ··· 3
    1.1.5 行政许可的撤销与注销 ··· 4
    1.1.6 法律责任 ··· 5
  1.2 民法基础 ··· 5
    1.2.1 民法概述 ··· 5
    1.2.2 民法的基本原则 ··· 5
    1.2.3 民事法律关系 ··· 6
    1.2.4 民事法律行为 ··· 8
    1.2.5 代理 ·· 10
    1.2.6 诉讼时效 ·· 11
    1.2.7 民法基本制度 ·· 11
  1.3 合同法基础 ·· 14
    1.3.1 合同法概述 ·· 14
    1.3.2 合同的订立 ·· 14
    1.3.3 合同的效力 ·· 15
    1.3.4 合同的履行 ·· 16
    1.3.5 合同的变更、转让和终止 ·· 17
    1.3.6 违约责任 ·· 17
  1.4 民事诉讼法基础 ·· 17
    1.4.1 民事诉讼与民事诉讼法概述 ······································ 17
    1.4.2 民事诉讼法的基本原则 ·· 18
    1.4.3 民事诉讼的管辖及管辖权的异议 ·································· 19
    1.4.4 民事诉讼的参加人 ·· 20
    1.4.5 民事诉讼的证据 ·· 20
    1.4.6 民事诉讼的审判程序 ·· 20
  1.5 仲裁法基础 ·· 21
    1.5.1 仲裁的概念及特点 ·· 21
    1.5.2 仲裁的基本原则 ·· 22

   1.5.3 仲裁协议 ·· 23
   1.5.4 仲裁程序 ·· 23
   1.5.5 法院对仲裁的协助和监督 ·· 24
  1.6 案例分析 ·· 25
  复习思考题 ·· 28

第 2 章 建设法规概论 ·· 29
  2.1 建设法规概述 ··· 29
   2.1.1 建设法规的概念 ·· 29
   2.1.2 建设法规的调整对象 ·· 29
  2.2 建设法规体系 ··· 30
   2.2.1 建设法规体系的概念 ·· 30
   2.2.2 建设法规体系的构成 ·· 31
  2.3 建设法规立法原则及实施 ·· 31
   2.3.1 建设法规的立法原则 ·· 31
   2.3.2 建设法规的实施 ·· 32
  2.4 案例分析 ·· 35
  复习思考题 ·· 37

第 3 章 工程建设程序法律法规 ·· 38
  3.1 概述 ··· 38
   3.1.1 工程建设程序的概念 ·· 38
   3.1.2 工程建设程序阶段划分 ··· 38
   3.1.3 工程建设程序立法现状 ··· 39
  3.2 工程建设项目决策 ··· 39
   3.2.1 概念 ·· 39
   3.2.2 投资机会研究 ··· 40
   3.2.3 项目建议书 ·· 40
   3.2.4 可行性研究 ·· 40
   3.2.5 项目审批立项 ··· 40
  3.3 工程建设项目实施准备 ·· 41
   3.3.1 报规报建 ··· 41
   3.3.2 征地拆迁 ··· 42
   3.3.3 勘察设计 ··· 42
   3.3.4 落实建设资金 ··· 43
   3.3.5 工程建设招标投标 ··· 43
  3.4 工程建设项目实施 ··· 44
   3.4.1 施工准备 ··· 44
   3.4.2 工程施工 ··· 45
   3.4.3 生产准备 ··· 45
  3.5 工程竣工验收及后评价 ·· 46

3.5.1 竣工验收 ··· 46
　　　3.5.2 质量保修 ··· 47
　　　3.5.3 项目后评价 ·· 47
　3.6 案例分析 ·· 48
　复习思考题 ·· 51
第4章 工程建设行政许可法律法规 ··· 52
　4.1 工程建设行政许可概述 ··· 52
　　　4.1.1 概念 ·· 52
　　　4.1.2 工程建设行政许可实施概述 ····································· 52
　　　4.1.3 实行工程建设行政许可制度的意义 ························· 53
　4.2 建筑工程施工许可法律制度 ··· 54
　　　4.2.1 建筑工程施工许可制度概述 ····································· 54
　　　4.2.2 建筑工程施工许可的适用范围 ································· 54
　　　4.2.3 申领建筑工程施工许可证的法定条件 ····················· 54
　4.3 工程建设从业单位资质行政许可法律规定 ······················· 56
　　　4.3.1 从业单位资质行政许可制度概述 ····························· 56
　　　4.3.2 建筑业企业资质行政许可法律规定 ························· 56
　　　4.3.3 勘察设计企业资质行政许可法律规定 ····················· 60
　　　4.3.4 工程监理企业资质行政许可法律规定 ····················· 61
　4.4 从业人员执业资格行政许可法律规定 ······························· 62
　　　4.4.1 概述 ·· 62
　　　4.4.2 注册建筑师执业资格 ··· 63
　　　4.4.3 注册结构工程师执业资格 ··· 64
　　　4.4.4 注册建造师执业资格 ··· 65
　　　4.4.5 注册监理工程师执业资格 ··· 67
　4.5 案例分析 ·· 68
　复习思考题 ·· 70
第5章 建设工程招标投标法律法规 ··· 71
　5.1 概述 ·· 71
　　　5.1.1 招标投标概念 ·· 71
　　　5.1.2 建设工程招标投标立法沿革 ····································· 71
　　　5.1.3 建设工程招标投标原则 ··· 74
　5.2 建设工程项目招标 ·· 75
　　　5.2.1 招标条件及方式 ··· 75
　　　5.2.2 资格审查 ·· 76
　　　5.2.3 招标文件编制及发售 ··· 76
　　　5.2.4 招标代理 ·· 77
　　　5.2.5 实施招标的项目范围 ··· 78
　5.3 建设工程项目投标 ·· 78

5.3.1　投标文件的编制与送达 ································· 78
　　　5.3.2　联合体共同投标 ······································· 79
　　　5.3.3　关于违法投标行为的有关法律规定 ······················· 79
　5.4　建设工程项目开标评标和中标 ··································· 81
　　　5.4.1　建设工程项目开标 ····································· 81
　　　5.4.2　建设工程项目评标 ····································· 81
　　　5.4.3　建设工程项目中标 ····································· 83
　5.5　案例分析 ··· 83
　复习思考题 ··· 86

第6章　建设工程勘察设计法律法规 ··································· 87
　6.1　概述 ··· 87
　　　6.1.1　建设工程勘察设计概念 ································· 87
　　　6.1.2　建设工程勘察设计工作原则 ····························· 87
　　　6.1.3　建设工程勘察设计的重要性 ····························· 88
　6.2　建设工程勘察设计立法概况 ····································· 89
　　　6.2.1　建设工程勘察立法概况 ································· 89
　　　6.2.2　建设工程设计立法概况 ································· 90
　6.3　建设工程勘察设计任务承揽法律法规 ····························· 91
　　　6.3.1　概述 ··· 91
　　　6.3.2　承揽工程勘察设计项目的法律规定 ······················· 92
　6.4　建设工程勘察设计合同管理法律法规 ····························· 94
　　　6.4.1　建设工程勘察设计合同概念及内容 ······················· 94
　　　6.4.2　建设工程勘察设计合同示范文本法律效力 ················· 95
　　　6.4.3　建设工程勘察设计合同示范文本的适用范围 ··············· 95
　　　6.4.4　建设工程勘察设计合同主体的权利义务 ··················· 96
　6.5　建设工程设计文件编制与实施的法律规定 ························· 98
　　　6.5.1　建设工程设计文件编制依据的法律规定 ··················· 98
　　　6.5.2　建设工程设计文件编制深度法律规定 ····················· 98
　　　6.5.3　建设工程设计文件实施的法律规定 ······················· 99
　6.6　建设工程勘察设计知识产权 ···································· 100
　　　6.6.1　知识产权概述 ·· 100
　　　6.6.2　建设工程勘察设计知识产权范围 ························ 101
　　　6.6.3　建设工程勘察设计知识产权侵权与处理 ·················· 102
　6.7　案例分析 ·· 103
　复习思考题 ·· 106

第7章　建设工程监理法律法规 ······································ 107
　7.1　建设工程监理概述 ·· 107
　　　7.1.1　建设工程监理概念 ···································· 107
　　　7.1.2　建设工程监理原则 ···································· 107

7.2 建设工程监理制度立法沿革 ·················· 108
7.2.1 试点起步阶段立法 ·················· 108
7.2.2 稳步发展阶段立法 ·················· 109
7.2.3 全面实施阶段立法 ·················· 109
7.3 建设工程监理的有关法律规定 ·················· 110
7.3.1 关于监理范围和规模标准的法律规定 ·················· 110
7.3.2 关于施工旁站监理的法律规定 ·················· 111
7.3.3 关于总监理工程师质量安全责任的法律规定 ·················· 112
7.4 建设工程监理合同示范文本 ·················· 114
7.4.1 概念 ·················· 114
7.4.2 制定沿革 ·················· 114
7.4.3 内容结构 ·················· 114
7.4.4 建设工程监理合同双方主体的义务及权利 ·················· 115
7.5 案例分析 ·················· 118
复习思考题 ·················· 120

第8章 建设工程安全生产管理法律法规 ·················· 121
8.1 建设工程安全生产管理概述 ·················· 121
8.1.1 建设工程安全生产概念 ·················· 121
8.1.2 建设工程安全生产管理概念 ·················· 121
8.2 建设工程安全生产管理立法 ·················· 121
8.2.1 立法沿革 ·················· 121
8.2.2 《安全生产法》简介 ·················· 122
8.3 建设工程安全生产监督管理 ·················· 123
8.3.1 概述 ·················· 123
8.3.2 有关法律法规规定 ·················· 124
8.4 建设工程各方主体安全生产责任法律规定 ·················· 125
8.4.1 建设单位的安全生产责任 ·················· 125
8.4.2 勘察设计单位的安全生产责任 ·················· 126
8.4.3 施工单位的安全生产责任 ·················· 127
8.4.4 监理单位的安全生产责任 ·················· 131
8.4.5 其他单位的安全生产责任 ·················· 131
8.5 建设工程安全生产管理法定制度 ·················· 133
8.5.1 安全生产责任制度 ·················· 133
8.5.2 安全生产教育培训制度 ·················· 134
8.5.3 安全生产应急救援预案制度 ·················· 135
8.5.4 事故报告及调查处理制度 ·················· 136
8.6 案例分析 ·················· 137
复习思考题 ·················· 142

第9章 建设工程质量管理法律法规 ·················· 143

9.1 概述 ··· 143
  9.1.1 质量概念 ·· 143
  9.1.2 质量管理概念及原则 ··· 143
  9.1.3 建设工程质量管理概述 ··· 143
9.2 建设工程质量监督管理法律规定 ·· 144
  9.2.1 立法沿革简介 ·· 144
  9.2.2 法律规定主要内容 ··· 145
9.3 施工图审查管理法律规定 ·· 146
  9.3.1 施工图审查概念 ·· 146
  9.3.2 法律规定主要内容 ··· 146
9.4 建设工程质量标准化管理 ·· 147
  9.4.1 法律法规依据 ·· 147
  9.4.2 标准分级分类的法律规定 ··· 148
  9.4.3 工程建设标准强制性条文 ··· 149
9.5 建设工程质量管理各方主体的法律义务责任 ·· 150
  9.5.1 建设单位质量管理法律义务责任 ··· 150
  9.5.2 工程勘察设计单位质量管理法律义务责任 ··· 152
  9.5.3 施工单位质量管理法律义务责任 ··· 153
  9.5.4 监理单位质量管理法律义务责任 ··· 155
  9.5.5 项目负责人质量责任终身追究法律制度 ··· 155
9.6 建设工程质量保修法律制度 ·· 157
  9.6.1 工程质量保修书 ·· 157
  9.6.2 保修范围及期限 ·· 157
  9.6.3 保修义务及责任 ·· 158
9.7 案例分析 ··· 158
复习思考题 ··· 162

第 10 章 建设工程施工合同管理法律法规 ·· 163
10.1 建设工程合同概述 ··· 163
  10.1.1 建设工程合同概念 ··· 163
  10.1.2 建设工程合同种类 ··· 163
  10.1.3 各种建设工程合同的关系 ··· 164
10.2 建设工程施工合同概念及特点 ·· 165
  10.2.1 建设工程施工特点 ··· 165
  10.2.2 建设工程施工合同概念 ··· 165
  10.2.3 建设工程施工合同及其管理特点 ··· 166
10.3 建设工程施工合同缔约及履行 ·· 166
  10.3.1 建设工程施工合同缔约履行原则 ··· 166
  10.3.2 建设工程施工合同示范文本 ··· 168
  10.3.3 施工合同主体双方的权利及义务 ··· 169

  10.3.4　施工合同变更 …………………………………………………………………171
 10.4　建设工程施工合同争议纠纷处理 ……………………………………………………172
  10.4.1　施工合同争议纠纷概念 ……………………………………………………172
  10.4.2　施工合同争议纠纷法定处理方式 …………………………………………172
  10.4.3　审理施工合同纠纷案件的司法解释 ………………………………………173
 10.5　案例分析 ………………………………………………………………………………176
 复习思考题 ……………………………………………………………………………………180

第11章　建设工程环境保护法律法规 …………………………………………………………181
 11.1　概述 ……………………………………………………………………………………181
  11.1.1　环境保护概述 ………………………………………………………………181
  11.1.2　环境保护立法体系概述 ……………………………………………………182
  11.1.3　《环境保护法》概述 …………………………………………………………182
 11.2　建设项目环境污染的形成及影响作用 ………………………………………………184
  11.2.1　建设项目环境污染的形成 …………………………………………………184
  11.2.2　建设项目环境污染的影响作用 ……………………………………………184
 11.3　建设项目水污染防治 …………………………………………………………………186
  11.3.1　《水污染防治法》概述 ………………………………………………………186
  11.3.2　水污染防治法律制度 ………………………………………………………186
  11.3.3　建设项目水污染防治法律规定 ……………………………………………187
 11.4　建设工程固体废物污染防治 …………………………………………………………188
  11.4.1　《固体废物污染防治法》概述 ………………………………………………188
  11.4.2　固体废物污染防治法律制度 ………………………………………………188
  11.4.3　建设项目固体废物污染防治法律规定 ……………………………………188
 11.5　建设项目大气污染防治 ………………………………………………………………189
  11.5.1　《大气污染防治法》概述 ……………………………………………………189
  11.5.2　大气污染防治法律制度 ……………………………………………………189
  11.5.3　建设项目大气污染防治法律规定 …………………………………………190
 11.6　建设项目环境噪声污染防治 …………………………………………………………191
  11.6.1　《环境噪声污染防治法》概述 ………………………………………………191
  11.6.2　环境噪声污染防治法律制度 ………………………………………………191
  11.6.3　建设项目环境噪声污染防治法律规定 ……………………………………191
 11.7　案例分析 ………………………………………………………………………………192
 复习思考题 ……………………………………………………………………………………194

第12章　建筑节能法律法规 ……………………………………………………………………195
 12.1　概述 ……………………………………………………………………………………195
  12.1.1　建筑节能概念 ………………………………………………………………195
  12.1.2　建筑节能意义 ………………………………………………………………195
  12.1.3　建筑节能立法状况 …………………………………………………………195
 12.2　民用建筑节能法律法规 ………………………………………………………………197

  12.2.1 民用建筑节能立法背景 ·· 197
  12.2.2 新建建筑节能法律规定 ·· 197
  12.2.3 既有建筑节能法律规定 ·· 198
  12.2.4 用能系统运行节能法律规定 ·· 199
 12.3 建筑节能标准规范 ·· 200
  12.3.1 标准规范的制定 ·· 200
  12.3.2 对执行标准规范的行政监督管理 ··· 201
 12.4 绿色建筑与绿色施工 ··· 201
  12.4.1 概述 ·· 201
  12.4.2 《绿色建筑技术导则》简介 ··· 202
  12.4.3 《绿色施工导则》简介 ·· 203
 12.5 案例分析 ·· 204
 复习思考题 ··· 208
参考文献 ·· 209

第 1 章 建设法规相关法律基础

1.1 行政许可法基础

1.1.1 行政许可法概述

2003年8月27日，第十届全国人大常委会第四次会议通过了《中华人民共和国行政许可法》，于2004年7月1日起施行。

行政许可法所称行政许可，是指行政机关根据公民、法人或者其他组织的申请，经依法审查，准予其从事特定活动的行为。行政许可的设定和实施，适用本法；有关行政机关对其他机关或者对其直接管理的事业单位的人事、财务、外事等事项的审批，不适用本法。根据《行政许可法》第三条规定，行政许可法是规范行政许可的设定和实施的法律。

行政许可法的立法宗旨是为了规范行政许可的设定和实施，保护公民、法人和其他组织的合法权益，维护公共利益和社会秩序，保障和监督行政机关有效实施行政管理。

2005年，建设部为了促进行政许可法全面正确地贯彻与实施，加快政府职能转变，从源头上预防和治理腐败，建立起行为规范、运转协调、公正透明、廉洁高效的建设行政管理体制，印发了《关于对建设系统贯彻执行行政许可法情况开展监督检查的工作方案》的通知。通过监督检查，督促各级建设行政机关及法律法规授权的组织依法实施行政许可，公开透明，高效便民，依法保护公民、法人和其他组织的合法权益。

1.1.2 行政许可法的基本原则

1. 行政许可法定原则

设定和实施行政许可，应当依照法定的权限、范围、条件和程序。行政许可法定原则是依法行政原则在行政许可制度中的具体体现。

2. 公开、公平、公正原则

设定和实施行政许可，应当遵循公开、公平、公正的原则。有关行政许可的规定应当公布；未经公布的，不得作为实施行政许可的依据。行政许可的实施和结果，除涉及国家秘密、商业秘密或者个人隐私的外，应当公开。符合法定条件、标准的，申请人有依法取得行政许可的平等权利，行政机关不得歧视。

3. 便民原则

实施行政许可，应当遵循便民的原则，提高办事效率，提供优质服务。

4. 救济原则

公民、法人或者其他组织对行政机关实施行政许可，享有陈述权、申辩权；有权依法申请行政复议或者提起行政诉讼；其合法权益因行政机关违法实施行政许可受到损害的，有权依法要求赔偿。

5. 信赖保护原则

公民、法人或者其他组织依法取得的行政许可受法律保护，行政机关不得擅自改变已经生效的行政许可。

行政许可所依据的法律、法规、规章修改或者废止，或者准予行政许可所依据的客观情况发生重大变化的，为了公共利益的需要，行政机关可以依法变更或者撤回已经生效的行政许可。由此给公民、法人或者其他组织造成财产损失的，行政机关应当依法给予补偿。

6. 禁止随意转让原则

依法取得的行政许可，除法律、法规规定依照法定条件和程序可以转让的外，不得转让。

1.1.3 行政许可的设定

行政许可的设定，是指有关国家机关依照法律规定的权限、范围创设行政许可的行为。设定行政许可，应当遵循经济和社会发展规律，有利于发挥公民、法人或者其他组织的积极性、主动性，维护公共利益和社会秩序，促进经济、社会和生态环境协调发展。

1. 行政许可的设定范围

下列事项可以设定行政许可：

(1) 直接涉及国家安全、公共安全、经济宏观调控、生态环境保护以及直接关系人身健康、生命财产安全等特定活动，需要按照法定条件予以批准的事项；

(2) 有限自然资源开发利用、公共资源配置以及直接关系公共利益的特定行业的市场准入等，需要赋予特定权利的事项；

(3) 提供公众服务并且直接关系公共利益的职业、行业，需要确定具备特殊信誉、特殊条件或者特殊技能等资格、资质的事项；

(4) 直接关系公共安全、人身健康、生命财产安全的重要设备、设施、产品、物品，需要按照技术标准、技术规范，通过检验、检测、检疫等方式进行审定的事项；

(5) 企业或者其他组织的设立等，需要确定主体资格的事项；

(6) 法律、行政法规规定可以设定行政许可的其他事项。

对上述可以设定行政许可的事项，通过下列方式能够予以规范的，可以不设行政许可：

(1) 公民、法人或者其他组织能够自主决定的；

(2) 市场竞争机制能够有效调节的；

(3) 行业组织或者中介机构能够自律管理的；

(4) 行政机关采用事后监督等其他行政管理方式能够解决的。

2. 行政许可设定权依据

(1) 法律规定可以设定行政许可。

(2) 尚未制定法律的，行政法规可以设定行政许可。必要时，国务院可以采用发布决定的方式设定行政许可。实施后，除临时性行政许可事项外，国务院应当及时提请全国人民代表大会及其常务委员会制定法律，或者自行制定行政法规。

(3) 尚未制定法律、行政法规的，地方性法规可以设定行政许可；

(4) 尚未制定法律、行政法规和地方性法规的，因行政管理的需要，确需立即实施行政许可的，省、自治区、直辖市人民政府规章可以设定临时性的行政许可。临时性的行政许可实施满一年需要继续实施的,应当提请本级人民代表大会及其常务委员会制定地方性法规。

1.1.4 行政许可的实施

行政许可的实施,是指国家行政机关和有关组织依法为公民、法人或者其他组织具体办理行政许可的行为。

1. 行政许可的实施主体

1)行政机关

行政许可由具有行政许可权的行政机关在其法定职权范围内实施。

行政机关在其法定职权范围内,依照法律、法规、规章的规定,可以委托其他行政机关实施行政许可。委托机关应当将受委托行政机关和受委托实施行政许可的内容予以公告。委托行政机关对受委托行政机关实施行政许可的行为应当负责监督,并对该行为的后果承担法律责任。受委托行政机关在委托范围内,以委托行政机关名义实施行政许可;不得再委托其他组织或者个人实施行政许可。

2)授权组织

法律、法规授权的具有管理公共事务职能的组织,在法定授权范围内,以自己的名义实施行政许可。被授权的组织适用行政许可法有关行政机关的规定。

2. 行政许可的实施程序

许可实施程序,是指从受理申请到做出或拒绝许可等决定的步骤、方式和时限的总称。包括一般程序和特别程序。

1)行政许可的一般程序

(1)申请与受理

公民、法人或者其他组织从事特定活动,依法需要取得行政许可的,应当向行政机关提出申请。申请人应当如实提交有关材料和反映真实情况,并对其申请材料实质内容的真实性负责。行政许可申请可以通过信函、电报、电传、传真、电子数据交换和电子邮件等方式提出。

受理是指行政机关接到许可申请后,决定是否正式接收许可申请的活动。行政机关对申请人提出的申请,应当根据情况分别做出受理或不受理的处理。

(2)审查与决定

行政机关应当对申请人提交的申请材料进行审查。

行政机关根据审查许可申请材料的结果,做出是否准予行政许可决策的决定。申请人的申请符合法定条件、标准的,行政机关应当依法做出准予行政许可的书面决定。行政机关依法做出不予行政许可的书面决定的,应当说明理由,并告知申请人享有依法申请行政复议或者提起行政诉讼的权利。

(3)听证

听证是行政机关做出行政决定前给予当事人就重要事实表达意见的程序。法律、法规、规章规定实施行政许可应当听证的事项,或者行政机关认为需要听证的其他涉及公共利益的重大行政许可事项,行政机关应当向社会公告,并举行听证。听证应当公开举行。行政机关应当根据听证笔录，做出行政许可决定。

2) 行政许可的特别程序

特别程序是实施行政许可的特别规定，是一般程序的补充。特别程序优于一般程序，特别程序有特殊规定的，必须遵守。

(1) 国务院实施行政许可。

(2) 行政机关通过招标、拍卖等方式做出行政许可决定。

(3) 赋予公民特定资格、赋予法人或者其他组织特定的资格、资质。

(4) 直接关系公共利益、健康安全的产品(设备)，需要通过检验检测检疫等方式审定。

(5) 企业或者其他组织的设立等，需要确定主体资格的事项；申请人提交的申请材料齐全、符合法定形式的，行政机关应当当场予以登记。

(6) 有数量限制的行政许可，两个或者两个以上申请人的申请均符合法定条件、标准。

3) 行政许可的费用

行政机关实施行政许可和对行政许可事项进行监督检查，不得收取任何费用。但是，法律、行政法规另有规定的除外。即使按照法律、行政法规规定要收取费用的，也应当按照公布的法定项目和标准执行，所收取的费用必须全部上缴国库，任何机关或者个人不得以任何形式截留、挪用、私分或者变相私分。财政部门不得向行政机关返还或者变相返还实施行政许可所收取的费用。

1.1.5　行政许可的撤销与注销

1. 行政许可的撤销

有下列情形之一，做出行政许可决定的行政机关或者其上级行政机关，根据利害关系人的请求或者依据职权，可以撤销行政许可：

(1) 行政机关工作人员滥用职权、玩忽职守做出准予行政许可决定的；

(2) 超越法定职权做出准予行政许可决定的；

(3) 违反法定程序做出准予行政许可决定的；

(4) 对不具备申请资格或者不符合法定条件的申请人准予行政许可的；

(5) 依法可以撤销行政许可的其他情形。

被许可人以欺骗、贿赂等不正当手段取得行政许可的，应当予以撤销。

依照前两款的规定撤销行政许可，可能对公共利益造成重大损害的，不予撤销。

2. 行政许可的注销

有下列情形之一，行政机关应当依法办理有关行政许可的注销手续：

(1) 行政许可有效期届满未延续的；

(2) 赋予公民特定资格的行政许可，该公民死亡或者丧失行为能力的；

(3) 法人或者其他组织依法终止的；

(4) 行政许可依法被撤销、撤回，或者行政许可证件依法被吊销的；

(5) 因不可抗力导致行政许可事项无法实施的；

(6) 法律、法规规定的应当注销行政许可的其他情形。

1.1.6 法律责任

行政机关违法设定行政许可的,有关机关应当责令设定该行政许可的机关改正,或者依法予以撤销。

行政机关违法实施行政许可的行为,由其上级行政机关或者监察机关责令改正。情节严重的,对直接负责的主管人员和其他直接责任人员依法给予行政处分;构成犯罪的,依法追究刑事责任。行政机关违法实施行政许可,给当事人的合法权益造成损失的,应当依照国家赔偿法的规定给予赔偿。

行政机关不依法履行监督职责或者监督不力,造成严重后果的,由其上级行政机关或者监察机关责令改正,对直接负责的主管人员和其他直接责任人员依法给予行政处分;构成犯罪的,依法追究刑事责任。

1.2 民法基础

1.2.1 民法概述

建设法规涉及内容广泛,与其联系最紧密的法律部门当属民法。

1. 民法的概念

民法调整平等主体的公民之间、法人之间、公民和法人之间的财产关系和人身关系。民法是国家法律体系中的一个独立的法律部门,与人们的生活密切相关。市民社会法、私法和权利法是民法的主要性质体现,调整法律地位平等者之间的关系是民法本质属性所在,是民法体系的逻辑起点。

制定民法,是为了保障公民、法人的合法民事权益,正确调整民事关系,适应社会主义现代化建设事业发展的需要。

2. 《民法典》与《民法通则》

民法典是指在采用成文法的国家中,用以规范平等主体之间私法关系的法典。民法典是以条文的方式,以抽象的规则来规范各式法律行为、身份行为。民法典是按一定的逻辑体系与价值判断将各种民事制度规定于一部法律内的法律文件。法国民法典、德国民法典影响较大,我国尚未颁布《民法典》。

1986年4月12日,第六届全国人民代表大会第四次会议通过《中华人民共和国民法通则》,于1987年1月1日起实施,根据2009年8月27日第十一届全国人民代表大会常务委员会第十次会议《关于修改部分法律的决定》修正。

《民法通则》是我国民事法律体系中的主要内容,概括规定了民事法律的基本制度。其中主要包括了基本原则、公民、法人、民事行为与民事权利、民事责任、诉讼时效、民事关系等的法律规定。

1.2.2 民法的基本原则

民法的基本原则是最一般的民事行为规范与民事活动准则,具有普遍的法律约束力,并对民事立法与司法活动具有最高的指导意义。民法的基本原则有以下几点:

1. 平等原则

平等原则是指民事主体享有独立的法律人格、平等地享有权利与承担义务，并且其合法权利平等地受到法律保护。这一原则集中反映了民事法律关系的特征，是民法区别于其他部门法的主要标志，是民法首要原则。

2. 自愿原则

自愿原则是指民事主体能自由地根据自己的意志进行民事活动，国家一般不干预当事人的自由意志，尊重当事人的选择。其内容应该包括自己行为和自己责任两个方面。自己行为，即当事人可以根据自己的意愿决定是否参与民事活动，以及参与的内容、行为方式等；自己责任，即民事主体要对自己参与民事活动所导致的结果负担责任。

3. 公平原则

公平原则是指民事主体应依据社会公认的公平观念从事民事活动，以维持当事人之间的利益均衡。公平原则是进步和正义的道德观在法律上的体现。公平原则在民法上主要是针对当事人间的合同关系提出的要求，是当事人缔结合同关系，尤其是确定合同内容时，所应遵循的指导性原则。

4. 等价有偿、诚实信用原则

等价有偿原则是指民事主体在民事活动中，要按照价值规律的要求进行等价交换，实现各自利益。诚实信用原则是指民事主体进行民事活动必须意图诚实、善意、行使权利不侵害他人与社会的利益，履行义务信守承诺和法律规定，最终达到所有获取民事利益的活动，不仅应使当事人之间的利益得到平衡，而且也必须使当事人与社会之间的利益得到平衡的基本原则。

5. 守法和遵循公序良俗原则

守法原则是指民事活动应当遵守法律，法律没有规定的，应当遵守国家政策。公序良俗是公共秩序和善良风俗的合称。公序良俗原则是指一切民事活动应当遵守公共秩序及善良风俗。在现代市场经济社会，它有维护国家社会一般利益及一般道德观念的重要功能。

1.2.3 民事法律关系

1. 民事法律关系的概念

民事法律关系是由民事法律规范调整所形成的以民事权利和民事义务为核心内容的社会关系。它是现代社会中最重要的一类社会关系也是建设法律关系的基础，对深化理解建设法律关系有着重要的意义。

2. 民事法律关系的特征

民事法律关系作为社会中最重要的一类社会关系有着与其他法律关系不同的特征，主要表现在：

第一，民事法律关系是民法调整平等主体之间的财产关系与人身关系所形成的社会关系，民事法律关系的发生，大多取决于民事主体的意思。

第二，民事法律关系的保障措施具有补偿性和财产性。也就是说法律对于民事权利的保护，主要是赋予遭受损害的当事人一方以请求权，经请求权的行使，以弥补该方当事人的损失。

3. 民事法律关系的构成要素

任何法律关系都是由主体、客体和内容三个要素所构成的，由于三个要素的内涵不同，则组成了不同的法律关系。

1) 民事法律关系的主体

民事法律关系的主体是指参加民事活动，受民事法律规范调整，在法律上享有权利、承担义务的自然人、法人或其他组织。国家在特定情况下，也可以成为民事主体。

(1) 自然人

自然人是基于出生而取得民事主体资格的人，包括公民、外国人和无国籍人。自然人也可以成为建设法律关系的主体，如建设企业工作人员(建筑工人、专业技术人员、注册执业人员等)同企业单位签订劳动合同时，即成为劳动法律关系主体。

(2) 法人

法人是具有民事权利能力和民事行为能力，依法独立享有民事权利、承担民事义务的组织。法人必须符合以下条件：依法成立；有必要的财产或经费；有自己的名称、组织机构和场所；能够独立承担民事责任。

(3) 其他组织

这是指依法或依据有关政策成立，有一定的组织机构和财产，但没有法人资格的各类组织，也被称为非法人组织，包括非法人企业，如不具备法人资格的劳务承包企业。

2) 民事法律关系的客体

民事法律关系客体是指参加民事法律关系的主体享有的权利和承担的义务所共同指向的对象。一般客体分为财(如资金及各种证券)、物(如建设法律关系中的建筑物、建筑材料等)、行为(如施工活动、勘测设计等)和非财富物质(如智力成果、设计图纸等)。

3) 民事法律关系的内容

民事法律关系内容，即民事权利和民事义务的总和。

4. 民事法律关系的产生、变更与终止

1) 民事法律关系的产生

民事法律关系的产生，是指民事法律关系主体之间形成了一定的权利与义务关系。如某建设单位与施工单位签订了建筑工程承包合同，主体双方就产生了相应的权利和义务，法律关系产生。

2) 民事法律关系的变更

民事法律关系的变更是指民事法律关系的三要素发生变化。

(1) 主体变更，是指民事法律关系主体数目增加或减少，也可以是主体改变。在民事合同中，客体不变，相应权利义务也不变，此时主体改变也称为合同转让。

(2) 客体变更，是指民事法律关系中权利义务所指向的事物发生变化。其变更可以是其范围变更，也可以是其性质变更。

(3) 内容变更，民事法律关系主体与客体的变更，将会导致相应的权利和义务，即内容的变更。民事法律关系主体与客体不变，内容也可以变更，它表现为双方权利或义务的增加或减少。

3) 民事法律关系的终止

民事法律关系的终止是指民事法律关系主体之间的权利义务不复存在，彼此丧失了约束力。

（1）自然终止

民事法律关系的自然终止是指某类民事法律关系所规范的权利义务顺利得到履行，取得了各自利益，从而法律关系结束。

（2）协议终止

民事法律关系的协议终止是指民事法律关系主体之间协商解决除某类民事法律关系规范的权利义务，致使该法律关系归于消灭。

（3）违约终止

民事法律关系的违约终止是指民事法律关系主体一方违约，或发生不可抗力，致使某类民事法律关系规范的权利不能实现。

1.2.4 民事法律行为

1. 民事法律行为的概念

民事法律行为是指民事主体设立、变更、终止民事权利和义务的合法行为。民事法律行为是民事行为的一种，与其他民事行为相比，其主要特征表现为它的合法性。如依法签订工程建设承包合同的行为。

2. 民事法律行为的成立要件

1) 民事行为的一般成立要件

(1) 当事人。即进行特定民事行为的民事主体。

(2) 标的。即所进行的特定民事行为的内容，该项内容应该确定。

(3) 意思表示。即表意人将其期望发生某种法律效果的内心意思以一定方式表现于外部的行为。

2) 民事行为的特别成立要件

这是指某些特别类型的民事行为的成立，应具备特别的事实要素。如要物行为，该行为的成立除须具备民事行为的一般成立要件外，还须有一方当事人义务的履行行为或标的物的交付行为。

3. 民事法律行为的生效要件

(1) 法律行为主体具有相应的民事权利能力与民事行为能力；

(2) 行为人意思表示真实；

(3) 行为内容合法，即不违反法律和社会公共利益、社会公德；

(4) 行为形式合法。民事法律行为所采用的形式分为要式民事法律行为和不要式民事法律行为，凡属要式民事法律行为，必须采用法律规定的形式才合法。而不要式民事法律行为，是当事人在法律允许范围内选择口头形式、书面形式或其他形式作为民事法律行为的形式都是合法的。

4. 可撤销民事行为

1) 可撤销民事行为的概念

可撤销民事行为是指民事行为虽已成立，但因欠缺民事行为的生效要件，可以因行为人撤销权的行使，使民事行为自始归于无效的民事行为。

2) 可撤销民事行为的类型

(1) 基于重大误解所实施的民事行为。这是指法律行为的当事人在做出意思表示时，对涉及法律行为法律效果的重要事项存在认识上的显著缺陷。

(2) 民事行为发生时显失公平。一方当事人利用优势或者利用对方没有经验，致使双方的权利与义务明显违反公平、等价有偿原则的，可以认定为显失公平。

(3) 一方以欺诈、胁迫的手段或乘人之危使对方当事人在违背真实意思的情况下所为民事行为，并因此给该对方当事人造成损失。

5. 无效民事行为

1) 无效民事行为的概念

无效民事行为是指严重欠缺民事行为的有效要件，自始、确定、当然不按照行为设立、变更和终止民事法律关系的意思表示发生法律效力的民事行为。

2) 无效民事行为分类

根据所欠缺的有效要件，将其可分为：

(1) 行为人不具有相应的行为能力所实施的民事行为。

(2) 意思表示不真实自由，并损害了国家利益的民事行为。

(3) 恶意串通，损害国家、集体或者第三人利益的行为。

6. 效力待定民事行为

1) 效力待定民事行为的概念

效力待定民事行为是指民事行为虽已成立，但是否发生法律效力尚不确定，还有待于其他行为或事实的确认。

2) 效力待定民事行为类型

(1) 限制民事行为能力人所实施的依法不能独立实施的双方行为(即合同行为)。

(2) 无权处分行为。无权处分行为是指无处分权人与相对人所为的处分他人的物品或权利的行为。

(3) 无权代理行为。无权代理人以被代理人名义实施的民事行为，被代理人事后追认的，则对被代理人发生效力；反之，被代理人事后不追认的，该行为自始对被代理人不发生效力。该行为成立后，被代理人表态前，行为的效力待定。

3) 效力待定民事行为效力的确定

效力待定民事行为，其效力确定得经由以下途径：

第一，特定当事人追认权的行使或不行使；第二，相对人行使撤销权。

7. 附条件、附期限民事法律行为

1) 附条件民事法律行为

附条件民事法律行为，是指双方当事人在民事法律行为中设立一定的事由作为条件，以该条件的成就与否(是否发生)作为决定该民事法律行为效力产生或解除根据的民事法律行为。

2) 附期限民事法律行为

附期限民事法律行为，是指以一定期限的到来作为效力开始或终止原因的法律行为。

1.2.5 代理

1. 代理的概念

代理是指代理人以被代理人的名义，在代理权限内实施民事法律行为。被代理人对代理人的代理行为，承担民事责任。

公民、法人可以通过代理人实施民事法律行为。依照法律规定或者按照双方当事人约定，应当由本人实施的民事法律行为，不得代理。

2. 代理的种类

1) 委托代理

委托代理是指根据被代理人的委托而产生的代理。如公民委托律师代理诉讼。

2) 法定代理

法定代理是指基于法律的直接规定而产生的代理。如父母作为未成年人的监护人代理其进行民事活动。

3) 指定代理

指定代理是按照人民法院或有关单位的指定发生代理权的代理。

3. 代理终止

1) 委托代理的终止

有下列情形之一的，委托代理终止：

(1) 代理期限届满或代理事务完成。
(2) 被代理人取消委托或代理人辞去委托。
(3) 代理人死亡或丧失民事行为能力。
(4) 作为被代理人或代理人的法人终止。

2) 法定代理或指定代理的终止

有下列情形之一的，法定代理或者指定代理终止：

(1) 被代理人或代理人死亡。
(2) 代理人丧失民事行为能力。
(3) 被代理人取得或恢复民事行为能力。
(4) 指定代理的人民法院或指定单位取消指定。
(5) 由其他原因引起的被代理人和代理人之间的监护关系消灭。

4. 无权代理

1) 无权代理的概念及类型

无权代理是指在没有代理权的情况下，以他人名义实施的民事行为的现象。包括以下三种情况：

第一，根本未经授权，没有代理权的代理；第二，超越代理权的代理；第三，代理权已经终止后的代理。

2) 无权代理的法律后果

(1) 发生与有权代理同样的法律效果。基于以下两种情况无权代理可发生与有权代理同样的法律效果：

第一，被代理人行使追认权；第二，表见代理，是指行为人没有代理权，但交易相对人有理由相信行为人有代理权的无权代理。

(2)不发生与有权代理同样的法律效果。主要有以下两种情况：

第一，相对人行使撤销权；第二，被代理人拒绝行使追认权。

1.2.6 诉讼时效

1. 诉讼时效的概念

诉讼时效是指权利人在法定期间内未向人民法院提起诉讼请求保护其权利时，法律规定消灭其胜诉权的制度。

2. 普通诉讼时效时限的分类

(1)一般诉讼时效期间

是指向人民法院请求保护民事权利的期间，通常为两年。

(2)短期诉讼时效期间

下列诉讼时效期间为一年：身体受到伤害要求赔偿的、延付或拒付租金的、出售质量不合格的商品未声明的、寄存财物被丢失或损毁的。

(3)最长诉讼时效期间

《民法通则》规定，从权利被侵害之日起超过 20 年的，人民法院不予保护。有特殊情况的，人民法院可以延长诉讼时效期间。

3. 诉讼时效期间的开始、中止、中断。

(1)开始

诉讼时效期间从权利人知道或应当知道其权利受到侵害之日起开始计算。

(2)中止

在诉讼时效期间的最后六个月内，因不可抗力或其他障碍不能行使请求权的，诉讼时效中止。从中止时效的原因消除之日起，诉讼时效期间继续计算。

(3)中断

诉讼时效因提起诉讼、当事人一方提出要求或同意履行义务而中断，从中断时起，诉讼时效期间重新计算。

1.2.7 民法基本制度

1. 物权制度

1)物权的概念

物权是指权利人依法对特定的物享有直接支配和排他的权利，包括所有权、用益物权和担保物权。

2)物权的种类

(1)根据物权的权利主体是否为财产的所有人划分

自物权，是指权利人对自己的所有物享有的占有、使用、收益和处分的权利。

他物权，是指在他人的所有物上设定的权利。

(2) 按设立目的的不同划分

用益物权，是指非所有人对他人之物所享有的占有、使用、收益的排他性的权利。比如土地承包经营权、建设用地使用权、自然资源使用权（探矿权、采矿权、取水权等）。

担保物权，是指为了担保债的履行而在债务人或第三人特定的物或权利上所设定的权利。担保物权包括抵押权、质权和留置权。

(3) 按物权的客体是动产或不动产的划分

动产物权，是指以能够移动的财产为客体的物权。

不动产物权，是指以土地、房屋等不动产为客体的物权。如土地使用权。

(4) 按对标的物的支配范围的不同划分

完全物权，即所有权，是全面支配标的物的物权。

限制物权，是特定方面支配标的物的物权。

3) 我国民法物权体系

根据我国《民法通则》、《担保法》以及其他相关法律、法规的规定，我国民法物权体系的基本内容包括以下几方面：

(1) 所有权

这是所有人在法律规定的范围内独占性支配其所有的财产的权利。所有人可以对其所有的财产占有、使用、收益、处分，并可以排除他人对于其财产违背其意志的干涉。所有权是物权体系的核心。所有权具有以下特征：所有权是绝对权；所有权是排他性的权利；所有权是一种最完整的权利；所有权具有永久性。

(2) 用益物权

(3) 担保物权

2. 债权制度

1) 债与债权

债是按照合同的约定或依照法律的规定在当事人之间产生的特定的权利和义务关系。享有权利的称债权人，负有义务的人称债务人。

债权是债权人要求债务人按照合同的约定或者依照法律的规定履行义务的权利。债权和债务都不能单独存在，否则即失去意义。

2) 债的发生根据

能够引起债的发生的法律事实，即债的发生根据，主要有以下几种：

(1) 合同

合同是平等主体的自然人、法人、其他组织之间设立、变更、终止民事权利义务关系的协议，它是引起债权债务关系的最主要的根据。

(2) 不当得利

不当得利，是指没有合法根据而获得利益并使他人利益遭受损失的事实。依法律规定，取得不当利益的一方应将所获利益返还于受损失的一方，双方因此形成债权债务关系，即不当得利之债。

(3) 侵权行为

侵权行为是指不法侵害他人的合法权益的行为。依法律规定，侵权行为发生后，加害人负有赔偿受害人损失的义务，受害人享有请求加害人赔偿损失的权利。这种特定主体之间的权利义务关系，即侵权行为之债。

(4) 无因管理

无因管理，是指没有法定的或约定的义务，为避免他人利益受损失为他人管理事务提供服务的行为。无因管理一经成立，在管理人和本人之间即发生债权债务关系，管理人有权请求本人偿还其因管理而支出的必要费用，本人有义务偿还，此即无因管理之债。

3. 知识产权制度

1) 知识产权的概念

知识产权是指权利人对其所创作的智力劳动成果所享有的专有权利。

2) 知识产权的基本特征

(1) 具有人身权和财产权的双重属性

(2) 专有性

(3) 地域性

(4) 时间性

3) 我国现行的知识产权法律制度

(1) 著作权法

1990 年 9 月 7 日第七届全国人民代表大会常务委员会第十五次会议通过《中华人民共和国著作权法》。根据 2001 年 10 月 27 日第九届全国人民代表大会常务委员会第二十四次会议《关于修改〈中华人民共和国著作权法〉的决定》第一次修正。根据 2010 年 2 月 26 日第十一届全国人民代表大会常务委员会第十三次会议《关于修改〈中华人民共和国著作权法〉的决定》第二次修正。

著作权是指文学、艺术和科学作品的作者依法所享有的权利。它属于民事权利，是知识产权的组成部分。

著作权的主体包括：作者与著作权人；合作作品的著作权人；职务作品的著作权人；编辑作品的著作权人；委托作品的著作权人；视听作品的著作权人。

著作权的客体是指著作权法的保护对象，著作权是基于作品而发生的民事权利。著作权法保护的作品表现形式有文字作品、口述作品、建筑作品、模型作品、图形作品、音乐作品、摄影作品以及计算机软件等。

(2) 专利法

1984 年 3 月 12 日第六届全国人民代表大会常务委员会第四次会议通过《中华人民共和国专利法》。根据 1992 年 9 月 4 日第七届全国人民代表大会常务委员会第二十七次会议《关于修改〈中华人民共和国专利法〉的决定》第一次修正。根据 2000 年 8 月 25 日第九届全国人民代表大会常务委员会第十七次会议《关于修改〈中华人民共和国专利法〉的决定》第二次修正。根据 2008 年 12 月 27 日第十一届全国人民代表大会常务委员会第六次会议《关于修改〈中华人民共和国专利法〉的决定》第三次修正。

专利权是指国家专利主管机关依法授予专利申请人及其继承人在一定时间内实施其发明创造的独占权。

专利权主体：发明人或设计人、社会组织、合法受让人、外国人与外国组织。

专利权客体：发明、实用新型和外观设计。

(3) 商标法

1982年8月23日第五届全国人民代表大会常务委员会第二十四次会议通过《中华人民共和国商标法》。根据1993年2月22日第七届全国人民代表大会常务委员会第三十次会议《关于修改〈中华人民共和国商标法〉的决定》第一次修正。根据2001年10月27日第九届全国人民代表大会常务委员会第二十四次会议《关于修改〈中华人民共和国商标法〉的决定》第二次修正。根据2013年8月30日第十二届全国人民代表大会常务委员会第四次会议《关于修改〈中华人民共和国商标法〉的决定》第三次修正，自2014年5月1日起施行。

商标是生产经营者在其生产、制造、加工、拣选或经销的商品或服务上采用的，区别商品或服务来源的，由文字、图形或其他要素等组合构成的具有显著特征的标志。

商标权的主体：企业、事业单位和个体工商业者，自然人也可以成为其主体。

商标权的客体：商标。

常见的商标侵权行为有：非法使用他人注册商标的；销售明知是假冒他人注册商标的商品的；伪造、擅自制造他人注册商标标识或销售伪造、擅自制造的商标标识的；给他人的注册商标专有权造成其他损害的行为。

1.3　合同法基础

1.3.1　合同法概述

《中华人民共和国合同法》是在1999年3月15日第九届全国人民代表大会第二次会议上审议通过的，共二十三章，四百二十八条，分为总则、分则和附则三个部分。总则包括合同法的基本原则、合同的订立、合同的效力、合同的履行以及合同的变更转让和违约责任等；分则对十五种合同即买卖合同、供用电(水、气、热力)合同、赠与合同、借款合同、租赁合同、融资租赁合同、承揽合同、建设工程合同、运输合同、技术合同、保管合同、仓储合同、委托合同、行纪合同和居间合同做出了具体的规定；附则规定该合同法自1999年10月1日起施行，《中华人民共和国经济合同法》、《中华人民共和国涉外经济合同法》、《中华人民共和国技术合同法》同时废止。

《合同法》第二条规定：本法所称的合同是平等主体的自然人、法人、其他组织之间设立、变更、终止民事权利义务关系的协议。

1.3.2　合同的订立

1. 合同的订立

《合同法》第十三条规定：当事人订立合同，采取要约、承诺方式。

要约是希望和他人订立合同的意思表示，该意思表示应当符合下列规定：第一，内容具体确定；第二，表明经受要约人承诺，要约人即受该意思表示约束。发出要约的当事人称为要约人，接受要约的人则称为受要约人。

承诺是受要约人同意要约的意思表示。除根据交易习惯或者要约表明可以通过行为做出承诺外，承诺应当以通知的方式做出。承诺通知到达要约人时生效；承诺不需要通知的，根据交易习惯或者要约的要求做出承诺的行为时生效。承诺的内容应当与要约的内容一致。

2. 合同的成立

合同的成立,就是双方当事人完成了签订合同的全过程,并达到了签订合同的预期目的。也即要约最终得到了承诺,在双方当事人之间产生了合同法律关系。承诺生效时合同成立,承诺生效的地点为合同成立的地点。

当事人采用合同书形式订立合同的,自双方当事人签字或者盖章时合同成立,双方当事人签字或者盖章的地点为合同成立的地点。

当事人采用信件、数据电文等形式订立合同的,可以在合同成立之前要求签订确认书,签订确认书时合同成立。采用数据电文形式订立合同的,收件人的主营业地为合同成立的地点;没有主营业地的,其经常居住地为合同成立的地点。

3. 合同的形式

合同形式是合同内容的外在体现,是合同内容的载体,它有多种形式。《合同法》第十条规定:当事人订立合同,有书面形式、口头形式和其他形式。它们都是合同的法定形式,具有相同的法律效力,当事人在订立合同时可根据需要自主选择。但在法律做出强制性规定和当事人做出约定的情况下,应依法律的规定和当事人的约定。法律、行政法规规定采用书面形式或当事人约定采用书面形式的,应当采用书面形式。

书面形式是指合同书、信件和数据电文(包括电报、电传、传真、电子数据交换和电子邮件)等可以有形地表现所载内容的形式。

4. 合同的内容

《合同法》第十二条规定,合同的内容由当事人约定,一般包括以下条款:

(1) 当事人的名称或者姓名和住所;
(2) 标的;
(3) 数量;
(4) 质量;
(5) 价款或者报酬;
(6) 履行期限、地点和方式;
(7) 违约责任;
(8) 解决争议的方法。

当事人可以参照各类合同的示范文本订立合同。如建设工程各类合同示范文本。

1.3.3 合同的效力

合同的效力,又称合同的法律效力,是指赋予依法成立的合同具有对当事人各方的约束力。合同成立后,符合法律规定的生效要件的,是一个有效合同;不符合法律规定的生效要件,是一个无效合同、可撤销合同或效力待定合同。

1. 合同生效,应当具备如下要件:

(1) 合同当事人具有相应的民事行为能力;
(2) 意思表示真实;
(3) 合同内容不违反法律和社会公共利益;
(4) 具备法律法规所要求的形式。

2. 无效合同是指严重欠缺合同的生效要件，不为法律所承认和保护，不具有法律效力的合同。

合同有下列情形，合同无效。无效合同，自合同成立时就不具有法律效力。

(1) 一方以欺诈、胁迫手段订立合同、损害国家利益的；

(2) 恶意串通，损害国家、集体或者第三人利益的；

(3) 以合法形式掩盖非法目的；

(4) 损害社会公共利益的；

(5) 违反法律、行政法规的强制性规定。

3. 可撤销合同即可以撤销的合同。所谓"撤销"是指因意思表示不真实，通过撤销权人行使撤销权，使已经生效的合同归于无效的行为。因此可撤销合同又称为相对无效合同。可撤销合同一旦被撤销，合同就自开始不具有法律效力。

《合同法》第五十四条规定，有下列情形的，当事人一方有权请求人民法院或者仲裁机构变更或撤销合同：①因重大误解订立的合同；②在订立合同时显失公平的。一方以欺诈、胁迫的手段或者乘人之危，使对方在违背真实意思的情况下订立的合同，受损害方有权请求人民法院或者仲裁机构变更或者撤销。

4. 效力待定的合同是指合同虽已成立，但因不完全符合有关生效要件的规定，其效力能否发生尚待确定的合同。这种合同需由作为权利人的第三人做出追认或者拒绝的意思表示才能确定自身的效力。第三人对此追认，合同有效；对此拒绝，合同无效。在第三人追认或者拒绝前，该合同效力处于待定状态。

效力待定合同包括以下几种：无民事行为能力人订立的合同；限制民事行为能力人订立的合同；无权代理人订立的合同；法人或者其他组织的法定代表人、负责人越权订立的合同；无处分权人订立的处分权利人财产的合同。

1.3.4 合同的履行

1. 合同履行的原则

合同履行的原则，是合同当事人在履行合同义务时所必须遵守的基本准则。

《合同法》第六十条规定：当事人应当按照约定全面履行自己的义务。当事人应当遵守诚实信用原则，根据合同的性质、目的和交易习惯履行通知、协助、保密等义务。

(1) 全面履行原则，又称适当履行原则或正确履行原则。它是指合同当事人按照合同规定的标的、质量、数量、价款或报酬、履行期限、履行地点及履行方式等，全面完成合同义务的原则。

(2) 诚实信用原则。是指合同当事人在履行时，要诚实守信、以善意的方式履行义务，不得滥用权利、规避法律和曲解合同条款等。其核心思想在于将合同完全建立在当事人双方相互信赖的基础之上，维护和平衡当事人之间的利益，使当事人更好地行使合同权利，履行合同义务，从而实现合同的目的。

2. 合同履行中的抗辩权

所谓抗辩权，是指对抗请求权或否认对方的权利主张的权利，又称异议权。抗辩权的重要功能在于通过行使这种权利而使对方的请求权消灭或使其效力延期发生。合同法设立抗辩权的目的在于保证合同的履行对双方当事人的法律效力，防止或者避免单方不履行合同的情况发生。我国《合同法》规定了同时履行抗辩权、先履行抗辩权和不安抗辩权。

3. 合同履行中的保全措施

合同履行中的保全措施，是指为防止债务人财产的减少而给债权人的债权带来危害，允许债权人为保全其债权的实现而采取的法律措施。我国《合同法》规定的保全措施有行使代位权和撤销权两种。

1.3.5　合同的变更、转让和终止

1. 合同的变更

《合同法》第七十七条规定：当事人协商一致，可以变更合同。合同的变更是指在合同成立后，尚未履行或未完全履行前，对合同内容做的某些修改或者补充。

合同的变更是在保持原合同效力的基础上进行的，因此变更后的合同内容应包括原合同的实质内容，否则就不属于合同的变更，而是合同消灭后订立的一个新合同。

2. 合同的转让

合同的转让，是指合同当事人一方依法将其合同的权利和义务全部或部分地转让给第三人的行为，即合同主体的变更。合同转让有合同债权的转让、合同债务的转让及合同债权和债务一并转让三种形式。

3. 合同的终止

它是指合同关系在客观上不复存在，合同的权利和义务归于消灭的状态。有下列情形之一的，合同的权利义务终止：①债务已经按照约定履行；②合同解除；③债务相互抵消；④债务人依法将标的物提存；⑤债权人免除债务；⑥债权债务同归于一人；⑦法律规定或者当事人约定终止的其他情形。

1.3.6　违约责任

合同依法成立后即具有法律约束力，当事人必须按照合同的约定履行自己的义务，否则就要承担违约责任。所谓违约责任，是指合同当事人因违反合同约定的义务而承担的法律后果，也就是合同当事人对其违约行为所应承担的民事责任。

按照《合同法》第一百零七条的规定，当事人承担违约责任主要有五种方式：①继续履行；②采取补救措施；③赔偿损失；④支付违约金；⑤执行定金罚则。

但并非当事人对不履行合同的任何情况都要承担违约责任，当法定的和合同约定的免责条件出现时，当事人可不承担或部分承担违约责任。其中不可抗力是法定免责事由。当事人一方因不可抗力导致合同不能履行时，应当及时通知对方，以减轻可能给对方造成的损失，并在合理的期限内提供证明。当事人若迟延履行合同后发生不可抗力，不能免除责任。

1.4　民事诉讼法基础

1.4.1　民事诉讼与民事诉讼法概述

由于建设活动具有投资巨大、生产周期长、技术要求高、不可预见因素多、协作关系复

杂以及政府监管严格等特点,因此,建设工程纠纷的产生是不可避免的,其中主要是平等主体的当事人之间的民事纠纷。而民事诉讼则是解决这种纠纷的最主要的途径之一。

1. 民事诉讼概念

民事诉讼是指作为平等主体的公民之间、法人之间、其他组织之间或者他们相互之间因财产关系和人身关系发生纠纷,向人民法院提起诉讼,请求人民法院通过审判解决争议,保护自身的合法权益。民事诉讼具有公权性、强制性、程序性、特定性等基本特征。

2. 民事诉讼法概念

民事诉讼法是规定民事诉讼程序的法律,属于国家的基本法之一,它既是人民法院审理民事案件的操作规程,也是当事人和其他诉讼当事人进行诉讼的行为规范。

1991年4月9日第七届全国人民代表大会第四次会议通过《中华人民共和国民事诉讼法》。根据2007年10月28日第十届全国人民代表大会常务委员会第三十次会议《关于修改〈中华人民共和国民事诉讼法〉的决定》第一次修正。根据2012年8月31日第十一届全国人民代表大会常务委员会第二十八次会议《关于修改〈中华人民共和国民事诉讼法〉的决定》第二次修正。

1.4.2 民事诉讼法的基本原则

民事诉讼法的基本原则,是指民事诉讼特有的,只适用于民事诉讼活动的基本原则,主要有:

1. 当事人诉讼平等原则

当事人诉讼平等原则是指民事诉讼当事人有平等的诉讼权利,双方当事人的诉讼地位完全平等。人民法院应当保障和便利当事人行使诉讼权利,对当事人在适用法律上一律平等。

2. 辩论原则

辩论原则是指在人民法院主持下,当事人有权就案件事实和争议问题,各自陈述自己的主张和根据,相互进行辩驳和论证,以维护自己的合法权益。辩论的内容,既可以是程序方面的问题,也可以是实体方面的问题。

3. 调解原则

调解原则是指人民法院审理民事案件,应当根据自愿和合法的原则,依法主持双方当事人协商,多做说服教育工作,争取通过达成协议的方式解决纠纷。但对调解不成的,应当及时判决。

4. 处分原则

处分原则是指民事诉讼当事人有权在法律规定的范围内,行使或放弃自己的民事权利和诉讼权利。我国民事诉讼中当事人的处分权不是绝对的,我国法律在赋予当事人处分权的同时,也要求当事人不得违反法律规定,不得损害国家的、社会的、集体的和公民个人的利益。否则,人民法院将代表国家实行干预,即通过司法审判确认当事人某种不当的处分行为无效。

5. 人民检察院监督民事诉讼的原则

人民检察院监督民事诉讼的原则,是指人民检察院有权对民事审判活动实行法律监督。人民检察院实行监督的内容主要有两方面:一是监督审判人员贪赃枉法、徇私舞弊等违法行为。二是对人民法院作出的生效判决、裁定是否正确合法进行监督。根据审判监督程序的规定,人民检察院对人民法院已经发生法律效力的判决、裁定,如果认为有错误,应当提出抗诉，并派员出席再审法庭。

6. 支持起诉原则

支持起诉原则是指机关、社会团体、企事业单位对损害国家、集体或者个人民事权益的行为，可以支持受损害的单位或者个人向人民法院起诉。

1.4.3 民事诉讼的管辖及管辖权的异议

1. 民事诉讼的管辖

民事诉讼的管辖，是指各级人民法院之间以及同级人民法院之间受理第一审民事案件的分工和权限。管辖的确定是当事人行使起诉权和人民法院行使审判权的前提，对于及时、顺利解决民事纠纷案件，具有极为重要的意义。

管辖的种类主要有以下几种：

(1) 级别管辖

级别管辖，是指按照一定的标准，划分上下级法院之间受理第一审民事案件的分工和权限。我国法院有四级，分别是基层人民法院、中级人民法院、高级人民法院和最高人民法院，每一级均受理一审民事案件。我国《民事诉讼法》主要根据案件的性质，复杂程度和影响来确定级别管辖。

(2) 地域管辖

地域管辖，是指按照各法院的辖区和民事案件的隶属关系，划分同级法院受理第一审民事案件的分工和权限。地域管辖可以分为一般地域管辖和特殊地域管辖。一般地域管辖是以当事人与法院的隶属关系来确定的诉讼管辖，即所谓的原告就被告原则，也即以被告住所地作为确定管辖的标准。

特殊地域管辖，是指以被告住所地、诉讼标的所在地、法律事实所在地为标准确定的管辖。我国《民事诉讼法》规定了9种特殊地域管辖的诉讼，其中与工程领域关系最为密切的是因合同纠纷提起的诉讼。《民事诉讼法》第二十三条规定："因合同纠纷提起的诉讼，由被告住所地或者合同履行地人民法院管辖。"在这里，合同履行地是指合同约定的履行义务地点，主要是指合同标的交付地点。对于建设工程施工合同纠纷，最高人民法院《关于审理建设工程合同纠纷案件适用法律问题的解释》第二十四条规定："建设施工合同纠纷以施工行为地为合同履行地。"

(3) 专属管辖

专属管辖，是指法律强制规定某类案件只能由特定法院管辖，其他法院无权管辖，也不允许当事人协议变更管辖。与其他法定管辖相比，专属管辖具有优先性、排他性与强制性。专属管辖是法院管辖独有的制度，仲裁没有专属管辖。

(4) 移送管辖和指定管辖

移送管辖是指人民法院发现受理的案件不属于本院管辖的，应当移送给有管辖权的人民法院管辖。

指定管辖，是指上级人民法院以裁定方式，指定下级人民法院对某一案件行使管辖权。指定管辖的实质，是法律赋予上级人民法院在特殊情况下有权变更和确定案件管辖法院，以适应审判实践的需要，保证案件及时正确地裁判。

2. 管辖权的异议

管辖权异议，是指当事人向人民法院提出的该法院对案件无管辖权的主张。

《民事诉讼法》第一百二十七条规定："人民法院受理案件后，当事人对管辖权有异议的，应当在提交答辩状期间提出。人民法院对当事人提出的异议，应当审查。异议成立的，裁定将案件移送有管辖权的人民法院；异议不成立的，裁定驳回。当事人未提出管辖异议，并应诉答辩的，视为受诉人民法院有管辖权，但违反级别管辖和专属管辖规定的除外。"

1.4.4 民事诉讼的参加人

诉讼的参加人，是指参加民事诉讼的当事人和代理人。应当注意，诉讼参加人不同于诉讼参与人，诉讼参与人除诉讼参加人之外，还包括证人、鉴定人和翻译人员等。

1. 当事人

民事诉讼中的当事人，是指因民事权利与义务发生争议，以自己的名义进行诉讼，并受法律裁判约束的人。当事人具有三个特征：一是以自己的名义进行诉讼。二是发生民事权利义务争议。三是受生效裁判的约束。另外，当事人必须同时具有民事诉讼权利能力和诉讼行为能力。在民事诉讼中，可以作为当事人的包括公民、法人和其他组织。其中当事人一方或者双方为两人以上，并且其诉讼标的是共同的或者是同一种类的诉讼，人民法院认为可以将其合并审理并经当事人同意的，为共同诉讼。

2. 诉讼代理人

民事诉讼代理人，是指依据法律或者当事人的授权委托，在民事诉讼中为维护当事人的合法权益而代为进行诉讼活动的人。民事诉讼代理人可以分为法定代理人和委托代理人。法定代理人是依据法律规定行使代理权的人。如，监护人作为无民事诉讼行为能力人的法定代理人参加诉讼。委托代理人是基于当事人、法定代表人、法定代理人的授权委托而行使代理权的人。

可以被委托为诉讼代理人的人员包括：律师、基层法律服务工作者；当事人的近亲属或者工作人员；当事人所在社区、单位以及有关社会团体推荐的公民等。

1.4.5 民事诉讼的证据

证据是指能够在诉讼中证明案件真实情况的一切客观事实。证据是查明案件的唯一手段，是正确处理案件的基础。作为民事诉讼法的证据，其应当符合三个特征：第一，客观性。即证据是客观存在的或者是对客观存在的反映。第二，关联性。即证据与待证事实之间存在一定的内在联系，证据只有具有关联性才能起到对争议案件事实的证明作用。第三，合法性。即证据需符合法定要求以及收集证据的程序应合法。

民事诉讼中证据种类有：当事人的陈述；书证；物证；视听资料；电子数据；证人证言；鉴定意见；勘验笔录等。

1.4.6 民事诉讼的审判程序

人民法院审判民事案件实行两审终审制度，在审判程序上有第一审程序、第二审程序和审判监督程序之分。

1. 第一审普通程序

第一审程序包括普通程序、简易程序和特殊程序三种。人民法院适用普通程序和简易程序对民事案件做出裁判后，当事人可以依法上诉；而对适用特殊程序审结的案件，当事人不得上诉。

(1) 第一审普通程序是人民法院审理第一审民事案件、经济纠纷案件通常所依法适用的程序，是最基本的程序，具有广泛的适用性。

(2) 第一审简易程序实际上是普通程序的简化，即将普通程序中一些繁琐的程序予以简化或者合并，使诉讼程序更加简洁。其适用的主要依据是自 2003 年 12 月 1 日起开始实施的最高人民法院《关于适用简易程序审理民事案件的若干规定》。

2. 第二审程序

第二审程序是指当事人不服地方各级人民法院的第一审未生效的民事判决或裁定，向上一级人民法院提起上诉，由上一级人民法院进行审理的程序。由于我国实行两审终审制，上诉案件经二审法院审理后，做出判决、裁定为终审的判决、裁定，诉讼程序即告终结。

3. 审判监督程序

审判监督程序，是人民法院对已经发生法律效力的法律文书再行审理时所适用的程序。民事案件经过第二审程序审理并做出裁判后，或者案件经过一审后，裁判因当事人未在法定上诉期内上诉而生效后，如果裁判本身不具有正当性就可能进入审判监督程序。再审程序既可以由法院内部主动提起，也可依人民检察院的抗诉而提起，还可以基于当事人诉权的申请而发生。

1.5 仲裁法基础

1.5.1 仲裁的概念及特点

仲裁，亦称"公断"，是当事人双方在纠纷发生前或纠纷发生后达成协议，自愿将纠纷交给第三者，由第三者在事实上做出判断、在权利义务上做出裁决的一种解决纠纷的方式。这种纠纷解决方式必须是自愿的，因此必须有仲裁协议。如果当事人之间有仲裁协议，纠纷发生后又无法通过和解解决，则应及时将纠纷提交仲裁机构仲裁。

1994 年 8 月 31 日第八届全国人民代表大会常务委员会第九次会议通过《中华人民共和国仲裁法》。根据 2009 年 8 月 27 日第十一届全国人民代表大会常务委员会第十次会议《关于修改部分法律的决定》进行了修正。

仲裁适用范围为平等主体的公民、法人和其他组织之间发生的合同纠纷和其他财产权益纠纷。但婚姻、收养、监护、扶养、继承纠纷，以及依法应当由行政机关处理的行政争议等不能仲裁。

仲裁制度是国际公认的解决工程纠纷的主要方法之一，凡利用世界银行贷款建设的项目和使用 FIDIC 合同条件的工程都推荐使用工程仲裁制度来解决工程中的各种纠纷。目前国际工程建设中 90%以上的纠纷均采用仲裁方式解决，其特点主要表现为：

(1) 体现当事人的意思自治。这种意思自治不仅体现在仲裁的受理应当以仲裁协议为前提，还体现在仲裁的整个过程，许多内容都可以由当事人自主确定。

(2) 专业性。仲裁委员会从法律、经济、贸易等领域中聘任公道正派的专家担任仲裁员。仲裁员大都具有高级技术职称、渊博的专业知识、丰富的实际经验和较高的社会声望，可以较准确地把握合作双方的根本利益，找准解决矛盾的切入点，并能按照商业惯例和行业准则，从众多的方案中优选出双方都能接受的方案，从而和平地处理纠纷。他们在建筑工程技术专业知识、实际经验方面(例如有关建筑、结构、给排水、装饰等等)往往比审判员更丰富。

(3) 保密性。保密和不公开审理是仲裁制度的重要特点，除当事人、代理人，以及需要时的证人和鉴定人外，其他人员不得出席和旁听仲裁开庭审理，仲裁庭和当事人不得向外界透露案件的任何实体及程序问题。这有利于保守合作双方的商业秘密，这一点在目前体制下对承包商来讲尤其重要。同时，避免了纠纷公开给双方合作关系带来不良的公众形象和心理影响，有利于维护双方的合作关系和商务往来。

(4) 裁决的终局性。当事人在得到仲裁裁决后，应当自觉地履行仲裁裁决中规定的义务。若一方当事人不执行裁决，则另一方当事人可以向法院申请执行。受理申请的法院应强制不履行义务的当事人执行裁决的内容。

(5) 执行的强制性。仲裁裁决具有强制执行的法律效力，当事人可以向人民法院申请强制执行。由于中国是《承认与执行外国仲裁裁决公约》的缔约国，中国的涉外仲裁裁决可以在世界上100多个公约成员国得到承认与执行。

仲裁的以上特点使其既有依法解决纠纷的严肃性，又有相对较大的灵活性，更重要的是一裁终局，能够大大减少解决纠纷的时间。

工程招投标、承包、分包等经济活动中的合作双方难免会发生利益冲突，然而这些纠纷或冲突并非都是恶意或者违法的原因造成的。那么选择仲裁就是一种既能保障合同的履行，又能合情合理地解决纠纷并且使合作继续进行的较为缓和的方式。因此，大多数建筑工程合同范本将仲裁规定为解决纠纷的一种方法。

1.5.2 仲裁的基本原则

1. 独立原则

仲裁机构在处理经济纠纷时，依法独立进行仲裁，不受行政机关、社会团体和个人的干涉。仲裁不实行级别管辖和地域管辖，仲裁委员会相互间也无隶属关系，各自独立地对经济纠纷进行仲裁。

2. 或裁或审的原则

《仲裁法》第五条规定："当事人达成仲裁协议，一方向人民法院起诉的，人民法院不予受理，但仲裁协议无效的除外。"

3. 自愿原则

自愿原则是仲裁制度的一个基本原则，其内容主要包括：第一，当事人采用仲裁方式解决纠纷，应当由双方自愿达成仲裁协议。没有仲裁协议，一方申请仲裁的，仲裁委员会不予受理。第二，向哪个仲裁委员会申请仲裁，应当由当事人协议选定。第三，仲裁员由当事人选定或者委托仲裁委员会主任指定。第四，当事人申请仲裁后，可以自行和解。达成和解协议的，可以请求仲裁庭根据和解协议做出裁决书，也可以撤回仲裁申请。

4. 一裁终局原则

一裁终局是指仲裁裁决做出后,当事人就同一纠纷再申请仲裁或者向人民法院起诉的,仲裁委员会或者人民法院将不予受理。裁决被人民法院依法裁定撤销或者不予执行的,当事人就该纠纷可以重新达成仲裁协议申请仲裁,也可以向人民法院起诉。一裁终局原则是仲裁法的重要原则。这一原则不仅赋予了仲裁裁决的有效性和权威性,同时也为快捷地处理纠纷提供了保证。这特别适合处理工程建设中出现的各种纠纷,因为工程建设纠纷数量众多,涉及的内容复杂多变,很多纠纷需要双方当事人尽快解决,以保证工程建设项目的顺利进行。

1.5.3 仲裁协议

仲裁协议包括合同中订立的仲裁条款和以其他书面方式在纠纷发生前或者纠纷发生后达成的请求仲裁的协议。

1. 仲裁协议应有的内容

(1) 请求仲裁的意思表示;
(2) 仲裁事项;
(3) 选定的仲裁委员会。

2. 仲裁协议的无效

有下列情形之一的,仲裁协议无效:
(1) 约定的仲裁事项超出法律规定的仲裁范围的;
(2) 无民事行为能力人或者限制民事行为能力人订立的仲裁协议;
(3) 一方采取胁迫手段,迫使对方订立仲裁协议的;
(4) 在仲裁协议中,当事人对仲裁事项或仲裁委员会没有约定或约定不明确,当事人又达不成补充协议的,仲裁协议无效。

当事人对仲裁协议的效力有异议,应在仲裁庭首次开庭前提出,可以请求仲裁委员会作出决定或者请求人民法院作出裁定。一方请求仲裁委员会做出决定,另一方请求人民法院做出裁定的,由人民法院裁定。

1.5.4 仲裁程序

1. 仲裁申请

根据《仲裁法》第二十一条的规定,当事人申请仲裁,应当符合下列条件:
(1) 有仲裁协议;
(2) 有具体的仲裁请求和事实、理由;
(3) 属于仲裁委员会的受理范围。

根据《仲裁法》第二十二条的规定,当事人申请仲裁,应当向仲裁委员会递交仲裁协议、仲裁申请书及副本。

2. 审查与受理

根据《仲裁法》的有关规定,仲裁委员会收到仲裁申请书之日起 5 日内,认为符合受理条件的应当受理,并通知当事人;认为不符合受理条件的,应当书面通知当事人不予受理,并说明理由。

3. 仲裁庭的组成

根据《仲裁法》第三十条的规定，仲裁庭可以由三名仲裁员或者一名仲裁员组成。由三名仲裁员组成的，设首席仲裁员。

4. 仲裁员的回避

《仲裁法》第三十四条规定，仲裁员有下列情形之一的，必须回避，当事人也有权提出回避申请：

(1) 是本案当事人或者当事人、代理人的近亲属；
(2) 与本案有利害关系；
(3) 与本案当事人、代理人有其他关系，可能影响公正仲裁的；
(4) 私自会见当事人、代理人，或者接受当事人、代理人的请客送礼的。

5. 开庭和裁决

(1) 仲裁开庭和审理

仲裁应当开庭进行，当事人可以协议不开庭。当事人应当对自己的主张提供证据。仲裁庭认为有必要收集的证据，可以自行收集。证据应当在开庭时出示，当事人可以质证。当事人在仲裁过程中有权进行辩论。仲裁庭应当将开庭情况记入笔录。

(2) 仲裁中的和解、调解

根据《仲裁法》的规定，当事人申请仲裁后，可以自行和解。达成和解协议的，可以请求仲裁庭根据和解协议做出裁决书，也可以撤回仲裁申请。当事人达成和解协议，撤回仲裁申请后反悔的，可以根据仲裁协议申请仲裁。

根据《仲裁法》的规定，仲裁庭在做出裁决前，可以先行调解。当事人自愿调解的，仲裁庭应当调解。调解不成的，应当及时做出裁决。调解达成协议的，仲裁庭应当制作调解书或者根据协议的结果制作裁决书。调解书与裁决书具有同等法律效力。调解书经双方当事人签收后，即发生法律效力。在调解书签收前当事人反悔的，仲裁庭应当及时做出裁决。

(3) 仲裁裁决

根据《仲裁法》的规定，仲裁裁决应当按照多数仲裁员的意见作出，少数仲裁员的不同意见可以记入笔录。仲裁庭不能形成多数意见时，裁决应当按照首席仲裁员的意见做出。裁决书自作出之日起发生法律效力。

1.5.5 法院对仲裁的协助和监督

根据法律规定，我国在仲裁和诉讼的关系方面采用"或裁或审"制度。在这种制度下，法院对仲裁活动不予干涉，但仲裁活动需要法院的协助和监督，以保证仲裁活动得以顺利地进行从而保障当事人的合法权益。

1. 法院对仲裁活动的协助

(1) 财产保全。是指为了保证仲裁裁决能够得到实际执行，以免利害关系人的合法权益受到难以弥补的损失，在法定条件下所采取的限制另一方当事人、利害关系人处分财产的保障措施。

(2) 证据保全。是指在证据可能毁损、灭失或者以后难以取得的情况下，为保证其证明作用而采取一定的措施加以确定和保护的制度。

(3) 强制执行仲裁裁决。我国《仲裁法》规定，一方当事人不履行仲裁裁决的，另一方当事人可以向人民法院申请执行，受申请的人民法院应当执行。

2. 法院对仲裁活动的监督

司法监督的实现方式主要是允许当事人向法院申请撤销仲裁裁决和不予执行仲裁裁决。仲裁裁决被撤销或者被不予执行后，当事人就该纠纷可重新达成仲裁协议申请仲裁，也可以向人民法院起诉。

1.6 案例分析

【案例1-1】行政许可的撤销——以住建部文件为例

某建筑工程有限公司：

经查，你单位存在利用虚假申报材料、以欺骗手段取得房屋建筑工程施工总承包一级资质的情况，我部于2014年11月17日向你单位发出《住房城乡建设部撤销行政许可意见告知书》（建市行撤告字[2014]某号），并于2014年11月28日送达你单位。在规定的期限内，我部未收到你单位的书面陈述和申辩材料。

根据《中华人民共和国行政许可法》第六十九条、第七十九条以及《建筑业企业资质管理规定》（建设部令第159号）第二十八条、第三十三条之规定，我部决定撤销你单位房屋建筑工程施工总承包一级的行政许可，且你单位在3年内不得再次申请该行政许可。

请你单位在收到本决定书之日起15日内持《建筑业企业资质证书》正本及全部副本到某省住房和城乡建设厅办理有关手续。

如对本决定不服，你单位可以在收到本决定书之日起60日内向我部申请行政复议或者在3个月内向人民法院提起行政诉讼。

中华人民共和国住房和城乡建设部
2014年12月30日

我国《行政许可法》第六十九条规定，被许可人以欺骗、贿赂等不正当手段取得行政许可的，作出行政许可决定的行政机关或者其上级行政机关，应当予以撤销。第七十九条规定，被许可人以欺骗、贿赂等不正当手段取得行政许可的，行政机关应当依法给予行政处罚；取得的行政许可属于直接关系公共安全、人身健康、生命财产安全事项的，申请人在三年内不得再次申请该行政许可。《建筑业企业资质管理规定》第二十八条规定，以欺骗、贿赂等不正当手段取得建筑业企业资质证书的，应当予以撤销。第三十三条规定，以欺骗、贿赂等不正当手段取得建筑业企业资质证书的，由县级以上地方人民政府建设主管部门或者有关部门给予警告，并依法处以罚款，申请人三年内不得再次申请建筑业企业资质。

建筑业企业资质的行政许可工作，事关建筑业市场主体能力规范化建设，对促进建筑业健康发展，建筑市场公平交易，保障建筑工程质量安全，维护广大人民群众的人身、财产安全等，都具有重要的意义。被许可人以欺骗、贿赂等不正当手段取得建筑业企业资质行政许可的，实属一种严重的违法行为，其结果必然要受到法律的惩处。

【案例 1-2】某工程施工合同变更内容分析

《合同法》第七十七条规定："当事人协商一致，可以变更合同。"合同的变更是指在合同成立后，尚未履行或未完全履行前，对合同内容做的某些修改或者补充。在建设工程合同，特别是在施工合同的履行中，其合同变更的成因较为复杂。但基于业主下达新的指令，并通过完成设计变更进而引起合同变更的情况比较多。

某教学楼在施工中，发生了多项设计变更，其内容包括：新增屋面排水管及排气工程；新增墙面、天棚装修工程；教师讲台加宽加长；教学楼内走廊贴砖墙裙高度降低；公共卫生间防水材料由 SBS 防水卷材变更为聚乙烯丙纶复合防水卷材；局部位置不同材料品种墙体交界处增加钢丝网片；增加公共休息区电热水器；楼地面建筑标高抬高；部分教室地面由地砖铺贴变更为铺木地板等。

从理论上，合同变更可分为合同之债的要素的变更以及非要素的变更。一般，要素的变更是指合同标的的变更，而非要素的变更是指标的数量的变化。例如，土方开挖合同标的是黄土，而实际开挖遇到的是砾石，就属于要素的变更。

建设工程施工合同涉及的工程技术与合同法律技术均较为复杂，加之需要约定的合同内容事项数量繁多且履约时间较长，这就增加了合同双方在缔约时对未来的履行条件以及可能的变化做出全面而准确预估的难度或风险，进而使得履约很难或不能按照缔约条款继续执行。故而，必须通过合同双方就新的事项进行新的商议，继而达成新的合意，使合同通过变更得到继续履行，并最终保证合同双方原有合同目的之实现。由于建设工程项目具有的技术复杂性、不同作业交叉性、项目单件性、施工作业露天化，施工周期较长且实施前期对未来工程风险不可能完全预估等实际特点，故而建设工程施工合同变更是普遍存在的。

在 FIDIC（国际咨询工程师联合会）出版的《施工合同条件》（1999 年第 1 版）中，其通用条件第十三条，即"变更和调整"中规定："每项变更可包括：① 合同中包括的任何工作内容的数量的改变；② 任何工作内容的质量或其他特性的改变；③ 任何部分工程的标高、位置和（或）尺寸的改变；④ 任何工作的删减，但要交他人实施的工作除外；⑤ 永久工程所需的任何附加工作、生产设备、材料或服务；⑥ 实施工程的顺序或时间安排的改变"。在我国推行的《建设工程施工合同(示范文本)》（GF—2013—0201）中，对施工合同的变更事项规定与 FIDIC 施工合同条件基本一致。

在本案例中，教学楼内走廊贴砖墙裙高度降低属于合同之债的非要素变更。同时，此项变更也是合同中包括的工作内容的数量的改变。公共卫生间防水材料由 SBS 防水卷材变更为聚乙烯丙纶复合防水卷材，部分教室地面由地砖铺贴变更为铺木地板等事项，属于工作内容的质量或其他特性的改变。而楼地面建筑标高抬高，则属于工程的标高、位置和（或）尺寸的改变这一类变更。

需要注意的是，本案例中列出的设计变更要转化成为合同变更，至少还需要施工合同双方，对这些设计变更涉及的价款调整达成新的合意。

【案例 1-3】施工合同双方不诚信履约的后果

诚实信用原则是合同履行的帝王原则，《牛津法律大辞典》对信用的解释是："信用，指在得到或提供货物或服务后并不立即而是允诺在将来付给报酬的做法。"因此，只要合同规定的双方的权利和义务不是即时交割，存在时滞，就存在信用的需要。现代市场经济关系中有大量的存在时滞的债权债务关系,其中建设工程施工合同之债就属于该类债权债务关系。

为了更好地说明这一问题,现以某建设工程施工合同约定的付款条款为例。其具体内容为:"业主根据承包人每月实际完成工程量的80%进行进度款支付,同时按等比例扣除甲供材料价款。工程款累计支付至合同价款的80%时暂停支付;竣工结算经业主或其委托有工程造价咨询资质的机构审定后,支付至结算价款的95%;另外5%的保修金按《工程质量保修书》的规定期限返还。"

结合此付款条款的具体内容,承包商为了完成合同内容,首先要垫付备工备料款,而且总是先施工,然后才能获得工程进度款。显然在总体时序上,承包商履行施工义务在前,而业主履行支付价款义务在后。双方的义务交割不在同一时点,存在时滞。在建设工程施工合同付款上,业主最常用的进度款支付是按月或按施工形象进度进行。即使在竣工验收后,结算剩余价款一般也不会全部随即支付给承包商。考虑到维修工程质量缺陷的实际需要,业主都会暂扣一定数量的合同价款作为一定年限范围内的质量保修金。

因为付款是承包商进行施工的实际需要,而同时承包商施工又是业主付款的前提,而且逐次的某时点的付款与相应的连续的施工行为不形成时间上的同一时间性。因此,在业主每一笔付款后,即意味着他可能会面临承包商停工的风险。而承包商施工后,即面临着他可能不能获得相应价款的风险。而对于建设工程施工合同而言,其标的即建设工程行为的特点又决定了合同双方不可能进行即时清结的相互给付。因此,为了保证合同的履行继续,关键的问题就是双方要保证各自的合同信用。

就本案例所举的合同条款内容而言,显然业主的付款信用对承包商的利益以及工程进度具有重要的影响。相应的,如果承包商在获得某一次的支付后,想要求业主对下笔工程进度款能够提前支付,而业主以合同并未如此约定而拒绝时,如果承包商有信用,则他会继续正常施工。而如果他缺乏信用,则可能以放缓施工速度,偷工减料甚或停工威胁业主。在业主对工期有强烈要求的情况下,承包商的这种施压往往会奏效。而这对业主而言,显然是一种风险损失。

我国《合同法》第六条明确规定:"当事人行使权利、履行义务应当遵循诚实信用原则。"《合同法》第六十条还规定:"当事人应当按照约定全面履行自己的义务。当事人应当遵守诚实信用原则,根据合同的性质、目的和交易习惯履行通知、协助、保密等义务。"在建筑业市场上,业主拖欠支付工程价款;强迫承包商签订黑白合同;承包商借用、挂靠资质投标并中标;承包商偷工减料的施工行为;承包商拖欠农民工工资;建筑材料供货商以次充好地提供材料;总承包商在收取业主指定的分包商的配合费前提下,仍不提供相应协助配合服务等,均为合同当事人违背诚实信用原则履约的违法行为。

【案例1-4】工程管理过程中要注意及时收集工程资料(证据)

某体育操场丙烯酸抹面工程,经推算需要涂料30桶,然而承包商运进施工现场的涂料多达70桶,40桶的超出部分可能对业主导致风险和不便(如占用本已紧张的施工场地),这一情况如业主同意,双方应就实际桶数予以签字确认。这一资料将成为业主主张场地租赁费以及要求超出部分材料出场的证据和依据。

某博物馆进行外墙面砖招标,确定中标人后,因未对样品留样封存,在供货商将墙砖送至施工现场后,甲、乙双方就面砖颜色因不能形成一致意见,形成纠纷。如果采购一方原先留存了墙砖的烧制品样板，则这场纠纷的责任主体很好明确。

工程数量的增减、施工机械的更换、施工顺序的变化、质量标准的变化以及大量的工程签证等工程资料都需要及时地予以书面记录并使之生效，这些资料对变更工程价款，处理双方纠纷、完成竣工资料都是必不可少的。

施工合同资料管理工作的原则是：及时化；书面化；效力化；完整化；分类化；归档化。这些资料非常重要，如果纠纷要通过诉讼解决，它们大都会转化为原告、被告主张各自权利的法律证据。

证据是证明案件事实的依据，客观事实要上升为法律事实的条件就是证据。证据问题是诉讼的核心问题，全部诉讼活动实际上都围绕着证据的搜集和运用进行。《民事诉讼法》规定的证据形式包括，当事人的陈述；书证；物证；视听资料；电子数据；证人证言；鉴定意见；勘验笔录等。

在建设工程施工管理过程中，合同书、设计图纸、工程量清单、工程签证、设计变更单、工作联系单、认价单、会议纪要等都属于书证(书证是指以文字、符号、图形所记载或表示的内容、含义来证明案件事实的证据)；封样制品就属于物证(是指以其外部特征和物质属性，即以其存在、形状、质量等证明案件事实的物品)；对工地不安全施工行为的录像、照片、谈判录音均属视听资料证据(视听资料是指利用录音、录像等技术手段反映的声音、图像等证明案件事实的证据)；鉴定机构出具的质量鉴定、造价鉴定报告均属于鉴定结论型证据(鉴定是指鉴定人运用自己的专门知识和技能，以及必要的技术手段，对案件中有争议的专门性问题进行检测、分析、鉴别的活动。经过鉴定活动，对鉴定对象所形成的判断性意见结论，称为鉴定结论)。

复习思考题

1. 简述行政许可的实施主体。
2. 简述行政许可实施的一般程序。
3. 简述行政许可依法撤销的情形有哪几种？
4. 民法的基本原则包括哪些内容？
5. 何谓代理？我国的代理有哪些类型？
6. 简述知识产权的基本特征。
7. 合同一般应包括哪些内容条款？
8. 合同生效应当具备哪些要件？
9. 《合同法》规定的当事人承担违约责任主要有哪些方式？
10. 民事诉讼法的基本原则是什么？
11. 民事诉讼的证据种类包括哪些？
12. 仲裁有哪些特点？
13. 仲裁协议应包括哪些内容？

第 2 章 建设法规概论

2.1 建设法规概述

2.1.1 建设法规的概念

党的十八届四中全会决定指出:"依法治国是坚持和发展中国特色社会主义的本质要求和重要保障,是实现国家治理体系和治理能力现代化的必然要求……"。

依法治国,是党领导人民治理国家的基本方略,是发展社会主义市场经济的客观需要,是保障和促进社会公平正义的重要手段,是社会文明进步的重要标志,是国家长治久安的重要保障。

在依法治国的时代背景下,要保持建筑业良性持续的发展,就必须不断加强法制化建设。1984 年城乡建设环境保护部成立了《建筑法》起草小组并于次年 1 月完成了初稿。随着建筑市场的日趋活跃,一些新情况、新问题不断出现,对草案内容先后作了多次大的调整。在 1990 年,建设部印发了《建设法律体系规划方案》的通知。在通知中指出:"建设事业在我国社会主义现代化建设中占有重要地位,需要有完善的法律、行政法规和部门规章来规范和调整建设事业中的各种社会活动"。

建设法规是指国家立法机关或其授权的行政机关制定的旨在调整国家及其有关机构、企事业单位、社会团体、公民之间,在建设活动中或建设行政管理活动中发生的各种社会关系的法律、法规等规范性文件的总称。

在我国,随着建设法规体系的逐步建立,建筑市场交易行为、建筑工程质量与安全等均朝着良性方向发展。但是,因为我国社会主义市场经济法制化建设起步较晚,建筑企业存在结构不合理造成的过度竞争,建筑活动参与各方法律意识还比较淡漠等原因,建设法律制度在建设活动实践中还不能很好地得到落实和执行。相信随着我国法制化进程的推进和建筑产业的结构调整,建设法律法规建设工作会进一步得到加强,而这方面工作取得的成果,也一定会对我国建筑业的良性发展起到积极而重大的作用。

2.1.2 建设法规的调整对象

建设法规的调整对象,是指在建设活动中所发生的需要依法调整的各种社会关系。它主要包括建设活动中所涉及或产生的行政管理关系和民事法律关系。

1. **建设活动中的行政管理关系**

建筑业是我国的支柱产业之一,建设活动与国民经济、人们生活和社会的可持续发展关系密切,国家对之必须进行全面的规范管理。当国家及其建设行政主管部门在对建设活动进行管理时,就会与建设单位、设计单位、施工单位、建筑材料和设备的生产供应单位及建设监理等中介服务单位,产生管理与被管理关系。在法制社会里,这种关系必须要由相应的法律法规,包括建设法规来规范、调整。

例如，《建筑法》第七条规定："建筑工程开工前，建设单位应当按照国家有关规定向工程所在地县级以上人民政府建设行政主管部门申请领取施工许可证。"《中华人民共和国招标投标法》第七条规定："招标投标活动及当事人应当接受依法实施的监督。有关行政督部门依法对招标投标活动实施监督。依法查处招标投标活动中的违法行为。招标投标活动的行政监督及有关部门的具体职权划分，由国务院规定。"

2. 建设活动中的民事法律关系

工程建设是多方主体参与的系统工程，在完成建设活动既定目标的过程中，各方的关系既是博弈的又是协作的。在此背景下，各方的权利、义务关系必须由建设法规加以规范、调整。例如，在《中华人民共和国建筑法》和《中华人民共和国合同法》中，对建设单位、勘察设计单位、施工单位等的权利义务，以及它们之间的法律关系就进行了有关规定。在建设活动的经济协作关系中，各方法律主体具有平等的法律地位，它们之间的民事法律关系主要依靠合同的订立和履行来体现。

另外，在建设活动中涉及的土地征用、房屋拆迁及安置、房地产交易等，常会涉及公民的人身和财产权利，建设法规也应对其进行必要而合理的规范和调整。

2.2 建设法规体系

2.2.1 建设法规体系的概念

建设法规体系，是指把已经制定和拟定的建设法律、建设行政法规和建设部门规章衔接起来，形成一个有机联系、相互配套，相互协调的完整统一的法律体系结构。

建设法律体系必须与国家整个法律体系相协调，但又因自身特定的法律调整对象而自成体系。它应覆盖建设活动的各个行业、各个领域以及工程建设的全过程。同时，它还应注意纵向不同层次法规之间的上下一致，和横向同层次法规之间的配套和协调，防止不同法律规范性文件之间出现立法矛盾、重复和抵触的现象。

目前的建筑法规体系主要由调整建设法律关系，现行有效的法律、行政法规和部门规章等一系列相互联系、频繁使用的规范性法律文件所构成。包括但不限于以下内容：《中华人民共和国建筑法》、《中华人民共和国合同法》、《中华人民共和国城乡规划法》、《中华人民共和国招标投标法》、《中华人民共和国安全生产法》等法律，《建设工程质量管理条例》、《建设工程勘察设计管理条例》、《建设工程安全生产管理条例》、《房地产开发经营管理条例》等行政法规，《建筑工程施工许可证管理办法》、《建筑市场诚信行为信息管理办法》、《房屋建筑和市政基础设施工程施工图设计文件审查管理办法》、《工程监理企业资质管理规定》、《关于外国企业在中华人民共和国境内从事建设工程设计活动的管理暂行规定》、《工程造价咨询企业管理办法》、《房屋建筑工程和市政基础设施工程竣工验收备案管理暂行办法》、《房地产开发企业资质管理规定》、《工程建设项目施工招标投标办法》、《工程建设项目货物招标投标办法》、《工程建设项目勘察设计招标投标办法》、《建筑工程方案设计招标投标管理办法》、《关于加强大型公共建筑工程建设管理的若干意见》等部门规章。

除此之外，在法律层面上，与建筑行业相关的法律还有我国的《民法通则》、《土地管理法》、《标准化法》、《产品质量法》、《环境保护法》、《节约能源法》、《物权法》、《城市房地产管理法》等。

在建筑法规体系中，起着基础和核心作用的是《中华人民共和国建筑法》和《中华人民共和国合同法》中有关建设工程的章节。尽管《中华人民共和国建筑法》出台已经十多年，但在实践中还没有得到充分的实施。这部法律是构造我国建设方面规范性文件的主要法律依据，所有前述的相关行政法规、部门规章等下位法均必须服从《建筑法》和《合同法》的规定，不得有任何冲突。

2.2.2 建设法规体系的构成

根据《中华人民共和国立法法》有关立法权限的规定，我国建设法规体系的基本框架，由纵向结构和横向结构所组成。从建设法规体系的纵向结构看，按照现行的立法权限可分为五个层次，即法律、行政法规、部门规章和地方性法规、规章。

(1) 全国人大及其常务委员会审议发布的，旨在调整建设活动社会关系的各项法律。它是建设法规体系的核心和基础。

(2) 国务院依法制定并颁布的属于住建部主管业务范围内的各项行政法规，在建设法律体系中居中坚地位。

(3) 部门规章是指住建部根据国务院规定的职责范围，依法制定并颁布的各项规章，或由该部与国务院其他有关部委联合制定并发布的规章。

(4) 地方性法规是指在不与宪法、法律、行政法规相抵触的前提下，由省、自治区、直辖市人大及其常委会制定并发布的法规，包括省会(自治区首府)城市和经国务院批准的较大的市人大及其常委会制定的，报经省、自治区人大或其常委会批准的各种法规。地方性法规在其行政区域内有法律效力。

(5) 地方规章是指省、自治区、直辖市以及省会(自治区首府)城市和经国务院批准的较大的市的人民政府，根据法律和行政法规，制定并颁布的规章。

从建设法律体系的横向结构看，包括以调整建设活动涉及的社会关系为主要立法内容的法律、行政法规、部门规章等，以及其他虽不主要调整上述社会关系但与其却有着一定联系的相关法律、行政法规、部门规章等两个部分和方面。

2.3 建设法规立法原则及实施

2.3.1 建设法规的立法原则

建设事业在我国现代化进程中具有极其重要的地位和作用。它的发展不仅直接为国民经济各部门提供坚实的物质技术基础，而且还为城乡人民创造良好的工作环境和生活环境。因此，建设事业具有很强的社会性、综合性。这个鲜明的特性，决定了必须有为数可观和健全的法律、行政法规、部门规章等来规范和调整建设领域的各种社会活动。

建设法规立法的基本原则，是指立法时所必须遵循的基本准则及要求。现阶段，我国建设法规立法时必须遵循的基本原则有：

1. 遵循市场经济规律原则

遵循市场经济规律,反映在建设法规立法中,就是要建立健全建筑市场主体地位体系,要规定建筑业市场各种主体的法律地位及相互关系,对他们在建设活动中的权利和义务做出明确的规范。建设法规立法应当确立规划与设计市场、建设监理市场、工程承发包的招投标市场、施工管理市场、房地产市场、市政公用事业市场、建设资金市场等多元化的建设活动大市场。遵循市场经济规律,建设法规立法还要规范建筑交易行为的规则和程序。建设法规的立法强调通过法律制度规范建筑业发展,合理限制行政权力对建筑业不恰当地过度管理,防止行政权力滥用对建筑业自有发展规律的干扰和负面影响。

2. 法制统一性原则

建设法规体系是我国法律体系的重要组成部分。同时,建设法规体系又相对自成体系,具有相对独立性。这就要求建设法规体系必须服从国家法律体系的总要求,必须与宪法和相关的法律保持一致。对于基本法的有关规定,建设行政法规和部门规章以及地方性建设法规、规章都必须遵循,而且,与地位同等的法律、法规所确立的有关内容应相互协调。建设法规系统内部高层次的法律、法规对低层次的法规、规章具有制约性和指导性。地位相等的建设法规和规章在内容规定上不应相互矛盾。

3. 实用有效的原则

世界上许多国家一般都是先由议会制定法律,然后再据以制定法规和规章。从我国建设工程立法实际情况出发,在某些立法项目上可以先制定部门规章或者行政法规,待条件成熟后再上升为高一层次的行政法规或法律。此外,建设法规立法还要从我国目前正处于社会主义初级阶段的国情出发,从建设行政管理和建筑业发展的实际需要出发,根据建设事业和社会主义法制建设的发展规律,既考虑到每个建设法规立法项目的必要性,又要考虑到立法后实施的可行性。

4. 科学借鉴的原则

建设法规在立法过程中既要总结国内立法的经验与教训,还应科学借鉴国外的成功做法。随着我国对外开放和加入 WTO 组织的现实,我国与国外的交往和合作日益增多。科学地、合理地借鉴国外对我有用的立法经验,包括法律体系、立法项目、立法技术等,是十分必要和有益的。这既可以避免走弯路,又可以使我国在国际交往中有较多的共同规范,有利于推动我国的建设事业走向世界,有利于推进我国建筑业走出去战略的深化和发展。

5. 责权利相一致的原则

建设工程涉及的合同,其主体享有的权利和履行的义务是统一的。没有无权利的义务,也没有无义务的权利。建设工程领域的合同绝大部分都是双务、有偿合同。任何一个主体在享有建设法律规定的权利的同时,必须履行所规定的义务。建设行政主管部门及相关行政部门进行行政管理既是其权利,也是其义务,并且同时要承担相应的法律责任。

2.3.2 建设法规的实施

建设法规的实施,指国家机关、法人组织、社会团体、公民实践建设法律规范的活动。主要包括建设法规的行政执法、司法和守法三个方面。

1. 建设行政执法

建设行政执法，指建设行政主管部门和被授权或被委托的单位，依法对各项建设活动和建设行为进行检查监督，并对违法行为执行行政处罚的行为。

建设行政执法机关（以下统称执法机关），是指依法取得行政处罚权的建设行政主管部门、建设系统的行业管理部门以及依法取得委托执法资格的组织。建设行政执法具体包括：建设行政决定、建设行政检查、建设行政处罚、建设行政强制执行、行政调解、行政复议和行政仲裁等。如，建设行政处罚包括：警告；罚款；没收违法所得、没收违法建筑物、构筑物和其他设施；责令停业整顿、责令停止执业业务；降低资质等级、吊销资质证书、吊销执业资格证书和其他许可证、执照等行政处罚。

目前，建设行政执法工作所依据的法律法规主要有：《中华人民共和国行政许可法》、《中华人民共和国行政处罚法》、《中华人民共和国行政强制法》、《中华人民共和国行政复议法》、《中华人民共和国城乡规划法》、《中华人民共和国建筑法》、《中华人民共和国招标投标法》、《中华人民共和国安全生产法》、《建设工程质量管理条例》、《建设工程安全生产管理条例》以及其他关于建设工程方面的法律法规。

建设部在2004年制订了"关于在建设系统贯彻实施《全面推进依法行政实施纲要》的五年规划"；2011年发布了《关于进一步推进住房城乡建设系统依法行政的意见》。在《关于进一步推进住房城乡建设系统依法行政的意见》中，强调要严格依法履行职责。切实解决当前市场监管中存在的执法不严、违法不究的问题。以维护公共利益和规范住房城乡建设市场秩序为目标，加强城乡规划、房地产市场、建筑市场和工程质量安全、节能减排、住房公积金、工程建设标准执行等方面的监督执法力度，进一步加强稽查执法工作，及时纠正违法违规行为；规范执法主体，界定执法权限，明确委托执法的依据、事项、权限和时限，并向社会公布。健全行政执法程序，细化执法流程，明确执法步骤、环节和时限。坚持公正执法，对违法行为做到有案必查、违法必究、过罚相当、不枉不纵。规范行政执法裁量权，依法细化行政执法裁量标准；推进行政执法信息化建设。充分发挥信息技术在行政执法中的作用。建立和完善行政执法办案管理系统，利用信息化手段，及时发现违法行为，为迅速查处违法案件提供技术支持；完善行政执法责任制。根据法律法规立改废情况及时调整、梳理行政执法依据，明确行政执法责任。通过行政执法案卷评查、质量考核、满意度测评等方式，加强对行政执法人员的评议考核。完善和细化行政执法责任追究制度，行政执法人员不履行或者不正确履行法定职责、滥用职权、粗暴执法的，要依法追究责任。充分发挥行政复议功能。畅通行政复议渠道，依法受理行政复议案件，确实不属于行政复议受案范围的，要告知申请人解决问题的途径。进一步细化和完善行政复议程序，全面规范受理、审查、决定、监督等工作环节，增强行政复议的公信力。深入调查了解案情，注重运用调解、和解方式解决纠纷，坚决纠正违法或者不当的行政行为，提高办案质量，加大复议纠错力度，努力实现"定纷止争、案结事了"等。

2. 建设法律司法

建设法律司法，指国家司法机关（狭义的司法机关指法院和检察院，广义的司法机关还包括公安机关、司法行政机关等），主要是人民法院依照诉讼程序对建设活动中的争议与违法行为做出的审理判决活动。

对建设工程违法案件的查处、建设工程合同双方争端的解决、重大责任事故的查处等方面均会涉及建设法律司法。尤其是建设工程合同纠纷当事人常采用诉讼的方式解决争端，我国每年由于施工合同纠纷而发生的司法案件数以万计。为此，最高人民法院在2004年出台的《最高人民法院关于审理建设工程施工合同纠纷案件适用法律问题的解释》中根据《中华人民共和国民法通则》、《中华人民共和国合同法》、《中华人民共和国招标投标法》、《中华人民共和国民事诉讼法》等法律规定，结合民事审判实际，就审理建设工程施工合同纠纷案件适用法律的问题做出了司法解释。

此外，建设工程中和司法有关的概念还有司法鉴定。建设工程司法鉴定是指依法取得有关建设工程司法鉴定资格的鉴定机构和鉴定人受司法机关或当事人委托，运用建筑理论和技术，对与建筑工程相关的问题进行鉴定并提供鉴定结论的活动，其主要内容包括：建筑工程质量评定、工程质量事故鉴定、工程造价纠纷鉴定等。

3. 建设法律守法

建设法律守法指从事建设活动的所有单位和个人，必须按照建设法规、有关法律法规，以及有效合同的要求或约定实施建设行为，不得违反。

无论是进行建设工程行政监督管理的执法部门及人员，还是建设工程合同的当事人，在进行建设活动时均要自觉遵守我国的各项法律、建设法规以及相关合同的规定和约定。否则，违法者就会受到法律的处罚和制裁。例如，在建设工程中未按规定办理工程立项手续或者采取欺骗手段取得项目并开工的；未按规定办理工程项目报建手续的；应予公开招标而未公开招标就发包工程的，或者违反规定肢解工程项目发包的；违反规定将工程发包给无资质证书或资质等级不符合规定要求的设计、施工、监理单位的；以带资、垫资为先决条件发包工程的；未取得施工许可证就擅自施工的，或者未经工程竣工验收就使用工程设施的；施工单位串通投标、偷工减料、拖欠支付农民工工资；建设单位胁迫施工单位压低工程造价、拖欠支付工程款等行为均应承担法律责任，受到法律的惩处。

建设法律守法的实现，需要系统化的手段和方法。但是，其中有一个重要的手段，就是加大对建筑市场各方主体的诚实信用管理的法制化建设。为充分发挥政府和市场的作用，调动社会各方的积极性，按照守法经营、诚实守信、失信必惩、保障有力的原则，营造良好的建筑市场诚信环境，共同推进建筑市场信用体系建设。2005年原建设部发布了《建设部关于加快推进建筑市场信用体系建设工作的意见》，提出了同步推进政府对市场主体的守法诚信评价和社会中介信用机构开展的综合信用评价；充分发挥政府部门、行业协会和评价机构的作用，推动建筑市场信用体系的建设；建筑市场信用体系建设要努力实现诚信信息平台、诚信评价标准、诚信法规体系、诚信奖惩机制四个统一的发展思路，以信用体系的建设促进参与建设活动的各方主体自觉守法。

2014年9月，住建部印发了关于《工程质量治理两年行动方案》的通知，其中强调要加快建筑市场诚信体系建设，并要求各地住房城乡建设主管部门要按照《全国建筑市场监管与诚信信息系统基础数据库管理办法》和《全国建筑市场监管与诚信信息系统基础数据库数据标准》总体要求，实施诚信体系建设。

2.4 案例分析

【案例 2-1】一封海外来信蕴含的诚信守法精神

作为上海标志之一的外白渡桥，是中国的第一座全钢结构铆接桥梁和仅存的不等高桁架结构桥。由于处于苏州河与黄浦江的交界处，因此成为连接黄浦与虹口的重要交通要道。在普通人眼中，它始终硬朗，天天都有近 3 万辆次的车从它身上驶过。或许是城市面貌天天都有新的亮点出现，在上海市决定对其大修之前，人们对这一百年城市地标已渐渐地有点熟视无睹。

但就在 2007 年年底，上海市政工程治理局收到了一封寄自英国一家设计公司的来信。信中说，外白渡桥的"桥梁设计使用年限为 100 年，现在已到期，请对该桥注重维修"，并"建议检修水下的木桩基础混凝土桥台和混凝土空心薄板桥墩"。当然，英国设计单位这样做的目的是为了免除桥梁发生意外后所需承担的法律责任，但也从另一方面反映出设计方严谨的专业态度和诚信守法的职业道德。专门研究苏州河的上海社会科学院历史研究所郑祖安介绍说，桥梁的建造设计单位为英国霍华思·厄斯金公司。新桥于光绪三十三年（1907 年）交付使用。桥宽 60 英尺（其中车道 36 英尺，人行道 24 英尺），长 171 英尺，为当时技术最新的钢铁结构（钢骨由英国克兰佛兰桥梁公司制造）。

设计方的郑重提醒，为市政设计施工的决策提供了有力的参考。经过认真的整修，外白渡桥"修旧如旧"，继续讲述着上海市的百年变迁。据科学估计，整修后的外白渡桥至少还可服役 50 年。而这其中，来自英国设计方的信函提供的信息起到了很好的技术接续和支持作用。

虽然我国《建筑法》第六十条规定："建筑物在合理使用寿命内，必须确保地基基础工程和主体结构的质量"，但是没有明确设计单位对其设计质量终身负责的法律制度。在《建设工程质量管理条例》、《建设工程勘察设计管理条例》中，都规定了设计文件应当注明建设工程合理使用年限，但对设计单位的质量责任终身制依然未作明确规定。在 2014 年 8 月 25 日住建部印发的《建筑工程五方责任主体项目负责人质量终身责任追究暂行办法》中，明确了建设、勘察、设计、施工、监理单位的项目负责人，在工程设计使用年限内对工程质量承担相应责任。相信在这一部门规范性文件的实施推进下，在各方诚实守法的落实下，我国的建筑工程管理定会步入新的水平。

（摘编自东方网综合，王丽琳）

【案例 2-2】住建设部对工程质量终身责任制落实情况的专项行政执法

按照工程质量治理两年行动和《建筑工程五方责任主体项目负责人质量终身责任追究暂行办法》有关要求，各地积极采取有效措施，认真落实法定代表人授权书、工程质量终身责任承诺书、永久性标牌制度，取得了良好成效。根据各地报送的月报表，住房城乡建设部办公厅通报了 2015 年 1 月全国工程质量终身责任制落实情况。在全国新办理质量监督手续的工程中，88.06%签署了法定代表人授权书、工程质量终身责任承诺书；在新办理竣工验收备案的工程中，93.76%设立了永久性标牌。

根据通报，2015年1月，全国新办理质量监督手续的工程共15474项，其中已签署法定代表人授权书、工程质量终身责任承诺书的工程有13627项，覆盖率达88.06%，天津、吉林、黑龙江、江苏等13个省市覆盖率达100%。此外，全国共有30424项已经开工、正在建设的工程补签法定代表人授权书和工程质量终身责任承诺书。

全国1月份新办理竣工验收备案的工程16013项，其中有15014项工程设立永久性标牌，覆盖率达93.76%，天津、山西、吉林、安徽等14个省市覆盖率达到100%，有12454项工程建立质量信用档案，覆盖率达77.78%，安徽、江西、湖南、重庆、青海5个省市覆盖率达100%。

工程质量治理两年行动开展以来，各地不断加大监督执法检查力度，重点加强市县一级工程质量监督执法检查，对发现的问题要求立即整改到位，对存在严重违法违规行为的企业和个人进行严肃查处，始终保持高压态势，确保工程质量。据统计，2015年1月，各地共检查工程56528项，其中省级住房城乡建设主管部门检查工程4287项，市县级住房城乡建设主管部门检查工程52241项。

各地共下发监督执法检查整改单24779份、行政处罚书1198份，处罚相关单位1025个，处罚相关人员593名，实施信用惩戒696起，曝光违法违规典型案例420起。从行政处罚起数看，山东、湖南、安徽3个省份处罚力度较大；从曝光典型案例起数看，安徽、天津、重庆3个省市曝光力度较大。

通报说，从各地上报情况看，仍有部分地区工程质量终身责任制落实效果差，新建工程"两书一牌"制度覆盖率不高，监督执法检查力度不够，不少地区存在重检查、轻处罚现象。此外，在报表上报过程中，存在上报不及时、数据统计口径不一致、数据不准确等问题。

在本案例中，住建部对全国工程质量终身责任制落实情况的专项行政执法活动，主要采取了行政监督检查和行政处罚等两种具体行政执法手段。

（摘编自《中国建设报》，宗边）

【案例2-3】綦江虹桥垮塌案

1999年1月4日18时50分，重庆市綦江县城古南镇，号称綦江县第一号形象工程的"虹桥"整体垮塌，坠入綦河，40名无辜者被夺去了生命，14人受伤躺进医院，造成直接经济损失631万元。

1月5日凌晨1时15分，重庆市检察院先遣组赶到綦江，直奔事发现场和医院，了解基本情况。1月7日晚，"綦江1·4事故"专家组初步认定虹桥整体垮塌是一起人为责任事故。其中违法设计、无证施工、管理混乱、未经验收等问题，是导致事故发生的重要原因。

1月8日，重庆市纪检监察部门对綦江县委原副书记、县建委原副主任立案审查；重庆市公安局对施工设计方有关责任人立案并刑事拘留；同时，重庆市检察院亦迅速抽调人员，开始对綦江县委原副书记等人涉嫌职务犯罪的问题全面展开初查。

虹桥垮塌的第4天，签订两份"虹桥"工程总承包合同的承包人和具体负责"虹桥"施工的包工头被公安机关刑事拘留。

1月9日，虹桥垮塌的第5天，綦江县委副书记因涉嫌受贿罪、玩忽职守罪，被重庆市检察院立案侦查。1月19日，被决定逮捕。

1999年4月3日，一审法院以受贿罪和玩忽职守罪判处綦江县委原副书记死刑，剥夺政治权利终身；以工程重大安全事故罪判处虹桥包工头有期徒刑十年；相关涉案领导分别被以玩忽职守罪判处有期徒刑三至六年；一审法院还对设计、施工、生产销售建筑材料的有关被告，以犯工程重大安全事故罪，犯生产销售不符合安全标准产品罪等，分别判处五年到十三年不等的有期徒刑；还对某机器厂职工技术服务部犯生产销售不符合安全标准产品罪，判处罚金 25 万元，非法所得 3 万元继续追缴。一审判决后，多名被告人不服，分别提起上诉。重庆市高级法院于 1999 年 12 月 12 日作出终审判决。

建设法律司法，主要是人民法院依照诉讼程序对建设活动中的争议与违法行为做出的审理判决活动。在我国社会主义市场经济体制不断深化，建筑业投资逐渐放缓，建设工程参与方的合同意识及法律维权意识日益增强的新形势下，当事人选择通过民事诉讼，寻求法院司法判决以解决合同纠纷的需要不断增强。据最高人民法院发布的《人民法院工作年度报告（2014）》披露，2014 年人民法院在一审民商事案件中，审结合同纠纷案件 4375771 件，同比上升 10.58%。而建设工程合同纠纷共结案 108195 件，同比增幅 17.68%，增幅比例位列各类合同纠纷之前列。

除了对平等民事主体之间建设工程合同纠纷案件司法审判任务的加重外，人民法院还不断加强对建设工程领域刑事犯罪活动的有力打击。正如在本案例中，对犯罪个人处以死刑（后改判为死刑，缓期二年执行）、有期徒刑的判决，对某单位处以罚金的判决等，都高度体现了刑罚严厉的国家强制性。

复习思考题

1. 建设法规的调整对象包括哪些？
2. 建设法规立法原则有哪些？
3. 如何加强建设行政执法？
4. 简述建设法律司法的概念。
5. 如何加强建设法律守法建设？

第 3 章　工程建设程序法律法规

3.1　概　　述

3.1.1　工程建设程序的概念

工程建设是指土木建筑工程、线路管道和设备安装工程、建筑装修装饰工程等工程项目的新建、扩建和改建，是形成固定资产的基本生产过程及与之相关的其他建设工作的总称。通过工程建设活动形成固定资产的种类主要包括：民用住宅、公共建筑、工业建筑、市政设施等。

工程建设程序是指工程建设项目实施过程中各环节、各步骤之间应遵循的先后组织顺序。程序的规范，一方面是基于工程建设项目的特点和实施过程中的时间、空间及技术逻辑而形成。在既定的资源和生产水平条件下，它不以人的意志为转移，具有客观性。例如，施工之前必须要有施工图作为其技术依据之一。另一方面，程序的规范部分也源自于法律法规的规定。例如，建设单位在工程开工前应先办理施工许可证。

工程建设程序的科学安排是关系工程建设工作全局的一个重要问题，也是科学管理工程建设项目实施的一个根本原则。如果违背这一管理原则，将造成工程建设项目无法正常进行或在工程质量、进度、投资、安全等方面造成程度不一的损失。例如，没有完成整体规划，单体建筑的实施将无从谈起；没有完成一定深度的施工图，就不可能较高质量地完成工程建设项目的招投标，进而在施工阶段就不可能流畅地组织施工任务，工程质量也难以保证；没有完成工程所需材料的采购，工程施工行为将无法开展等。目前，虽然经过长期努力，工程建设管理的程序意识普遍有所提高，这一方面的法制化建设也有所加强。但是因为不遵守建设程序，违反工程建设规律导致的项目失败仍时有发生，给国家造成巨大经济损失，同时也给人民群众的生产生活带来了重大风险。这主要是因为在实施工程项目过程中，项目参建各方，包括建设单位、勘察设计单位、施工单位等不按照法律法规规定的程序，或是不严格执行应有的技术管理程序等行为造成的后果。

3.1.2　工程建设程序阶段划分

根据工程建设程序法律法规的有关规定，结合工程建设的一般规律，一般大中型及限额以上工程建设项目的实施程序可以分为以下几个阶段：项目决策阶段；工程建设准备阶段；工程项目实施阶段；工程竣工验收及后评价阶段。

工程项目决策阶段主要包括以下内容：投资机会研究，编制项目建议书，可行性研究，审批立项。工程建设准备阶段主要包括以下几个内容：报规报建，征地拆迁，工程勘察设计，落实建设资金，招投标确定施工及监理队伍等。工程项目实施阶段主要包括以下内容：施工准备，工程施工，生产准备。工程竣工验收及后评价阶段主要包括以下内容：工程竣工验收，工程质量保修，投资后评价。

世界银行将贷款项目的建设过程划分为六个阶段，即项目选定、项目准备、项目评估、项目谈判、项目实施和项目后评价。虽然国内外对工程建设程序的认识和立法规定存在差异。但是在程序管理中，都强调前期决策、设计等对工程项目的决定性影响，以及程序环节和步骤安排应有的内在科学组织逻辑。

3.1.3 工程建设程序立法现状

在法律层面，目前我国没有系统地对工程建设程序进行相应规范。但在《中华人民共和国城乡规划法》、《中华人民共和国建筑法》、《中华人民共和国招标投标法》等法律中的一些条款对此问题已有所涉及。

例如，《中华人民共和国城乡规划法》第四十条规定："在城市、镇规划区内进行建筑物、构筑物、道路、管线和其他工程建设的，建设单位或者个人应当向城市、县人民政府城乡规划主管部门或者省、自治区、直辖市人民政府确定的镇人民政府申请办理建设工程规划许可证。"在《中华人民共和国建筑法》第七条中规定："建筑工程开工前，建设单位应当按照国家有关规定向工程所在地县级以上人民政府建设行政主管部门申请领取施工许可证。"

在行政法规层面，2000 年《建设工程质量管理条例》总则第五条规定："从事建设工程活动，必须严格执行基本建设程序，坚持先勘察、后设计、再施工的原则。县级以上人民政府及其有关部门不得超越权限审批建设项目或者擅自简化基本建设程序。"

在我国工程建设程序法制化建设过程中，1978 年 4 月由国家计委、国家建委、财政部联合颁发的《关于基本建设程序的若干规定》是一个里程碑式的部门规章，也是我国专门规范工程建设程序的一部法律文件。它结合当时的实际情况，比较全面地规定了工程建设的程序环节和步骤，为工程建设程序法制化建设奠定了重要基础。目前，该部门规章仍然现行有效。之后，随着我国社会主义市场经济体制的逐步发展和决策科学化、管理规范化的逐步加强，国务院有关部委又先后发布了多个规范工程建设程序管理的部门规章。例如，《关于简化基本建设项目审批手续的通知》(1982 年)、《关于编制建设前期工作计划的通知》(1982 年)、《关于建设项目进行可行性研究的试行管理办法》(1983 年)、《关于大型和限额以上固定资产投资项目建议书审批问题的通知》(1988 年)、《工程建设项目实施阶段程序管理暂行规定》(1994 年)、《工程建设项目报建管理办法》(1994 年)等规范性文件。综上所述，我国工程建设程序立法建设已取得了一定成绩。但是因为在法律和行政法规的立法中还没有予以足够重视，加之在建设活动中经常可见发生违反程序的实际情况，这些都说明工程建设程序法制化建设还有待于进一步加强和完善。

3.2 工程建设项目决策

3.2.1 概念

工程建设项目决策是指决策单位或决策者按照客观的建设程序，充分考虑国家有关方针政策，在广泛占有信息资料的基础上，对拟建项目进行技术经济分析和多种角度综合分析评价，决定项目是否建设，在什么地方建设，选择并确定项目建设较优方案。

项目决策应遵循科学化和民主化的原则。科学化是指项目决策应基于调查研究获取的客观事实和数据,按照科学的态度、程序和方法予以开展。民主化是指在决策过程中决策者要对可能影响决策的各种信息予以收集。项目决策的优劣对项目预定目标的实现有着决定性作用。项目决策的程序一般由粗到细、由前到后可分为投资机会研究、编制项目建议书、可行性研究、项目审批立项等四个阶段。

3.2.2 投资机会研究

投资机会研究是指为寻求有价值的投资机会而对项目的有关背景、资源条件、市场状况等所进行的初步调查研究和分析预测。投资机会研究的主要目的是：分析政治经济环境,寻找投资机会、鉴别投资方向,筛选投资项目,确定预可行性研究范围和辅助研究的关键方面。

3.2.3 项目建议书

项目建议书是在项目投资机会研究的基础之上,对拟建项目的轮廓性设想。其内容主要是考察项目建设的必要性,看其是否符合国家长远规划方针和要求,是否符合投资人的投资利益。同时初步分析建设项目条件是否具备,是否值得投入人力、物力作进一步深入研究。项目建议书经批准后,项目才能列入国家年度计划。经批准的项目建议书是编制可行性研究报告的依据。编制项目建议书既要全面论述,更要突出重点,一般侧重于论述项目投资建设的必要性、建设条件的可能性、项目赢利的可能性三个方面的内容。

3.2.4 可行性研究

可行性研究是指对拟建项目的市场需求、建设条件、生产条件、工艺技术、设备采购、投资效益、环境影响等各个方面进行全面的、系统的研究。对备选方案从技术的先进性、实施的可能性、经济的合理性等方面进行比较评价,从中选出最佳方案的研究方法。可行性研究是在项目建议书的基础上进行的。

工程建设项目的可行性研究是建设前期工作的重要部分和关键环节。其内容主要包括：①市场需求分析；②建设方案与规模；③建设条件与定点选址；④工艺技术方案设计与分析；⑤环境保护与劳动安全；⑥项目实施进度计划；⑦投资估算与资金筹措；⑧财务效益与社会效益评估。

可行性研究是编制项目设计文件的依据,是建设单位融资特别是向银行贷款的重要依据,是项目后评估的依据。近年来,可行性研究作为一个法定程序在我国各类项目的投资活动中得到了较为广泛的落实,这对于有效控制投资、保证科学决策起到了较好的作用。

3.2.5 项目审批立项

项目审批是国家有关行政部门对可行性研究报告进行审查,如果审查通过即予以立项。经有关行政机关进行的项目审批立项,实质上是一种行政许可,应严格遵守《中华人民共和国行政许可法》。

随着我国社会主义市场经济的不断发展以及投资体制的深化改革,在 2004 年《国务院关于投资体制改革的决定》中明确提出：改革项目审批制度,落实企业投资自主权,彻底改革现行不分投资主体、不分资金来源、不分项目性质,一律按投资规模大小分别由各级政府及有关部门审批的企业投资管理办法。对于企业不使用政府投资建设的项目，一律不再实行审批制，区别不同情况实行核准制和备案制。2013年9月，国务院在《关于严格控制新设行政许可的通知》中指出："国务院各部门要按照行政许可法和本通知的规定，对规章和规范性文件进行一次全面清理，对违法设定行政许可、增设行政许可条件，以备案、登记、年检、监制、认定、认证、审定等形式变相设定行政许可，以非行政许可审批名义变相设定行政许可，以及违法设定行政许可收费或借实施行政许可变相收费的，要坚决纠正。"2014年8月，国务院在《关于深化行政审批制度改革加快政府职能转变工作情况的报告》中进一步强调：以行政审批制度改革为突破口，大力简政放权。国务院部门审批事项过多、管得过细，不利于调动各方面积极性、释放市场主体活力，是行政体制的突出矛盾和问题。加快政府职能转变，必须把行政审批制度改革作为首要任务，大幅减少行政审批等事项。

3.3 工程建设项目实施准备

工程建设项目实施准备工作在前期项目决策的基础上开展，对后继的实施阶段提供条件。

3.3.1 报规报建

工程建设项目的报规报建是指建设单位在项目实施前，向城乡规划主管部门和建设行政主管部门报批相关文件资料，使项目实施获得政府许可的活动。报规报建是建设单位在工程建设准备阶段一项重要工作，也是国家有效掌握建设规模，规范工程建设程序管理和加强建筑市场管理的主要手段。

《中华人民共和国城乡规划法》规定：国家规定需要有关部门批准或者核准的建设项目，以划拨方式提供国有土地使用权的，建设单位在报送有关部门批准或者核准前，应当向城乡规划主管部门申请核发选址意见书。在城市、镇规划区内以划拨方式提供国有土地使用权的建设项目，经有关部门批准、核准、备案后，建设单位应当向城市、县人民政府城乡规划主管部门提出建设用地规划许可申请，由城市、县人民政府城乡规划主管部门依据控制性详细规划核定建设用地的位置、面积、允许建设的范围，核发建设用地规划许可证。建设单位在取得建设用地规划许可证后，方可向县级以上地方人民政府土地主管部门申请用地，经县级以上人民政府审批后，由土地主管部门划拨土地。在城市、镇规划区内进行建筑物、构筑物、道路、管线和其他工程建设的，建设单位或者个人应当向城市、县人民政府城乡规划主管部门或者省、自治区、直辖市人民政府确定的镇人民政府申请办理建设工程规划许可证。

建设部《工程建设项目报建管理办法》规定：凡在我国境内投资兴建的工程建设项目，都必须实行报建制度，接受当地建筑行政主管部门或其授权机构的监督管理。工程建设项目的报建内容主要包括：①工程名称；②建设地点；③投资规模；④资金来源；⑤当年投资额；⑥工程规模；⑦开工、竣工日期；⑧发包方式；⑨工程筹建情况。

《建筑法》规定：建筑工程开工前，建设单位应当按照国家有关规定向工程所在地县级以上人民政府建设行政主管部门申请领取施工许可证。同时，按照国务院规定的权限和程序批准开工报告的建筑工程，不再领取施工许可证。2014年6月，住建部发布的《建筑工程施工许可管理办法》中规定：工程投资额在30万元以下或者建筑面积在300平方米以下的建筑工程，可以不申请办理施工许可证。省、自治区、直辖市人民政府住房城乡建设主管部门可以根据当地的实际情况，对限额进行调整，并报国务院住房城乡建设主管部门备案。

3.3.2 征地拆迁

在《中华人民共和国土地管理法》（2004年修正）的第五章"建设用地"中明确规定了建设用地的审批程序及权限，征收土地的补偿办法，取得建设用地的方式，土地有偿使用费用等。《中华人民共和国土地管理法》（2004年修正）第四十三条规定：任何单位和个人进行建设，需要使用土地的，必须依法申请使用国有土地。第四十七条规定：国家征收土地的，按照被征收土地的原用途给予补偿。征收耕地的补偿费用包括土地补偿费、安置补助费以及地上附着物和青苗的补偿费。第五十三条规定：经批准的建设项目需要使用国有建设用地的，建设单位应当持法律、行政法规规定的有关文件，向有批准权的县级以上人民政府土地行政主管部门提出建设用地申请，经土地行政主管部门审查，报本级人民政府批准。第五十四条规定：建设单位使用国有土地，应当以出让等有偿使用方式取得。但是，下列建设用地，经县级以上人民政府依法批准，可以以划拨方式取得。①国家机关用地和军事用地；②城市基础设施用地和公益事业用地；③国家重点扶持的能源、交通、水利等基础设施用地；④法律、行政法规规定的其他用地。第五十五条规定：以出让等有偿使用方式取得国有土地使用权的建设单位，按照国务院规定的标准和办法，缴纳土地使用权出让金等土地有偿使用费和其他费用后，方可使用土地。

2004年建设部印发的《城镇房屋拆迁管理规范化工作指导意见》（试行）的通知中指出，通过推进城镇房屋拆迁管理规范化，逐步建立起科学有序、行为规范、办事高效、公开透明的城镇房屋拆迁工作机制，不断提高城镇房屋拆迁管理水平和服务质量，切实维护拆迁当事人合法权益。2010年5月，国务院办公厅发出《关于进一步严格征地拆迁管理工作切实维护群众合法权益》的紧急通知。通知指出：征地拆迁关系人民群众的切身利益，党中央、国务院对此高度重视，明确要求坚决制止乱占滥用耕地，严格城镇房屋拆迁管理，坚决纠正侵害人民群众利益的问题，切实维护社会稳定。进一步加强征地拆迁管理，妥善处理城市发展和征地拆迁的关系，是贯彻落实科学发展观，维护群众合法权益，构建社会主义和谐社会，促进经济社会可持续发展的一项重要工作。

3.3.3 勘察设计

工程勘察和设计是工程建设的重要环节，它对实现投资目的、保证工程质量、节约能源、改善环境、提高经济效益等，均具有重要的作用。

建设工程勘察，是指根据建设工程的要求，查明、分析、评价建设场地的地质地理环境特征和岩土工程条件，编制建设工程勘察文件的活动。建设工程设计，是指根据建设工程的要求，对建设工程所需的技术、经济、资源、环境等条件进行综合分析、论证，编制建设工程设计文件的活动。

《建设工程勘察设计管理条例》（2000年）规定：从事建设工程勘察、设计活动，应当坚持先勘察、后设计、再施工的原则。建设工程勘察、设计单位必须依法进行建设工程勘察、设计，严格执行工程建设强制性标准，并对建设工程勘察、设计的质量负责。国家对从事建设工程勘察、设计活动的单位，实行资质管理制度，对从事建设工程勘察、设计活动的专业技术人员，实行执业资格注册管理制度。建设工程勘察、设计发包依法实行招标发包或者直接发包。编制建设工程勘察、设计文件，应当以下列规定为依据：①项目批准文件；②城市规划；③工程建设强制性标准；④国家规定的建设工程勘察、设计深度要求。

编制建设工程勘察文件，应当真实、准确，满足建设工程规划、选址、设计、岩土治理和施工的需要。编制方案设计文件，应当满足编制初步设计文件和控制概算的需要。编制初步设计文件，应当满足编制施工招标文件、主要设备材料订货和编制施工图设计文件的需要。编制施工图设计文件，应当满足设备材料采购、非标准设备制作和施工的需要，并注明建设工程合理使用年限。

实践证明，建设工程设计是整个工程的灵魂。虽然设计费在工程造价里所占比例很小，但是它对工程的投资规模和效益却起着决定性作用。

3.3.4 落实建设资金

在《中华人民共和国建筑法》第八条中规定：申请领取施工许可证，应当具备建设资金已经落实这一条件。建设资金管理的主要任务是保证资金合理、有效、安全使用，提高投资效益。

在我国，工程基本建设资金主要来源于预算内资金及预算外资金。预算内资金又称国家投资，即国家预算直接安排的基本建设投资，占基本建设投资总额的主要部分，投资采用财政拨款形式。预算外投资包括地方、部门、企业的自筹基本建设投资等。从1985年起，预算内财政拨款形式的投资改为银行贷款的形式。2007年，国家安全生产监督管理总局在《关于进一步加强自有基本建设资金管理的通知》中规定：各单位自有资金要在保证正常经费支出、保证正常预算收支平衡的基础上，才能用于基本建设。不得将银行贷款、财政部门拨入的各项行政事业经费、应上缴的税金等作为自有资金，用于自有资金基本建设。各单位利用自有资金的基本建设项目，实行项目核准或备案制。各单位自有基本建设资金项目，要坚持来源正当、资金落实的原则。各单位的自有基本建设资金必须纳入本单位财务收支计划，实行收支统一管理。必须为自有基本建设资金设置基本建设专户，实行专户存储、专款专用。基本建设财务要设专人管理，单独核算，不得擅自转移自有基本建设资金。

3.3.5 工程建设招标投标

工程建设招标投标是指招标人对工程建设、货物买卖、劳务作业等交易业务，事先公布选择采购的条件和要求，以发布公告或邀请的方式招引他人承接，若干投标人做出愿意参加业务承接竞争的意思表示，招标人按照规定的程序和办法择优选定中标人的活动。

工程建设项目的勘察、设计、施工、监理以及与工程建设有关的重要设备、材料等的采购，一般都要进行招投标。勘察、设计、施工、监理等单位的选择确定，是建设项目实施的必备条件，也是工程建设项目实施准备阶段的重要工作内容之一。

在《中华人民共和国招标投标法》第五条规定：招标投标活动应当遵循公开、公平、公正和诚实信用的原则。第九条规定：招标项目按照国家有关规定需要履行项目审批手续的，应当先履行审批手续，取得批准。招标人应当有进行招标项目的相应资金或者资金来源已经落实，并应当在招标文件中如实载明。第十条规定：招标分为公开招标和邀请招标。第四十一条规定：中标人的投标应当符合能够最大限度地满足招标文件中规定的各项综合评价标准，或者能够满足招标文件的实质性要求，并且经评审的投标价格最低，但是投标价格低于成本的除外。

3.4 工程建设项目实施

工程项目实施阶段主要包括以下内容：施工准备，工程施工及设备安装，生产准备。该阶段对工程项目的最终质量具有决定性影响，也是生产安全风险最集中的阶段。

3.4.1 施工准备

施工准备工作的基本任务是为拟建工程的施工建立必要的技术和物质条件，统筹安排施工力量和施工现场。施工准备工作也是项目施工承包人搞好目标管理，推行技术经济承包的重要依据。同时施工准备工作还是土建施工和设备安装顺利进行的根本保证。工程项目施工准备工作按其性质及内容通常包括技术准备、物资准备、劳动组织准备、施工现场准备和施工场外准备。

技术准备是施工准备的核心，主要包括以下内容：熟悉、审查施工图纸和有关的设计资料；对拟建工程进行实地勘测和调查，获得有关数据的第一手资料；编制施工图预算和施工预算；编制施工组织设计。

物资准备工作主要包括：建筑材料的准备；构(配)件和制品的加工准备；建筑安装机具的准备和生产工艺设备的准备。

劳动组织准备工作的主要内容有：建立精干的施工队组；向施工队组、工人进行施工组织设计、计划和技术交底；建立健全各项施工管理制度。

施工现场准备工作主要包括：做好施工场地的控制网测量；搞好三通一平(路通、水通、电通和平整场地)；做好施工现场的补充勘探；建造生产、办公、生活、居住和储存等临时设施；进行新技术项目的试制和试验；设置施工现场消防、保安设施。

施工场外准备工作主要包括：材料的加工和订货；做好分包工作和签订分包合同。

在施工准备工作中，建设单位也有一定责任。主要的义务有：

(1)办理土地征用、拆迁补偿、平整施工场地等工作；

(2)将施工所需水、电、电讯线路从施工场地外部接至施工现场；

(3)开通施工场地与城乡公共道路的通道，以及施工场地内的主要道路，满足施工运输的需要，保证施工期间的畅通；

(4)向承包人提供施工场地的工程地质和地下管线资料，对资料的真实准确性负责；

(5)办理施工许可证及其他施工所需证件、批件和临时用地、停水、停电、中断道路交通、爆破作业等的申请批准手续；

(6)确定水准点与坐标控制点，以书面形式交给承包人，进行现场交验；

(7)组织承包人和设计单位进行图纸会审和设计交底；

(8)协调处理施工场地周围地下管线和邻近建筑物、构筑物(包括文物保护建筑)、古树名木的保护工作并承担有关费用。

3.4.2 工程施工

《中华人民共和国建筑法》中规定：建筑活动应当确保建筑工程质量和安全，符合国家的建筑工程安全标准；承包建筑工程的单位应当持有依法取得的资质证书，并在其资质等级许可的业务范围内承揽工程；建筑工程实行总承包的，工程质量由工程总承包单位负责，总承包单位将建筑工程分包给其他单位的，应当对分包工程的质量与分包单位承担连带责任；建筑施工企业对工程的施工质量负责，建筑施工企业必须按照工程设计图纸和施工技术标准施工，不得偷工减料。工程设计的修改由原设计单位负责，建筑施工企业不得擅自修改工程设计。

建筑施工企业在编制施工组织设计时，应当根据建筑工程的特点制定相应的安全技术措施；对专业性较强的工程项目，应当编制专项安全施工组织设计，并采取安全技术措施。建筑施工企业应当遵守有关环境保护和安全生产的法律、法规的规定，采取控制和处理施工现场的各种粉尘、废气、废水、固体废物以及噪声、振动对环境的污染和危害的措施。施工现场安全由建筑施工企业负责，建筑施工企业应当建立健全劳动安全生产教育培训制度，加强对职工安全生产的教育培训；未经安全生产教育培训的人员，不得上岗作业。施工中发生事故时，建筑施工企业应当采取紧急措施减少人员伤亡和事故损失，并按照国家有关规定及时向有关部门报告。建筑施工企业必须按照工程设计要求、施工技术标准和合同的约定，对建筑材料、建筑构配件和设备进行检验，不合格的不得使用。

《中华人民共和国安全生产法》中规定：建筑施工单位应当设置安全生产管理机构或者配备专职安全生产管理人员，应当对从业人员进行安全生产教育和培训，保证从业人员具备必要的安全生产知识，熟悉有关的安全生产规章制度和安全操作规程，掌握本岗位的安全操作技能。未经安全生产教育和培训合格的从业人员，不得上岗作业。建设项目的安全设施，必须与主体工程同时设计、同时施工、同时投入生产和使用。安全设施投资应当纳入建设项目概算。

为了规范工程建设施工活动和建筑有形市场，促进建筑业的健康发展，提高建筑工程质量。国务院、住房和城乡建设部和有关部、委及各省、自治区、直辖市人大还出台了若干行政法规、部门规章、地方性法规和单行条例等。

在施工组织中，各分部分项工作有序开展实质上也属于建设程序问题。而这一程序安排主要是依据建筑施工规范及相关技术规程而定的。例如，建筑物地基基础施工是建筑主体结构施工的前提；工程建设的土建施工是设备安装和建筑装饰的前提；浇注混凝土前对钢筋工程进行隐蔽验收是基于混凝土对钢筋的掩盖和自身材性的不易剥露性；浇注混凝土前应完成各种预埋管的铺设工作；吊顶施工前应架设完吊顶内各种水、电、暖、空调的管线等。如果施工程序不符合建筑技术的规律性要求，将对建筑质量、施工进度和成本费用带来负面影响。

3.4.3 生产准备

生产准备是指为了保证工程建设项目(多为生产型工业项目)在正式投产后，能长时间正常生产所进行的一系列准备工作。主要内容包括：人员组织、技术、全员培训、安全、物资及外部条件、管理等六个方面的准备。

3.5 工程竣工验收及后评价

3.5.1 竣工验收

建设工程竣工验收是指建设工程在由承包商按照合同约定完成全部义务，准备交付给建设单位使用前，由建设单位组织设计、施工、监理等有关单位，依照国家关于建设工程竣工验收制度的有关规定，对该工程是否符合合同约定之内容所进行的检查验收工作。工程竣工验收环节是建设工程项目正式移交使用前的最后一道程序，也是工程建设的一项基本法律制度。

《中华人民共和国建筑法》第六十一条规定：交付竣工验收的建筑工程，必须符合规定的建筑工程质量标准，有完整的工程技术经济资料和经签署的工程保修书，并具备国家规定的其他竣工条件。建筑工程竣工验收合格后，方可交付使用；未经验收或者验收不合格的，不得交付使用。《中华人民共和国合同法》第二百七十九条规定：建设工程竣工后，发包人应当根据施工图纸及说明书、国家颁发的施工验收规范和质量检验标准及时进行验收。建设工程竣工验收合格后，方可交付使用；未经验收或者验收不合格的，不得交付使用。《建设工程质量管理条例》第十六条规定：建设单位收到建设工程竣工报告后，应当组织设计、施工、工程监理等有关单位进行竣工验收。建设工程竣工验收应当具备下列条件：①完成建设工程设计和合同约定的各项内容；②有完整的技术档案和施工管理资料；③有工程使用的主要建筑材料、建筑构配件和设备的进场试验报告；④有勘察、设计、施工、工程监理等单位分别签署的质量合格文件；⑤有施工单位签署的工程保修书。第十七条规定：建设单位应当严格按照国家有关档案管理的规定，及时收集、整理建设项目各环节的文件资料，建立、健全建设项目档案，并在建设工程竣工验收后，及时向建设行政主管部门或者其他有关部门移交建设项目档案。

为了加强房屋建筑工程和市政基础设施工程的质量管理，国家对新建、扩建、改建各类房屋建筑工程和市政基础设施工程的竣工验收实行备案管理制度。在原建设部发布的《房屋建筑工程和市政基础设施工程竣工验收备案管理暂行办法》（2000年）第五条中规定：建设单位办理工程竣工验收备案应当提交下列文件：①工程竣工验收备案表。②工程竣工验收报告。竣工验收报告应当包括工程报建日期，施工许可证号，施工图设计文件审查意见，勘察、设计、施工、工程监理等单位分别签署的质量合格文件及验收人员签署的竣工验收原始文件，市政基础设施的有关质量检测和功能性试验资料以及备案机关认为需要提供的有关资料。③法律、行政法规规定应当由规划、公安消防、环保等部门出具的认可文件或者准许使用文件。④施工单位签署的工程质量保修书。⑤法规、规章规定必须提供的其他文件。另外，商品住宅还应当提交《住宅质量保证书》和《住宅使用说明书》。

随着国家对建筑节能工作的不断重视，在建设部《民用建筑工程节能质量监督管理办法》（2006年）中规定：在组织建筑工程竣工验收时，应当同时验收建筑节能实施情况，在工程竣工验收报告中，应当注明建筑节能的实施内容。大型公共建筑工程竣工验收时，对采暖空调、通风、电气等系统，应当进行调试。

3.5.2 质量保修

工程质量保修,是指对房屋建筑工程竣工验收后在保修期限内出现的质量缺陷,予以修复。所谓质量缺陷,是指房屋建筑工程的质量不符合工程建设强制性标准以及合同的约定。建设工程质量保修制度是国家所确定的重要法规制度,它不仅能促进施工企业加强质量管理意识,维护公共安全和公众利益,而且对保护建设单位或用户的合法权益能够起到重要作用。同时,工程质量保修也是延长建筑产品使用寿命,节约建筑消耗性资源的重要手段。

《中华人民共和国建筑法》第六十二条规定:建筑工程实行质量保修制度。建筑工程的保修范围应当包括地基基础工程、主体结构工程、屋面防水工程和其他土建工程,以及电气管线、上下水管线的安装工程,供热、供冷系统工程等项目;保修的期限应当按照保证建筑物合理寿命年限内正常使用,维护使用者合法权益的原则确定。国务院《建设工程质量管理条例》(2000年)第三十九条规定:建设工程实行质量保修制度。建设工程承包单位在向建设单位提交工程竣工验收报告时,应当向建设单位出具质量保修书。质量保修书中应当明确建设工程的保修范围、保修期限和保修责任等。第四十条中规定:建设工程的保修期,自竣工验收合格之日起计算。建设部《房屋建筑工程质量保修办法》(2000年)中规定:房屋建筑工程在保修期限内出现质量缺陷,建设单位或者房屋建筑所有人应当向施工单位发出保修通知。施工单位接到保修通知后,应当到现场核查情况,在保修书约定的时间内予以保修。保修完成后,由建设单位或者房屋建筑所有人组织验收。施工单位不按工程质量保修书约定保修的,建设单位可以另行委托其他单位保修,由原施工单位承担相应责任,保修费用由质量缺陷的责任方承担。因使用不当或者第三方造成的,或者不可抗力造成的质量缺陷,不属于《房屋建筑工程质量保修办法》规定的保修范围。《民用建筑工程节能质量监督管理办法》(2006年)中还规定:保温工程等在保修范围和保修期限内发生质量问题的,施工单位应当履行保修义务,并对造成的损失承担赔偿责任。

在实践中,工程质量保修目前仍存在一些问题需要重视和研究,规范工程质量保修的法制化建设仍有许多任务。比如,施工单位重施工轻保修的倾向比较明显;工程质量缺陷的责任主体难以确定;业主对工程质量问题的投诉难以得到有效及时的解决等。

3.5.3 项目后评价

项目后评价是指通过对项目实施过程、结果及其影响进行调查研究和全面系统回顾,与项目决策时确定的目标以及技术、经济、环境、社会指标进行对比,找出差别和变化,分析原因,总结经验,汲取教训,得到启示,提出对策建议,通过信息反馈,改善投资管理和决策,以达到提高投资效益的目的。

项目后评价是总结性、回顾性的评价。项目后评价应站在客观公正的立场上进行,体现尊重事实、坚持科学的态度。项目后评价的结论不仅是对项目全方位、全过程的系统总结,它也是提高投资人投资管理水平的一个重要途径。

国务院《关于投资体制改革的决定》(2004年)中明确提出:建立政府投资项目后评价制度,对政府投资项目进行全过程监管。国有资产监督管理委员会在《中央企业固定资产投资项目后评价工作指南》(2005年)中明确规定了中央企业固定资产投资项目后评价工作的概念及一般要求、项目后评价内容、项目后评价方法、项目后评价的实施、项目后评价成果应用等方面的内容。2010年7月,住房和城乡建设部批准发布了《市政公用设施建设项目后评价导则》。2014年9月,国家发展和改革委员会印发了《中央政府投资项目后评价管理办法》和《中央政府投资项目后评价报告编制大纲(试行)》的通知。

虽然项目后评价在我国开展起步较晚,投资人对其重要性的认识还有待提高。但是,随着我国投资体制改革和建筑业内涵式发展的不断深化,有理由相信,项目后评价会越来越受到各方的重视。

3.6 案例分析

【案例3-1】基于用户使用反馈意见对若干设计问题的成因分析

某高校学生高层公寓项目,建筑面积4万多平方米,建筑高度近100米,建筑层数28层,共有30平方米的学生宿舍房间800余套,共设垂直电梯四部。

在工程交付使用后,公寓物业管理部门通过调研和收集学生意见,向学校基建后勤部门提出,应该在阳台增设晾衣竿,并提出供物业部门使用的卫生间内设置的拖布池过小,不方便公寓卫生打扫人员涮洗长推把、中推把。而对学校为每个房间配备的热水壶,因学生感到其容量不大,不能及时供应每房四人的日常用水的需要,加之烧水用电的电费需要学生自行承担,因此学生普遍反映楼内应增设开水房,这样不但有利于学生生活,而且也可以更好地保障用电消防安全。另外,电梯供货安装厂家在检查电梯运行情况时,发现电梯的升降计数器记录的升降次数过大,已造成电梯疲劳运行。

学校基建后勤部门就上述问题和设计单位进行了沟通,对产生这些问题的原因进行了分析。一是,设计单位在设计阶段依据基建后勤部门提供的设计任务书进行设计时,没有更加深入地对设计任务的功能、目标、参数等,与基建后勤、物业管理部门等进行进一步的沟通调研,造成设计任务内容及功能定位产生一定程度的漏项和偏差。二是,在基建后勤单位提供给设计单位的设计任务书上,没有提到每间宿舍入住人数,只强调了宿舍建筑面积的设计最小值。设计单位在设计时,想当然地把每个宿舍的学生入住人数定为两人(在学生实际入住时,按每间4人住),并按照该预计人数设计了四部电梯。基建后勤单位在组织施工图内部审核时,也未发现此问题。因此,当学生入住后,在学生人流上下电梯具有较强的同时性的情况下,发现每当上下课的时间段,大量学生在较长的时间内滞留在各楼层,电梯的升降计数器也清晰地表明,4部电梯运行过于频繁。

这个案例,从不同的角度可以得出若干有益的结论。仅以工程建设程序管理的角度而言,在设计阶段,建设单位一般应先向设计单位提供设计任务书(也可由设计单位在与建设单位沟通后,由设计人员或双方共同编制),设计任务书如果存在设计任务的漏项,功能定位的错误或偏差,建设标准不合理的设定等情况,造成的设计施工图的缺陷,在通过施工转化为建筑物的过程中,必然在施工阶段、交付后使用阶段等暴露出一些现实问题。

显然,一份编制水平较高的设计任务书,对施工图的设计质量,对用户使用的满意度等,都有着直接或间接的作用。换言之,如果在工程建设程序管理中,不重视在之前开展的设计任务书编制工作的质量,则必然对其后进行的施工图设计质量、建筑物交付后的使用功能水平等，形成重要的负面影响。就设计任务书的编制程序而言，建设单位、设计单位不应闭门造车，建设单位拍脑袋确定设计功能和内容，设计单位满足于技术标准的适用，这种情况下，也可以编制出一份设计任务书。但是，问题在于，从工程建设程序管理的角度看，这种编制因为缺乏和最终使用单位、用户的深入沟通，先天的就存在着许多隐患。简言之，设计任务书编制时，建设单位、设计单位等，应首先与使用方进行深入的讨论沟通，充分听取后者的建议意见。如果不执行这一程序，取消必要的沟通环节，或在设计、施工阶段，再进行本应之前就开展的工作，就必然对施工图设计质量或是施工管理、用户使用满意度等方面，造成不良作用。

【案例 3-2】施工图出图滞后造成的工程管理被动与困局

一实验室厂房项目，因某些原因建设单位决策，在尚无施工图的情况下（只有基础开挖施工图）先进行建设项目招标，招标计价采用费率招标。

建设单位组织该工程的路线是，准备利用施工单位进场后进行基础开挖这一段时间，催促设计院把基础、主体施工图出全。这样既可以提前开工，又可以节约工期。在建设单位看来，这种组织方式最利于保证其自身需要的急于工程竣工的目标和相关利益的达成。

施工单位在签订合同进场后，只用了不到 20 天就完成了基础开挖，级配砂石垫层回填碾压等工作。基础检测单位又用了不到 7 天时间，就完成了静载检测试验。此时，施工单位向建设单位发出书面工作联系单，催促建设单位抓紧协调设计院，以尽快提供施工图。否则，施工单位已经联系进场的专业分包商将窝工，同时将发生窝工损失。而这笔损失如果发生，施工单位将向建设单位提出相应费用及工期索赔。建设单位在催促设计单位赶快出图时，设计单位提出厂房的设备基础设计，是该设计的重点，而它与建设单位采购的大型设备的相关参数关系密切。换言之，建设单位不能完整准确地向设计单位提供设备的有关参数，设计将无法实质开展。建设单位遂马上展开设备的采购准备工作，在与几家国外供货商沟通过程中，建设单位逐渐认识到设备采购涉及的技术问题很多，不可能在短期内确定供货商，进而向设计院提供必要的设计参数条件。在此预判下，建设单位与施工单位沟通，并提出施工单位暂时撤场，只留下少量安全保卫人员，以看管临建和已开挖完成的基坑。施工单位表示了理解和接受，同时声明，如果下次进场再发生施工图纸不到位，实质影响工程组织时，建设单位应支付本次窝工费及新发生的窝工费，建设单位同意了这一要求。

三个月后，建设单位完成了设备采购，就通知施工单位组织劳动力并抓紧进场。但在施工单位进场后，建设单位仍未提供施工图纸。建设单位表示，设计单位正在加班加点进行设计，最多不出 10 天，一定会给施工单位提供施工图。但实际上，在设计院开始紧张设计后，才发现因为设备的高度复杂性，设计单位现有技术力量很难在短期内完成设计任务，甚至于在不进行关键工艺设计外委的情况下，设计任务都几乎不能完成。建设单位了解到这一情况后，立即决定更换设计单位。但通过市场调研发现，能完成该设计任务的设计单位寥寥无几，且要价超出建设单位的预期过大。在此情况下，设计工作再一次陷入困局。当施工单位了解到上述情况后，向建设单位提出了窝工索赔。

在国外，边设计边施工的工程管理模式，因其可以加速施工进度，鼓励合同交易，并不被法律法规全面禁止。在我国，《建设工程勘察设计管理条例》第四条规定："从事建设工程勘察、设计活动，应当坚持先勘察、后设计、再施工的原则"。强调了勘察、设计、施工等几个工程管理环节的顺位程序原则。如果进行边设计边施工的管理模式，就要保证分批出图的技术系统和每次施工图都不能发生本质错误。同时，出图的时间顺序、节奏间隔等，应能满足施工组织实施的需要，不造成或很少造成窝工的发生。

就本案例而言，建设单位对设备的复杂性将造成采购任务、设计任务都难以在短期内完成的后果，严重估计不足。因为这一错误的预估，建设单位最终不仅没有实现节约工期的初衷，还需要额外支付施工单位的窝工索赔。通过这个案例，可以清晰的得出一个结论：建设工程项目的程序是环环相扣的，前期的设计、招标等工作对后期的施工安排与组织具有重要的基础性作用。低水平的前期准备工作，盲目而草率地进行边设计边施工的管理方式，将极有可能造成工程项目陷入困局，并偏离各方原定的预期目标方向。

【案例 3-3】施工前期准备工作不充分对后续施工管理的影响

某技校立项了一个冶金加工车间厂房改造项目，该项目属于原址改建，原一层砖混结构老厂房准备改造为钢结构新厂房。考虑到原加工车间地面上设置有大小设备二三十台件，这些设备年代久远，若搬动很可能造成设备损坏，且设备基础与设备联系较复杂等现实情况。因此，建设单位在该项目招标文件中明确，老厂房地面不进行维修施工，设备在整个施工期间不能挪移。并要求中标施工单位在拆除老厂房时，首先要对设备进行相应的封盖或围挡保护，以确保在拆除期间和新建钢结构厂房时，不因改造施工造成设备毁损。

考虑到该工程项目体量很小，在建设单位提出改造厂房建筑物应有的外墙轴线尺寸后（建设单位根据现有旧砖混厂房实地测量得到的数据），设计院在未到工程现场进行实地踏勘的情况下，完成了钢结构厂房的设计工作，向建设单位提供了施工图。施工单位进场后首先按照施工合同约定，对全部设备进行了围挡封盖保护。在拆除旧厂房工作顺利完成后，开始按图纸撒出基础开挖边界灰线。此时才发现，将要进行的基础土方开挖施工范围与部分临墙设备现有固定位置存在着重合区域。建设单位和设计院沟通后，考虑因建筑物外墙轴线位置、埋设基础位置以及外墙外场地下已埋设的电缆、管线不宜挪位及相关成本较高等情况，遂决定采用设备搬迁的方法以满足现场施工的空间需要。在通过招标确定搬迁设备队伍、搬迁队伍进场搬迁设备过程中，施工单位不得不让搬迁先为进行，而设备搬迁的时间又较长，施工工作不得不向后拖延，因该工作处于工程实施的关键线路上，进而造成工程竣工时间的拖延。

该项目在委托施工图设计前，因考虑厂房面积较小，建筑高度不大，建造比较简单等原因，建设单位未进行委托勘察。设计院虽然因年代久远建设单位没有提供原场地的地勘资料，但认为原址改造，基础下地基土的承载力应该不存在问题。因此，设计院就在没有地勘资料的情况下，仍向建设单位提供了钢结构新厂房的施工图。施工单位了解到这一情况后，认为没有勘察资料，就委托设计，这样的施工图不能作为施工的技术依据文件。同时，这种做法也违背了我国建设法律法规的有关规定，属违法行为。而且，如果按照此图施工，将来交工后如果出现基础沉降、墙面裂缝等质量问题，责任难以说清，对施工单位自身不利。因此，施工单位通过书面工作联系单在说明理由后，郑重要求建设单位应该组织地勘，并在此基础上，对施工图进行审查或必要的修改变更。建设单位通过分析研究后，遂进行了地勘组织。在地勘资料出来后，设计院发现基础下土体具有较高的湿陷性，故原设计因为没有考虑此风险而存在着重大问题和质量隐患。经重新设计，在柱独立墩台基础下，增加了能够消除黄土湿陷性影响的灰土井（直径近两米，挖深 6 米）。截至此时，设计的正确性才得到了合理的保证。但是，因地勘工作、重新变更设计以及将要增加的灰土井施工时间等，必然导致原定施工工期的拖延。特别的，在建设单位提供了变更施工图之后，施工单位就开始抓紧抢工。但当主体完工后，已进入冬季施工。出于对保证墙体粉刷质量的考虑，粉刷施工不得不暂停。而随后春节又到，农民工返乡造成施工人手严重短缺。厂房改造工程只能暂停。如果按照合理的工程建设程序，施工单位本可以通过一气呵成的施工组织在春节前竣工。

另外，工程设计在没有地勘资料的情况下进行开展，不仅是严重的违法行为，而且一般而言，为了保证设计安全和质量，以消除没有地勘资料带来的设计风险，设计单位都会进行偏于保守的设计，无形中会造成工程造价不必要的升高。

结合这一案例，可见设计单位在设计之前进行深入而全面的工程现场实地踏勘的重要性。换言之，设计的前道程序之一必须包括实地踏勘。而在缺乏地勘资料的情况下，就开始设计工作，对后期的设计质量安全保证、施工组织、进度保证，乃至工程造价均会造成实质的负面影响。简言之，设计之前必须先进行合理科学的地勘工作。

复习思考题

1. 为什么要坚持工程建设程序管理？
2. 工程建设程序可划分为哪几个阶段？
3. 可行性研究应包括哪些内容？
4. 在施工准备阶段建设单位一般应承担哪些责任义务？
5. 工程项目施工阶段包括哪些工作内容？
6. 建设工程竣工验收应当具备哪些条件？
7. 为什么要进行项目后评价？

第 4 章　工程建设行政许可法律法规

4.1　工程建设行政许可概述

4.1.1　概念

实施工程建设行政许可的主要法律基础是 2004 年 7 月 1 日起施行的《中华人民共和国行政许可法》。行政许可法的立法宗旨是为了规范行政许可的设定和实施，保护公民、法人和其他组织的合法权益，维护公共利益和社会秩序，保障和监督行政机关有效实施行政管理。依据《行政许可法》的规定，"行政许可"是指行政机关根据公民、法人或者其他组织的申请，经依法审查，准予其从事特定活动的行为。

工程建设行政许可，是指国家建设行政主管部门或者其他有关行政主管部门根据公民个人、法人或者其他组织的申请，经依法审查，准予公民个人、法人或其他组织从事特定建设活动的行为。建设工程事关人民财产、人身健康安全，与国民经济关系密切，同时，部分从业人员需要较高的专业知识及技能。因而，工程建设行政许可涉及的事项较多。

本章重点介绍有关施工许可证、从事工程建设活动相关单位资质管理及专业技术人员执业资格的行政许可法律规定。

4.1.2　工程建设行政许可实施概述

(1) 工程建设行政许可实施的主体只能是具有行政许可权的行政机关。有权实施工程建设行政许可的"行政机关"，主要包括国务院及其建设行政主管机关。

(2) 工程建设行政许可的实施由具有建设行政许可权的行政机关在其法定职权范围内实施。设定和实施工程建设行政许可，应当依照法定的权限、范围、条件和程序。

(3) 工程建设行政许可实施的前提是行政相对人的申请。工程建设行政许可是依据从事建设活动的法人或个人的申请而作出的行政许可。在行政相对人申请后，行政主体才能依据职权依法受理审查，最后决定是否准予行政许可。

(4) 工程建设行政许可实施的目的主要是依法规范行政相对人的从业行为，进而保护参与建设工程活动的公民、法人和其他组织的合法权益，维护与建设工程活动相关的公共利益和社会秩序。

(5) 工程建设行政许可实施的关键在于，具有建设行政许可权的行政机关对行政相对人提出的行政许可申请是否符合法定条件、标准进行了严格审查。

2013 年 8 月 21 日，国务院总理李克强主持召开国务院常务会议，决定出台严格控制新设行政许可的措施。会议强调要坚持依法设定行政许可，做到"三个严格"：一要严格设定标准。坚决控制新设对企业投资、产品、生产经营和资质资格的行政许可，放宽社会资金准入。能通过技术标准、规范等其他管理手段或措施解决的，不得设定行政许可；能通过设定一个行政许可解决的，不得设定多个行政许可。二要严格设定程序。对确有必要设定的行政许可，要加强合法性、必要性、合理性审查，并广泛听取意见。不符合相关法律法规的，不得设定。召开听证会要真实反映民意，防止成摆设。三要严格对设定和实施行政许可的监督。各部门要公布其负责实施的行政许可目录，并定期评价，及时提出修改或废止建议。实施行政许可，要明确责任、权责一致，注重事中事后监督。对违法设定许可和增设许可条件，或以登记、备案、年检、监制为名行许可之实的，要坚决纠正、严肃处理，特别要制止以许可增加收费的行为。

2015年2月9日，国务院总理李克强在国务院第三次廉政工作会议上指出："今年将再取消和下放一批行政审批事项，全面清理中央设定地方实施的行政审批，大幅减少投资项目前置审批。"并同时强调，"非行政许可审批要全部取消。"

所谓非行政许可审批事项，一般是指由行政机关及具有行政执法权的事业单位或其他组织实施的，除依据法律、法规和国务院决定等确定的行政许可事项外的审批事项。

4.1.3 实行工程建设行政许可制度的意义

工程建设行政许可是各国普遍采用的对工程建设活动进行国家行政管理的一项重要法律制度，其制度实施的主要意义在于：

1. 实行工程建设行政许可制度有利于国家对基本建设实施必要的宏观调控管理

工程建设活动直接关系公共安全、经济宏观调控以及人身健康、生命财产安全等重大社会问题，加之土地资源的日趋紧张，建筑能耗居高不下，从业农民工数量巨大引发的安全生产及社会稳定问题较为突出等原因，都要求对工程建设活动的诸多事项进行严格而有效的行政管理。这其中一个重要手段，就是完善并实施工程建设行政许可法律制度。

2. 实行工程建设行政许可制度有利于规范建筑市场的交易秩序

实行工程建设行政许可制度，即确立了建筑市场的准入条件，使不具备条件者，不得进入建筑市场，从而保证了从事工程建设活动的单位和人员的应有能力及素质，规范了建筑市场的交易秩序，有利于形成建筑市场主体的良性竞争。

3. 实行工程建设行政许可制度有利于保护相关单位及从业人员的合法权益

建筑工程施工许可证、建设工程规划许可证、建设用地规划许可证、安全生产许可证，以及从事建设活动的单位资质证书和个人执业资格证书等，都是国家法律确认的一种证书，其包含的能力权利和合法权益受国家强制力的保障。

随着我国社会经济体制改革的不断深入，工程建设行政许可等行政许可制度也正在经历着深刻的变革。特别是自十八大以来，国务院多次发布了有关取消和下放行政审批事项的决定通知，其核心目的就在于进一步深化行政体制改革，深入推进简政放权，加快政府职能转变，提高行政效率，促进依法行政，努力使市场在资源配置中起决定性作用。在这一背景下，行政许可法律制度的内涵、执行方法以及其目标意义，都会产生深刻的历史性变化。

4.2 建筑工程施工许可法律制度

4.2.1 建筑工程施工许可制度概述

建筑工程施工许可制度是指由国家授权有关建设行政主管部门，在建筑工程施工开始以前，对该项建筑工程是否符合法定的开工必备条件进行审查，对符合条件的建筑工程颁发施工许可证，准予该项建筑工程开工建设的法律制度。

《建筑法》第七条规定："建筑工程开工前，建设单位应当按照国家有关规定向工程所在地县级以上人民政府建设行政主管部门申请领取施工许可证"。

2014年6月25日住建部发布了《建筑工程施工许可管理办法》（本办法自2014年10月25日起施行。1999年10月15日建设部令第71号发布、2001年7月4日建设部令第91号修正的《建筑工程施工许可管理办法》同时废止），该部门规章也是建筑工程施工行政许可的一个主要法律法规依据。

4.2.2 建筑工程施工许可的适用范围

1. 需要申领施工许可证的建筑工程范围

根据2014年实施的《建筑工程施工许可管理办法》第二条规定："在中华人民共和国境内从事各类房屋建筑及其附属设施的建造、装修装饰和与其配套的线路、管道、设备的安装，以及城镇市政基础设施工程的施工，建设单位在开工前应当依照本办法的规定，向工程所在地的县级以上地方人民政府住房城乡建设主管部门申请领取施工许可证。"

《建筑工程施工许可管理办法》第三条规定："本办法规定应当申请领取施工许可证的建筑工程未取得施工许可证的，一律不得开工。任何单位和个人不得将应当申请领取施工许可证的工程项目分解为若干限额以下的工程项目，规避申请领取施工许可证。"

2. 不需要申领施工许可证的建筑工程范围

根据《建筑工程施工许可管理办法》规定，工程投资额在30万元以下或者建筑面积在300平方米以下的建筑工程，可以不申请办理施工许可证。省、自治区、直辖市人民政府住房城乡建设主管部门可以根据当地的实际情况，对限额进行调整，并报国务院住房城乡建设主管部门备案。

按照国务院规定的权限和程序批准开工报告的建筑工程，不再领取施工许可证。

4.2.3 申领建筑工程施工许可证的法定条件

根据《建筑法》、《建设工程质量管理条例》、《建筑工程施工许可管理办法》等法律法规的有关规定，建设单位是申请建筑工程施工许可证的法律主体。建设单位申领施工许可证应符合以下法定条件，并提交相应的证明文件：

（1）依法应当办理用地批准手续的，已经办理该建筑工程用地批准手续。

根据《城市房地产管理法》和《土地管理法》的规定，建设单位取得建设工程用地的土地使用权，可以通过出让和划拨等方式取得。

(2)在城市、镇规划区的建筑工程,已经取得建设工程规划许可证。

《城乡规划法》第四十条规定:"在城市、镇规划区内进行建筑物、构筑物、道路、管线和其他工程建设的,建设单位或者个人应当向城市、县人民政府城乡规划主管部门或者省、自治区、直辖市人民政府确定的镇人民政府申请办理建设工程规划许可证;申请办理建设工程规划许可证,应当提交使用土地的有关证明文件、建设工程设计方案等材料。需要建设单位编制修建性详细规划的建设项目,还应当提交修建性详细规划。对符合控制性详细规划和规划条件的,由城市、县人民政府城乡规划主管部门或者省、自治区、直辖市人民政府确定的镇人民政府核发建设工程规划许可证。"

(3)施工场地已经基本具备施工条件,需要征收房屋的,其进度符合施工要"施工场地已经基本具备施工条件",通常要指根据建设工程项目的具体情况已进行了场区的施工测量,完成了通水、通电、通路、通讯、通气、平整土地等施工准备工作。"需要征收房屋的,其进度符合施工要求",是指新建项目进场施工应不因原地面房屋等附着物存在,导致的施工场地受限或无法施工等情况。对建设用地上原先存有房屋等附着物的工程项目,建设单位一般应在开工前组织实施房屋拆迁,并安置原房屋所有人或居住人。这项工作涉及的利益比较尖锐,故征收、拆迁房屋的工作进度较难严格控制。

(4)已经确定施工企业。按照规定应当招标的工程没有招标,应当公开招标的工程没有公开招标,或者肢解发包工程,以及将工程发包给不具备相应资质条件的企业的,所确定的施工企业无效。

(5)有满足施工需要的技术资料,施工图设计文件已按规定审查合格。

技术资料一般包括地形、地质、水文、气象等自然条件资料和主要原材料、燃料来源,水电供应和运输条件等技术经济条件资料。掌握客观、准确、全面的技术资料,是实现建设工程质量和安全的重要保证。

施工图设计文件是建设工程实施所必需的基本而关键的技术文件,建设工程质量安全、造价控制等与施工图设计的标准、内容关系密切。同时,施工图交付拖延,也是施工进度推迟的主要原因之一。在按图施工的建设模式下,施工图设计质量是施工质量保证的前提。简言之,施工图对整个工程项目实施的影响很大。因此,建设单位要申领施工许可证,施工图设计文件就必须先行审查。而且经审查,施工图设计还应是审查合格的设计文件。

(6)有保证工程质量和安全的具体措施。

施工企业编制的施工组织设计中有根据建筑工程特点制定的相应质量、安全技术措施。建立工程质量安全责任制并落实到人。专业性较强的工程项目编制了专项质量、安全施工组织设计,并按照规定办理了工程质量、安全监督手续。

(7)按照规定应该委托监理的工程已委托监理。

按照《建筑法》的规定,国务院可以规定实行强制监理的建筑工程的范围。对属于国务院规定实行强制建立制度的建筑工程,建设单位在申请施工许可证前,必须依法委托具有相应资质条件的监理单位实施工程监理。

(8)建设资金已经落实。建设工期不足一年的,到位资金原则上不得少于工程合同价的50%,建设工期超过一年的,到位资金原则上不得少于工程合同价的30%。建设单位应当提供本单位截至申请之日无拖欠工程款情形的承诺书或者能够表明其无拖欠工程款情形的其他材料,以及银行出具的到位资金证明,有条件的可以实行银行付款保函或者其他第三方担保。

4.3 工程建设从业单位资质行政许可法律规定

4.3.1 从业单位资质行政许可制度概述

工程建设从业单位资质行政许可制度，是指建设行政主管部门对从事建设活动的房地产开发企业、工程总承包企业、建筑业企业、勘察企业、设计企业和工程监理企业等的人员素质、拥有资产、管理水平、业务能力等依法进行审查，以此认可确定其承担任务的范围及能力等级水平，并颁发相应的资质证书的一种行政许可制度。

建设活动不同于一般的工农业生产活动，建设活动耗资巨大，建设周期长，生产条件艰苦，社会影响广泛，与人民生命财产安全及社会公共利益关系密切。为了提高我国工程建设水平，确保工程建设质量，保证人民生命财产安全，国家对建设工程的技术水准和质量要求越来越高，这样只能由掌握一定的工程建设专业知识和具有一定工程建设实践经验的技术人员及其组建的单位来承担。因此，国家对从事工程建设活动的从业单位，实行严格的资质行政许可制度是十分必要的。

《建筑法》第十三条规定："从事建筑活动的建筑施工企业、勘察单位、设计单位和工程监理单位，按照其拥有的注册资本、专业技术人员、技术装备和已完成的建筑工程业绩等资质条件，划分为不同的资质等级，经资质审查合格，取得相应等级的资质证书后，方可在其资质等级许可的范围内从事建筑活动。"

本章将重点介绍建筑业企业、勘察单位、设计单位和监理单位的有关资质行政许可法律法规内容。

4.3.2 建筑业企业资质行政许可法律规定

1. 概述

建筑业企业，是指从事土木工程、建筑工程、线路管道设备安装工程的新建、扩建、改建等施工活动的企业。

2014年11月6日，住建部印发关于《建筑业企业资质标准》的通知。2015年1月22日，住建部发布了《建筑业企业资质管理规定》（本规定自2015年3月1日起施行。2007年6月26日建设部颁布的《建筑业企业资质管理规定》同时废止）。2015年1月31日，住建部又印发了《建筑业企业资质管理规定和资质标准实施意见》的通知。

《建筑业企业资质管理规定》第三条规定："企业应当按照其拥有的资产、主要人员、已完成的工程业绩和技术装备等条件申请建筑业企业资质，经审查合格，取得建筑业企业资质证书后，方可在资质许可的范围内从事建筑施工活动。"

《建筑业企业资质标准》规定，具有法人资格的企业申请建筑业企业资质行政许可应具备四个基本条件。一是具有满足本标准要求的资产；二是具有满足本标准要求的注册建造师及其他注册人员、工程技术人员、施工现场管理人员和技术工人；三是具有满足本标准要求的工程业绩；四是具有必要的技术装备。因此，《建筑业企业资质标准》是《建筑业企业资质管理规定》的关键配套文件。

根据《建筑业企业资质管理规定》和《建筑业企业资质标准》的有关规定，建筑业企业资质分为施工总承包资质、专业承包资质、施工劳务资质三个序列。施工总承包资质、专业承包资质按照工程性质和技术特点分别划分为若干资质类别，各资质类别按照规定的条件划分为若干资质等级。施工劳务资质不分类别与等级。

建筑业企业在向建设行政主管部门提出资质申请后，若通过行政许可，则该企业在具体的行政许可认可审批的资质序列、类别以及等级条件下，即获得在相应的承包工程或业务范围内承揽、从事建设施工的合法权利与资格。显然，因资质等级的高低不同，其对应的从业能力和相应权利也不同。

2. 建筑业企业资质申请与许可

《建筑业企业资质管理规定》明确划分了建筑业企业资质许可的行政主体的相应职权及权限。其中规定：

由国务院住房城乡建设主管部门许可的建筑业企业资质包括：①施工总承包资质序列特级资质、一级资质及铁路工程施工总承包二级资质；②专业承包资质序列公路、水运、水利、铁路、民航方面的专业承包一级资质及铁路、民航方面的专业承包二级资质；涉及多个专业的专业承包一级资质。

由企业工商注册所在地省、自治区、直辖市人民政府住房城乡建设主管部门许可的建筑业企业资质包括：①施工总承包资质序列二级资质及铁路、通信工程施工总承包三级资质；②专业承包资质序列一级资质(不含公路、水运、水利、铁路、民航方面的专业承包一级资质及涉及多个专业的专业承包一级资质)；③专业承包资质序列二级资质(不含铁路、民航方面的专业承包二级资质)；铁路方面专业承包三级资质；特种工程专业承包资质。

由企业工商注册所在地设区的市人民政府住房城乡建设主管部门许可的建筑业企业资质包括：①施工总承包资质序列三级资质(不含铁路、通信工程施工总承包三级资质)；②专业承包资质序列三级资质(不含铁路方面专业承包资质)及预拌混凝土、模板脚手架专业承包资质；③施工劳务资质；④燃气燃烧器具安装、维修企业资质。

《建筑业企业资质管理规定》要求企业申请建筑业企业资质时，应当提交以下材料：建筑业企业资质申请表及相应的电子文档；企业营业执照正副本复印件；企业章程复印件；企业资产证明文件复印件；企业主要人员证明文件复印件；企业资质标准要求的技术装备的相应证明文件复印件；企业安全生产条件有关材料复印件；按照国家有关规定应提交的其他材料。《建筑业企业资质管理规定》还规定，企业申请建筑业企业资质，应当如实提交有关申请材料。资质许可机关收到申请材料后，应当按照《中华人民共和国行政许可法》的规定办理受理手续；资质许可机关应当及时将资质许可决定向社会公开，并为公众查询提供便利。

《建筑业企业资质管理规定和资质标准实施意见》规定，申请建筑业企业资质的，应依法取得工商行政管理部门颁发的《企业法人营业执照》；企业首次申请或增项申请建筑业企业资质，其资质按照最低等级资质核定。企业可以申请施工总承包、专业承包、施工劳务资质三个序列的各类别资质，申请资质数量不受限制；企业申请资质升级不受年限限制。

3. 施工总承包资质标准简介

根据《建筑业企业资质标准》规定，施工总承包序列设有12个类别，分别是：
建筑工程施工总承包、公路工程施工总承包、铁路工程施工总承包、港口与航道工程施工总承包、水利水电工程施工总承包、电力工程施工总承包、矿山工程施工总承包、冶金工程施工总承包、石油化工工程施工总承包、市政公用工程施工总承包、通信工程施工总承包、机电工程施工总承包。

施工总承包资质序列一般分为 4 个等级，即特级、一级、二级、三级。例如，建筑工程施工总承包资质类别，分为特级、一级、二级、三级等 4 个等级。而通信工程施工总承包资质类别，则分为一级、二级、三级等 3 个等级。

以建筑工程施工总承包资质为例。其一级资质标准的具体内容为：

(1) 企业资产。净资产 1 亿元以上。

(2) 企业主要人员。建筑工程、机电工程专业一级注册建造师合计不少于 12 人，其中建筑工程专业一级注册建造师不少于 9 人；技术负责人具有 10 年以上从事工程施工技术管理工作经历，且具有结构专业高级职称；建筑工程相关专业中级以上职称人员不少于 30 人，且结构、给排水、暖通、电气等专业齐全；持有岗位证书的施工现场管理人员不少于 50 人，且施工员、质量员、安全员、机械员、造价员、劳务员等人员齐全；经考核或培训合格的中级工以上技术工人不少于 150 人。

(3) 企业工程业绩。近 5 年承担过下列 4 类中的 2 类工程的施工总承包或主体工程承包，工程质量合格。4 类工程包括：①地上 25 层以上的民用建筑工程 1 项或地上 18—24 层的民用建筑工程 2 项；②高度 100 米以上的构筑物工程 1 项或高度 80—100 米(不含)的构筑物工程 2 项；③建筑面积 3 万平方米以上的单体工业、民用建筑工程 1 项或建筑面积 2 万—3 万平方米(不含)的单体工业、民用建筑工程 2 项；④钢筋混凝土结构单跨 30 米以上(或钢结构单跨 36 米以上)的建筑工程 1 项或钢筋混凝土结构单跨 27—30 米(不含)或钢结构单跨 30—36 米(不含)的建筑工程 2 项。

对上述建筑工程施工总承包一级资质标准的具体内容加以分析，可以发现《建筑业企业资质标准》设立的基本思想脉络。一是把企业资质管理与本企业的从业人员技术能力素质建设紧密结合；二是强调从业人员的技术水平及专业结构合理；三是在社会主义市场经济体制不断深化的背景下，不再强调企业注册资本金。

仍以建筑工程施工总承包一级资质企业为例，其可以承包的工程范围为：①单项合同额 3000 万元以上，高度 200 米以下的工业、民用建筑工程的施工；②单项合同额 3000 万元以上，高度 240 米以下的构筑物工程的施工。而根据《建筑业企业资质标准》规定，建筑工程施工总承包二级资质企业只能承包高度 100 米以下的工业、民用建筑工程或高度 120 米以下的构筑物工程。因此，不同等级的资质构成不同建筑业企业的差异化市场经营能力和权限。

另外，根据《建筑业企业资质管理规定和资质标准实施意见》，建筑业企业申请施工总承包特级资质，仍按《施工总承包企业特级资质标准》(建市[2007]72 号)和《施工总承包企业特级资质标准实施办法》(建市[2010]210 号)有关规定执行。

4. 专业承包资质标准简介

根据《建筑业企业资质标准》规定，专业承包序列设有 36 个类别，分别是：地基基础工程专业承包、起重设备安装工程专业承包、预拌混凝土专业承包、电子与智能化工程专业承包、消防设施工程专业承包、防水防腐保温工程专业承包、桥梁工程专业承包、隧道工程专业承包、钢结构工程专业承包、模板脚手架专业承包、建筑装修装饰工程专业承包、建筑机电安装工程专业承包、建筑幕墙工程专业承包、古建筑工程专业承包、城市及道路照明工程专业承包、公路路面工程专业承包、公路路基工程专业承包、公路交通工程专业承包、铁路电务工程专业承包、铁路铺轨架梁工程专业承包、铁路电气化工程专业承包、机场场道工程专业承包、民航空管工程及机场弱电系统工程专业承包、机场目视助航工程专业承包、港口与海岸工程专业承包、航道工程专业承包、通航建筑物工程专业承包、港航设备安装及水上交管工程专业承包、水工金属结构制作与安装工程专业承包、水利水电机电安装工程专业承包、河湖整治工程专业承包、输变电工程专业承包、核工程专业承包、海洋石油工程专业承包、环保工程专业承包、特种工程专业承包。

专业承包资质序列一般分为3个等级，即一级、二级、三级。

以地基基础工程专业承包资质为例。其一级资质标准的具体内容为：

(1) 企业资产。净资产2000万元以上。

(2) 企业主要人员。一级注册建造师不少于6人；技术负责人具有10年以上从事工程施工技术管理工作经历，且具有工程序列高级职称或一级注册建造师或注册岩土工程师执业资格；结构、岩土、机械、测量等专业中级以上职称人员不少于15人，且专业齐全；持有岗位证书的施工现场管理人员不少于30人，且施工员、质量员、安全员、机械员、造价员等人员齐全；经考核或培训合格的桩机操作工、电工、焊工等技术工人不少于30人。

(3) 企业工程业绩。近5年承担过下列4类中的2类工程的施工，工程质量合格。4类工程包括：①25层以上民用建筑工程或高度100米以上构筑物的地基基础工程；②刚性桩复合地基处理深度超过18米或深度超过8米的其他地基处理工程；③单桩承受设计荷载3000千牛以上的桩基础工程；④开挖深度超过12米的基坑围护工程。

仍以地基基础工程专业承包一级资质企业为例，其可以承包的工程范围为：可承担各类地基基础工程的施工。而对地基基础工程专业承包三级资质企业而言，其可以承包的工程范围明显受限。具体包括：高度50米以下工业、民用建筑工程和高度70米以下构筑物的地基基础工程，单桩承受设计荷载3000千牛以下的桩基础工程等。

5. 施工劳务资质标准简介

根据《建筑业企业资质标准》规定，施工劳务资质不分类别与等级。其申请资质的标准为：

(1) 企业资产。净资产200万元以上且具有固定的经营场所。

(2) 企业主要人员。技术负责人具有工程序列中级以上职称或高级工以上资格；持有岗位证书的施工现场管理人员不少于5人，且施工员、质量员、安全员、劳务员等人员齐全；经考核或培训合格的技术工人不少于50人。

施工劳务企业可承包的业务范围仅为各类施工劳务作业。

6. 建筑业企业三个资质序列业务承发包范围的关系

根据《建筑业企业资质标准》总则部分的规定，建筑业企业三个资质序列业务承发包范围的关系为：

(1) 施工总承包工程应由取得相应施工总承包资质的企业承担。取得施工总承包资质的企业可以对所承接的施工总承包工程内各专业工程全部自行施工，也可以将专业工程依法进行分包。对设有资质的专业工程进行分包时，应分包给具有相应专业承包资质的企业。施工总承包企业将劳务作业分包时，应分包给具有施工劳务资质的企业。

(2) 设有专业承包资质的专业工程单独发包时，应由取得相应专业承包资质的企业承担。取得专业承包资质的企业可以承接具有施工总承包资质的企业依法分包的专业工程或建设单位依法发包的专业工程。取得专业承包资质的企业应对所承接的专业工程全部自行组织施工，劳务作业可以分包，但应分包给具有施工劳务资质的企业。

(3) 取得施工劳务资质的企业可以承接具有施工总承包资质或专业承包资质的企业分包的劳务作业。

(4) 取得施工总承包资质的企业，可以从事资质证书许可范围内的相应工程总承包、工程项目管理等业务。

4.3.3 勘察设计企业资质行政许可法律规定

1. 概述

建设工程勘察，是指根据建设工程的要求，查明、分析、评价建设场地的地质地理环境特征和岩土工程条件，编制建设工程勘察文件的活动。建设工程设计，是指根据建设工程的要求，对建设工程所需的技术、经济、资源、环境等条件进行综合分析、论证，编制建设工程设计文件的活动。

勘察设计企业是指依照国家规定经批准成立，取得规定行政主管部门颁发的资质证书，从事相应的工程勘察、设计、咨询和技术服务的企业。

勘察设计企业的资质管理实施行政许可制度的法律依据，在《建筑法》、《建设工程质量管理条例》、《建设工程勘察设计管理条例》等法律法规中都予以明确规定。《建筑法》规定，从事建筑活动的勘察单位、设计单位，按照其拥有的注册资本、专业技术人员、技术装备和已完成的建筑工程业绩等资质条件，划分为不同的资质等级，经资质审查合格，取得相应等级的资质证书后，方可在其资质等级许可的范围内从事建筑活动。

为了加强对勘察、设计企业资质行政许可的法制化建设，1997年建设部发布了《建设工程勘察和设计单位资质管理规定》（现已失效）。2001年发布了《建设工程勘察设计企业资质管理规定》（现已失效）、关于《工程勘察资质分级标准和工程设计资质分级标准》的通知（部分失效）。

2007年3月29日建设部印发了关于《工程设计资质标准》的通知，颁布了新的设计资质标准。2007年9月1日实施了《建设工程勘察设计资质管理规定》。2013年1月21日，住建部印发了关于《工程勘察资质标准》的通知，废止了2001年颁布的《工程勘察资质分级标准》。通过上述法制化工作，逐步建立健全了勘察设计企业资质行政管理和许可制度。

2. 工程勘察资质标准简介

按照《工程勘察资质标准》规定，工程勘察范围包括建设工程项目的岩土工程、水文地质勘察和工程测量。工程勘察资质分为三个类别，包括工程勘察综合资质、工程勘察专业资质和工程勘察劳务资质。

工程勘察综合资质是指包括全部工程勘察专业资质的工程勘察资质。工程勘察专业资质包括：岩土工程专业资质、水文地质勘察专业资质和工程测量专业资质。其中，岩土工程专业资质包括：岩土工程勘察、岩土工程设计、岩土工程物探测试检测监测等岩土工程（分项）专业资质。工程勘察劳务资质包括工程钻探和凿井。

工程勘察综合资质只设甲级。岩土工程、岩土工程设计、岩土工程物探测试检测监测专业资质设甲、乙两个级别。岩土工程勘察、水文地质勘察、工程测量专业资质设甲、乙、丙三个级别。工程勘察劳务资质不分等级。

3. 工程设计资质标准简介

按照《工程设计资质标准》规定，工程设计资质分为四个序列。包括工程设计综合资质、工程设计行业资质、工程设计专业资质和工程设计专项资质。

其中，工程设计综合资质是指涵盖21个行业(建筑、冶金、电力、公路、建材等21个行业。由本标准所附的"工程设计行业划分表"规定)的设计资质；工程设计行业资质是指涵盖某个行业资质标准中的全部设计类型的设计资质；工程设计专业资质是指某个行业资质标准中的某一个专业的设计资质；工程设计专项资质是指为适应和满足行业发展的需求，对已形成产业的专项技术独立进行设计以及设计、施工一体化而设立的资质。

工程设计综合资质只设甲级。工程设计行业资质和工程设计专业资质设甲、乙两个级别。根据行业需要，建筑、市政公用、水利、电力(限送变电)、农林和公路行业可设立工程设计丙级资质，建筑工程设计专业资质设丁级。建筑行业根据需要设立建筑工程设计事务所资质。工程设计专项资质可根据行业需要设置等级。

工程设计范围包括本行业建设工程项目的主体工程和配套工程(含厂/矿区内的自备电站、道路、专用铁路、通信、各种管网管线和配套的建筑物等全部配套工程)以及与主体工程、配套工程相关的工艺、土木、建筑、环境保护、水土保持、消防、安全、卫生、节能、防雷、抗震、照明工程等。

建筑工程设计范围包括建设用地规划许可证范围内的建筑物构筑物设计、室外工程设计、民用建筑修建的地下工程设计及住宅小区、工厂厂前区、工厂生活区、小区规划设计及单体设计等，以及所包含的相关专业的设计内容(总平面布置、竖向设计、各类管网管线设计、景观设计、室内外环境设计及建筑装饰、道路、消防、智能、安保、通信、防雷、人防、供配电、照明、废水治理、空调设施、抗震加固等)。

4.3.4 工程监理企业资质行政许可法律规定

1. 概述

建设工程监理是指监理人受委托人的委托，依照法律法规、工程建设标准、勘察设计文件及合同，在施工阶段对建设工程质量、安全、进度、投资进行监督控制，对合同、信息进行管理，对工程建设相关方的关系进行协调的技术服务活动。

工程监理企业是指具有法人资格，且取得监理资质证书，受建设单位委托从事对工程建设进行第三方监督管理的具有经营性质的独立的企业单位。

工程监理企业的资质管理实施行政许可制度的法律依据，在《建筑法》、《建设工程质量管理条例》等法律法规中都予以明确规定。《建筑法》规定，从事建筑活动的工程监理单位，按照其拥有的注册资本、专业技术人员、技术装备和已完成的建筑工程业绩等资质条件，划分为不同的资质等级，经资质审查合格，取得相应等级的资质证书后，方可在其资质等级许可的范围内从事建筑活动。

为了加强对工程监理企业资质行政许可的法制化建设，1992年建设部发布了《工程建设监理单位资质管理试行办法》(现已失效)。2001年发布了《工程监理企业资质管理规定》(现已失效)及《工程监理企业资质管理规定实施意见》。2007年5月21日,建设部印发了《工程监理企业资质标准》的通知(现已失效)。

2007年6月26日发布了新的《工程监理企业资质管理规定》(2007年8月1日实施)。2007年7月31日,建设部印发了《工程监理企业资质管理规定实施意见》的通知。通过上述法制化工作,逐步建立健全了工程监理企业资质行政管理和许可制度。

2. 工程监理企业资质标准简介

根据《工程监理企业资质管理规定》(2007年)规定,工程监理企业资质分为综合资质、专业资质和事务所资质。

其中,专业资质按照工程性质和技术特点划分为若干工程类别。综合资质、事务所资质不分级别。专业资质分为甲级、乙级,其中房屋建筑、水利水电、公路和市政公用专业资质可设立丙级。

以综合资质标准为例,其资质行政许可的标准为:具有独立法人资格且注册资本不少于600万元;企业技术负责人应为注册监理工程师,并具有15年以上从事工程建设工作的经历或者具有工程类高级职称;具有5个以上工程类别的专业甲级工程监理资质;注册监理工程师不少于60人,注册造价工程师不少于5人,一级注册建造师、一级注册建筑师、一级注册结构工程师或者其他勘察设计注册工程师合计不少于15人次;企业具有完善的组织结构和质量管理体系,有健全的技术、档案等管理制度;企业具有必要的工程试验检测设备以及其他要求。

综合资质的监理企业,可以承担所有专业工程类别建设工程项目的工程监理业务。而事务所资质的监理企业,不得承担国家规定必须实行强制监理的工程。工程监理企业可以开展相应类别建设工程的项目管理、技术咨询等业务。

4.4 从业人员执业资格行政许可法律规定

4.4.1 概述

工程建设从业人员执业资格制度是指具有一定专业学历、资历的从事建设活动的专业技术人员,通过考试、考核认定和注册确定其执业资格,获得从业准入及相应从业权利的一种法律制度。

《行政许可法》第十二条规定,提供公众服务并且直接关系公共利益的职业、行业,需要确定具备特殊信誉、特殊条件或者特殊技能等资格、资质的事项,可以设定行政许可。《建筑法》第十四条规定:"从事建筑活动的专业技术人员,应当依法取得相应的执业资格证书,并在执业资格证书许可的范围内从事建筑活动。"这些规定明确了工程建设专业技术人员执业资格行政许可的法律根据。

我国较早对从事建设活动的单位实行了资质许可制度,为促进建设事业健康发展发挥了积极作用。但这种制度缺乏对从业单位的专业技术人员个人的技术能力资格的有效规制,常常出现高资质单位承接的任务,由低水平的专业技术人员来完成的现象,影响了建设工程质量和投资效益的提高,而实行专业技术人员执业资格制度有将利于克服上述问题。建立专业技术人员执业资格制度后,一旦工程项目发生重大安全事故或出现违法违规行为,不仅可以依法追究有关单位的责任,还可以依法追究参与该项目的有关执业人员的责任,有助于建设工程质量安全责任的落实和深化。同时,责任的明晰到人也会反向促进执业人员的职业道德、知识素质和管理水平的提高,进而提升建设工程的整体实施质量。建立执业资格制度,还是我国建筑业加入、开拓国际建筑市场的需要。因为,一些国外发达国家在建设工程领域实施专业人员执业资格制度已达上百年历史,该制度已成为国际工程界普遍执行的既定惯例。

目前,我国在建设工程领域实施的个人执业资格种类较多,已构成了较为严谨的执业资格体系。包括注册建筑师、注册结构工程师、注册建造师、注册监理工程师、注册土木工程师、注册电气工程师、注册公用设备工程师(暖通空调、给水排水、动力)、注册安全工程师、注册造价工程师等。

本书重点介绍注册建筑师、注册结构工程师、注册建造师、注册监理工程师等执业资格行政许可管理的有关法律法规规定。

4.4.2 注册建筑师执业资格

1995年9月23日国务院发布的《中华人民共和国注册建筑师条例》和2008年1月29日建设部发布的《中华人民共和国注册建筑师条例实施细则》,对注册建筑师执业资格的若干事项作了具体规定。

1. 注册建筑师概念

注册建筑师,是指经考试、特许、考核认定取得中华人民共和国注册建筑师执业资格证书,或者经资格互认方式取得建筑师互认资格证书,并按照《注册建筑师条例实施细则》注册,取得中华人民共和国注册建筑师注册证书和中华人民共和国注册建筑师执业印章,从事建筑设计及相关业务活动的专业技术人员。

注册建筑师分为一级注册建筑师和二级注册建筑师。

2. 注册建筑师考试

《注册建筑师条例实施细则》明确,注册建筑师考试分为一级注册建筑师考试和二级注册建筑师考试,并对考试的报考条件进行了详细规定。报名条件主要是对报名者的学位、所学专业、工作经历的限制和要求。

注册建筑师考试实行全国统一考试,每年进行一次。一级注册建筑师考试内容包括:建筑设计前期工作、场地设计、建筑设计与表达、建筑结构、环境控制、建筑设备、建筑材料与构造、建筑经济、施工与设计业务管理、建筑法规等。科目考试合格有效期为八年。二级注册建筑师考试内容包括:场地设计、建筑设计与表达、建筑结构与设备、建筑法规、建筑经济与施工等。科目考试合格有效期为四年。

经一级注册建筑师考试,在有效期内全部科目考试合格的,由全国注册建筑师管理委员会核发国务院建设主管部门和人事主管部门共同用印的一级注册建筑师执业资格证书。经二级注册建筑师考试,在有效期内全部科目考试合格的,由省、自治区、直辖市注册建筑师管理委员会核发国务院建设主管部门和人事主管部门共同用印的二级注册建筑师执业资格证书。

3. 建筑师注册

注册建筑师实行注册执业管理制度。取得执业资格证书或者互认资格证书的人员，必须经过注册方可以注册建筑师的名义执业。同时，《中华人民共和国注册建筑师条例实施细则》对办理初始注册、变更注册、延续注册以及不予注册的条件或情形等也作了明确规定。

4. 注册建筑师执业

取得资格证书的人员，应当受聘于中华人民共和国境内的一个建设工程勘察、设计、施工、监理、招标代理、造价咨询、施工图审查、城乡规划编制等单位，经注册后方可从事相应的执业活动。从事建筑工程设计执业活动的，应当受聘并注册于中华人民共和国境内一个具有工程设计资质的单位。

注册建筑师的执业范围具体为：① 建筑设计；② 建筑设计技术咨询；③ 建筑物调查与鉴定；④ 对本人主持设计的项目进行施工指导和监督；⑤ 国务院建设主管部门规定的其他业务。"建筑设计技术咨询"包括建筑工程技术咨询，建筑工程招标、采购咨询，建筑工程项目管理，建筑工程设计文件及施工图审查，工程质量评估，以及国务院建设主管部门规定的其他建筑技术咨询业务。

一级注册建筑师的执业范围不受工程项目规模和工程复杂程度的限制。二级注册建筑师的执业范围只限于承担工程设计资质标准中建设项目设计规模划分表中规定的小型规模的项目。注册建筑师的执业范围不得超越其聘用单位的业务范围。注册建筑师的执业范围与其聘用单位的业务范围不符时，个人执业范围服从聘用单位的业务范围。注册建筑师所在单位承担民用建筑设计项目，应当由注册建筑师任工程项目设计主持人或设计总负责人

《中华人民共和国注册建筑师条例》规定了注册建筑师的执业权利与义务。

注册建筑师的执业权利包括：有权以注册建筑师的名义执行注册建筑师业务；非注册建筑师不得以注册建筑师的名义执行注册建筑师业务；二级注册建筑师不得以一级注册建筑师的名义执行业务，也不得超越国家规定的二级注册建筑师的执业范围执行业务；国家规定的一定跨度、跨径和高度以上的房屋建筑，应当由注册建筑师进行设计；任何单位和个人修改注册建筑师的设计图纸，应当征得该注册建筑师同意；但是，因特殊情况不能征得该注册建筑师同意的除外。

注册建筑师的执业义务包括：遵守法律、法规和职业道德，维护社会公共利益；保证建筑设计的质量，并在其负责的设计图纸上签字；保守在执业中知悉的单位和个人的秘密；不得同时受聘于两个以上建筑设计单位执行业务；不得准许他人以本人名义执行业务；注册建筑师在每一注册有效期内应当达到全国注册建筑师管理委员会制定的继续教育标准（《中华人民共和国注册建筑师条例实施细则》规定）。

4.4.3 注册结构工程师执业资格

建设部、人事部于1997年9月1日联合发布实施的《注册结构工程师执业资格制度暂行规定》，对注册结构工程师执业资格的若干事项作了具体规定。

1. 注册结构工程师概念

注册结构工程师，是指取得中华人民共和国注册结构工程师执业资格证书和注册证书，从事房屋结构、桥梁结构及塔架结构等工程设计及相关业务的专业技术人员。

注册结构工程师分为一级注册结构工程师和二级注册结构工程师。

2. 注册结构工程师考试

建设部、人事部和省、自治区、直辖市人民政府建设行政主管部门、人事行政主管部门对注册结构工程师的考试、注册和执业实施指导、监督和管理。

注册结构工程师考试实行全国统一大纲、统一命题、统一组织的办法，原则上每年举行一次。一级注册结构工程师资格考试由基础考试和专业考试两部分组成。通过基础考试的人员，从事结构工程设计或相关业务满规定年限，方可申请参加专业考试。

基础考试包括：高等数学、普通物理、普通化学、结构力学、理论力学、材料力学、土力学与地基基础、流体力学、土木工程材料、工程测量、职业法规、电工学、工程经济、计算机与数值方法、工程测量、结构设计、土木工程施工与管理、结构试验。

专业考试包括：钢筋混凝土结构、钢结构、砌体结构与木结构、地基与基础、高层建筑、高耸结构与横向作用、桥梁结构等。

3. 结构工程师注册

注册结构工程师资格考试合格者，由省、自治区、直辖市人事（职改）部门颁发人事部统一印制、加盖建设部和人事部印章的中华人民共和国注册结构工程师执业资格证书。

注册建筑师实行注册执业管理制度，取得注册结构工程师执业资格证书者，要从事结构工程设计业务的，须申请注册。取得执业资格证书人员必须经过注册，方可以注册结构工程师的名义执业。

4. 注册结构工程师执业

注册结构工程师的执业范围具体包括：①结构工程设计；②结构工程设计技术咨询；③建筑物、构筑物、工程设施等调查和鉴定；④对本人主持设计的项目进行施工指导和监督；⑤ 建设部和国务院有关部门规定的其他业务。

注册结构工程师执行业务，应当加入一个勘察设计单位。一级注册结构工程师的执业范围不受工程规模及工程复杂程度的限制。

《注册结构工程师执业资格制度暂行规定》中，规定了注册结构工程师的执业权利与义务。

注册结构工程师的执业权利包括：注册结构工程师有权以注册结构工程师的名义执行注册结构工程师业务，非注册结构工程师不得以注册结构工程师的名义执行注册结构工程师业务；国家规定的一定跨度、高度等以上的结构工程设计，应当由注册结构工程师主持设计；任何单位和个人修改注册结构工程师的设计图纸，应当征得该注册结构工程师同意，但是因特殊情况不能征得该注册结构工程师同意的除外。

注册结构工程师的执业义务包括：遵守法律、法规和职业道德，维护社会公众利益；保证工程设计的质量，并在其负责的设计图纸上签字盖章；保守在执业中知悉的单位和个人的秘密；不得同时受聘于两个以上勘察设计单位执行业务；不得准许他人以本人名义执行业务；注册结构工程师按规定接受必要的继续教育，定期进行业务和法规培训，并作为重新注册的依据。

4.4.4 注册建造师执业资格

2002 年建设部、人事部联合发布了关于印发《建造师执业资格制度暂行规定》的通知，

2004年联合印发了《建造师执业资格考试实施办法》和《建造师执业资格考核认定办法》的通知。2006年12月28日,建设部发布了《注册建造师管理规定》,2007年7月4日印发了《注册建造师执业工程规模标准》(试行)的通知。2008年2月26日,建设部印发了关于发布《注册建造师执业管理办法(试行)》的通知。

上述有关部门规章及其他部门规范性文件等,对注册建造师执业资格的若干事项作了较为全面的具体规定。

1. 注册建造师概念

注册建造师,是指通过考核认定或考试合格取得中华人民共和国建造师资格证书,并按照《注册建造师管理规定》注册,取得中华人民共和国建造师注册证书和执业印章,担任施工单位项目负责人及从事相关活动的专业技术人员。

注册建造师分为一级注册建造师和二级注册建造师。

2. 注册建造师考试

一级建造师执业资格实行统一大纲、统一命题、统一组织的考试制度,由人事部、建设部共同组织实施,原则上每年举行一次考试。

一级建造师执业资格考试设《建设工程经济》、《建设工程法规及相关知识》、《建设工程项目管理》和《专业工程管理与实务》4个科目。《专业工程管理与实务》科目分为:房屋建筑、公路、铁路、民航机场、港口与航道、水利水电、电力、矿山、冶炼、石油化工、市政公用、通信与广电、机电安装和装饰装修14个专业类别,考生在报名时可根据实际工作需要选择其一。

二级建造师执业资格考试设《建设工程施工管理》、《建设工程法规及相关知识》、《专业工程管理与实务》3个科目。

报考人员要符合有关文件规定的相应条件。一级、二级建造师执业资格考试合格人员,分别获得《中华人民共和国一级建造师执业资格证书》、《中华人民共和国二级建造师执业资格证书》。

国家在实施一级建造师执业资格考试之前,对长期在建设工程项目总承包及施工管理岗位上工作,具有较高理论水平与丰富实践经验,并受聘高级专业技术职务的人员,可通过考核认定办法取得建造师执业资格证书。

3. 建造师注册

注册建造师实行注册执业管理制度,取得资格证书的人员,经过注册方能以注册建造师的名义执业。

取得一级建造师资格证书并受聘于一个建设工程勘察、设计、施工、监理、招标代理、造价咨询等单位的人员,应当通过聘用单位向单位工商注册所在地的省、自治区、直辖市人民政府建设主管部门提出注册申请。

国务院建设主管部门对全国注册建造师的注册、执业活动实施统一监督管理。

《注册建造师管理规定》对申请初始注册、变更注册、延续注册以及不予注册等的受理审批行政部门、许可条件、程序、需提交的申请材料或情形等,均作了明确规定。

4. 注册建造师执业

取得资格证书的人员应当受聘于一个具有建设工程勘察、设计、施工、监理、招标代理、造价咨询等一项或者多项资质的单位，经注册后方可从事相应的执业活动。担任施工单位项目负责人的，应当受聘并注册于一个具有施工资质的企业。

注册建造师的具体执业范围按照《注册建造师执业工程规模标准》（试行）执行。注册建造师不得同时在两个及两个以上的建设工程项目上担任施工单位项目负责人。

注册建造师可以从事建设工程项目总承包管理或施工管理，建设工程项目管理服务，建设工程技术经济咨询，以及法律、行政法规和国务院建设主管部门规定的其他业务。

大中型工程施工项目负责人必须由本专业注册建造师担任。一级注册建造师可担任大、中、小型工程施工项目负责人，二级注册建造师可以承担中、小型工程施工项目负责人。

《注册建造师管理规定》中，规定了注册建造师的执业权利与义务。

注册建造师的执业权利包括：使用注册建造师名称；在规定范围内从事执业活动；在本人执业活动中形成的文件上签字并加盖执业印章；保管和使用本人注册证书、执业印章；对本人执业活动进行解释和辩护；接受继续教育；获得相应的劳动报酬；对侵犯本人权利的行为进行申述。

注册建造师的执业义务包括：遵守法律、法规和有关管理规定，恪守职业道德；执行技术标准、规范和规程；保证执业成果的质量，并承担相应责任；接受继续教育，努力提高执业水准；保守在执业中知悉的国家秘密和他人的商业、技术等秘密；与当事人有利害关系的，应当主动回避；协助注册管理机关完成相关工作。

4.4.5 注册监理工程师执业资格

关于注册监理工程师执业资格有关事项的部门规范性文件较多。其中较为重要的有，1996 年建设部、人事部联合印发的关于《全国监理工程师执业资格考试工作的通知》以及 2006 年 1 月 26 日建设部发布的《注册监理工程师管理规定》等。

1. 注册监理工程师概念

注册监理工程师，是指经考试取得中华人民共和国监理工程师资格证书，并按照《注册监理工程师管理规定》注册，取得中华人民共和国注册监理工程师注册执业证书和执业印章，从事工程监理及相关业务活动的专业技术人员。

2. 注册监理工程师考试

监理工程师执业资格考试实行全国统一大纲、统一命题、统一组织的办法，每年举行一次。考试科目设有《工程建设监理基本理论和相关法规》、《工程建设合同管理》、《工程建设质量、投资、进度控制》、《工程建设监理案例分析》。

监理工程师执业资格考试合格者，由各省、自治区、直辖市人事（职改）部门颁发人事部统一印制，人事部和建设部共同用印的《中华人民共和国监理工程师执业资格证书》，该证书在全国范围有效。

3. 监理工程师注册

注册监理工程师实行注册执业管理制度。取得资格证书的人员，经过注册方能以注册监理工程师的名义执业。

注册监理工程师依据其所学专业、工作经历、工程业绩，按照《工程监理企业资质管理规定》划分的工程类别,按专业注册。每人最多可以申请两个专业注册。

取得资格证书并受聘于一个建设工程勘察、设计、施工、监理、招标代理、造价咨询等单位的人员,应当通过聘用单位向单位工商注册所在地的省、自治区、直辖市人民政府建设主管部门提出注册申请;省、自治区、直辖市人民政府建设主管部门受理后提出初审意见,并将初审意见和全部申报材料报国务院建设主管部门审批;符合条件的,由国务院建设主管部门核发注册证书和执业印章。

4. 注册监理工程师执业

取得资格证书的人员,应当受聘于一个具有建设工程勘察、设计、施工、监理、招标代理、造价咨询等一项或者多项资质的单位,经注册后方可从事相应的执业活动。从事工程监理执业活动的,应当受聘并注册于一个具有工程监理资质的单位。

注册监理工程师可以从事工程监理、工程经济与技术咨询、工程招标与采购咨询、工程项目管理服务以及国务院有关部门规定的其他业务。

《注册监理工程师管理规定》中,规定了注册监理工程师的执业权利与义务。

注册监理工程师的执业权利包括:使用注册监理工程师称谓;在规定范围内从事执业活动;依据本人能力从事相应的执业活动;保管和使用本人的注册证书和执业印章;对本人执业活动进行解释和辩护;接受继续教育的权利;获得相应的劳动报酬;对侵犯本人权利的行为进行申诉。

注册监理工程师的执业义务包括:遵守法律、法规和有关管理规定;履行管理职责,执行技术标准、规范和规程;保证执业活动成果的质量,并承担相应责任;接受继续教育,努力提高执业水准;在本人执业活动所形成的工程监理文件上签字、加盖执业印章;保守在执业中知悉的国家秘密和他人的商业、技术秘密;不得涂改、倒卖、出租、出借或者以其他形式非法转让注册证书或者执业印章;不得同时在两个或者两个以上单位受聘或者执业;在规定的执业范围和聘用单位业务范围内从事执业活动;协助注册管理机构完成相关工作。

4.5 案例分析

【案例 4-1】住房和城乡建设部办公厅关于停止受理建筑智能化等四个工程设计与施工资质申请的通知(建办市函[2014]670 号)

各省、自治区住房和城乡建设厅,直辖市建委,北京市规委,新疆生产建设兵团建设局,国务院有关部门建设司,总后基建营房部工程管理局,有关中央企业:

为贯彻落实党的十八届三中、四中全会精神,深入推进行政审批制度改革,坚持依法行政,经公安部同意,决定停止受理建筑智能化等 4 个工程设计与施工资质申请。现将有关事项通知如下:

一、2014 年 11 月 6 日起,各省级及以下住房和城乡建设主管部门、有关中央企业停止受理建筑智能化、消防设施、建筑装饰装修、建筑幕墙等 4 个工程设计与施工资质首次申请、增项申请和升级申请。2014 年 12 月 6 日起,我部停止受理上述资质申请。

二、企业已持有的工程设计与施工资质证书继续有效,待新的《工程设计资质标准》、《建筑业企业资质标准》实施后,再分别按照新标准要求重新核发工程设计、建筑业企业资质证书。具体办法另行通知。

三、工程设计与施工企业资质延续工作仍按现有规定执行。

四、请各省、自治区、直辖市住房城乡建设主管部门尽快将本通知内容传达至本地区各级住房城乡建设主管部门及有关企业。执行中如有何问题，请及时与我部建筑市场监管司联系。

中华人民共和国住房和城乡建设部办公厅
2014 年 10 月 31 日

2014 年 11 月 24 日，中国政府网公布了《国务院关于取消和调整一批行政审批项目等事项的决定》（国发〔2014〕50 号）。国务院决定，取消和下放 58 项行政审批项目，取消 67 项职业资格许可和认定事项，取消 19 项评比达标表彰项目，将 82 项工商登记前置审批事项调整或明确为后置审批。

按照《国务院关于取消和调整一批行政审批项目等事项的决定》的规定，其中国务院决定取消和下放管理层级的行政审批项目中，就包括一级注册建筑师执业资格认定、在国家级风景名胜区内修建缆车、索道等重大建设工程项目选址方案核准、防雷产品使用备案核准、测绘行业特有工种职业技能鉴定等建设工程领域内的行政许可实施。

需要注意的是，国务院决定取消和下放管理层级的行政审批项目，例如一级注册建筑师执业资格认定项目，并不是宣布取消了建筑师执业资格。而是要求原行政审批部门不再进行一级注册建筑师执业资格认定的行政审批。

总之，行政审批、许可的设定应始终坚持和体现《行政许可法》第十一条所规定的："设定行政许可，应当遵循经济和社会发展规律，有利于发挥公民、法人或者其他组织的积极性、主动性，维护公共利益和社会秩序，促进经济、社会和生态环境协调发展。"

因此，取消、下放以及调整行政审批项目的本质目的，是要进一步深化行政体制改革，深入推进简政放权，加快政府职能转变，提高行政效率。是要促进依法行政，包括依法进行行政审批许可，是要努力使市场在资源配置中起决定性作用。

【案例 4-2】住建部重拳出击严厉打击建筑施工转包违法分包挂靠行为

2014 年 9 月，住建部在印发的《工程质量治理两年行动方案》的通知中强调指出，要坚决遏制建筑施工违法发包、转包、违法分包及挂靠等违法行为多发势头。并要求有关建设行政主管部门(一)准确认定各类违法行为。各级住房城乡建设主管部门要按照《建筑工程施工转包违法分包等违法行为认定查处管理办法》（建市〔2014〕118 号)规定，准确认定建筑施工违法发包、转包、违法分包及挂靠等违法行为。(二)开展全面检查。各级住房城乡建设主管部门要对在建的房屋建筑和市政基础设施工程项目的承发包情况进行全面检查，检查建设单位有无违法发包行为，检查施工企业有无转包、违法分包以及转让、出借资质行为，检查施工企业或个人有无挂靠行为。(三)严惩重罚各类违法行为。各级住房城乡建设主管部门对认定有违法发包、转包、违法分包及挂靠等违法行为的单位和个人，除依法给予罚款、停业整顿、降低资质等级、吊销资质证书、停止执业、吊销执业证书等相应行政处罚外，还要按照《建筑工程施工转包违法分包等违法行为认定查处管理办法》规定，采取限期不准参加招投标、重新核定企业资质、不得担任施工企业项目负责人等相应的行政管理措施。(四)建立社会监督机制。各级住房城乡建设主管部门要加大政府信息公开力度，设立投诉举报电话和信箱并向社会公布，让公众了解和监督工程建设参建各方主体的市场行为，鼓励公众举报发现的违法行为。对查处的单位和个人的违法行为及处罚结果一律在建筑市场监管与诚信信息平台公布，发挥新闻媒体和网络媒介的作用，震慑违法行为，提高企业和从业人员守法意识。

《行政许可法》第九条规定："依法取得的行政许可，除法律、法规规定依照法定条件和程序可以转让的外，不得转让。"第十条中规定："行政机关应当对公民、法人或者其他组织从事行政许可事项的活动实施有效监督。"第八十条规定："被许可人有下列行为之一的，行政机关应当依法给予行政处罚；构成犯罪的，依法追究刑事责任：（一）涂改、倒卖、出租、出借行政许可证件，或者以其他形式非法转让行政许可的；（二）超越行政许可范围进行活动的；（三）向负责监督检查的行政机关隐瞒有关情况、提供虚假材料或者拒绝提供反映其活动情况的真实材料的；（四）法律、法规、规章规定的其他违法行为。"

建筑施工转包、违法分包、挂靠等违法行为，严重干扰建筑市场秩序，是造成建设工程质量安全事故的根本性原因之一，是治理拖欠支付农民工工资的重要障碍因素，是违反《行政许可法》等法律法规规定的严重违法行为。

因此，加大行政执法力度是整治这一建筑业沉积顽症的必然选择。

复习思考题

1. 简述工程建设行政许可的概念。
2. 简述实行工程建设行政许可制度的意义。
3. 申领建筑工程施工许可证的法定条件包括哪些？
4. 申请建筑业企业资质应具备哪些基本条件？
5. 建筑业企业资质分为几个序列？每个序列资质分别包括哪些资质类别？
6. 简述不同资质序列建筑业企业的业务承发包范围的关系。
7. 简述工程建设从业人员执业资格制度概念及实施意义。
8. 何谓注册建筑师？注册建筑师的执业权利及义务有哪些？
9. 何谓注册结构工程师？注册结构工程师的执业权利及义务有哪些？
10. 何谓注册建造师？注册建造师的执业权利及义务有哪些？
11. 何谓注册监理工程师？注册监理工程师的执业权利及义务有哪些？

第 5 章 建设工程招标投标法律法规

5.1 概 述

5.1.1 招标投标概念

招标投标,是指在市场经济条件下通过竞争机制采购工程、货物、服务等的一种买卖方式。

这种方式不同于一般的买卖行为的特点在于,由多个卖方提供自己的条件,由购买者在同一时间内按照事先制订、公布的采购条件和评审标准,选择条件最优者作为最终的提供方。其中,招标是指买方对拟采购的工程、货物或服务,以公开发布或邀请的方式将这些采购信息传达给市场上的潜在卖方,最后买方(招标人)按照事先公开规定的程序和条件选择、确定最终卖方(中标人)的行为;而投标则是有意愿响应招标的卖方(投标人)按照招标人事先制定的采购机制、标准等自愿参加投标竞争的行为。

具体到工程建设项目招标投标,其采购的工程,是指建设工程,包括建筑物和构筑物的新建、改建、扩建及其相关的装修、拆除、修缮等;货物,是指构成工程不可分割的组成部分,且为实现工程基本功能所必需的设备、材料等;服务,是指为完成工程所需的勘察、设计、监理等服务。

本章主要介绍工程招投标方面相关的法律法规。

5.1.2 建设工程招标投标立法沿革

1980 年 10 月,国务院发布了《关于开展和保护社会主义竞争的暂行规定》(现已失效),指出在社会主义公有制经济占优势的情况下,允许和提倡各种经济成分之间、各个企业之间,发挥所长,开展竞争。在经济活动中,对一些适宜于承包的生产建设项目和经营项目,可以试行招标、投标的办法。

1983 年 6 月,城乡建设环境保护部发布了《建筑安装工程招标投标试行办法》(现已失效)。该办法明确规定,凡经国家和省、市、自治区批准的建筑安装工程,均可按本办法的规定,通过招标,择优选定施工单位。持有营业执照的国营建筑企业和集体所有制施工单位,均可通过投标,承揽工程任务。1984 年 11 月 20 日,建设部、国家计委联合印发了《建设工程招标投标暂行规定》(现已失效)。在该暂行规定中指出,建设工程实行招标投标,有利于开展竞争,鼓励先进,鞭策落后,是建设工程管理制度的一项重大改革。

1991 年,国家计委印发了关于《加强国家重点建设项目及大型建设项目招标投标管理》的通知(现已失效)。该通知规定,招标投标可根据工程的性质、规模、复杂程度及其他客观条件,分别采取公开招标、邀请招标和议标等方式。1991 年,建设部印发了关于《加强工程建设设计施工招标投标管理工作》的通知,该通知强调各地区、各部门在推进设计、施工招标投标中,要继续贯彻改革开放的方针、促进建筑市场的发展和完善,不得以任何借口、任何形式封闭市场,也不应限制不同所有制企业之间的公平竞争。1992 年,建设部印发了关于

《加强建筑市场管理和积极开展招标投标工作》的通知。该通知要求，要把所有的承发包交易，都组织到建筑市场内公开进行，坚持取缔私下的交易。

1992年12月发布了《工程建设施工招标投标管理办法》（现已失效），这一部门规章是工程建设招投标立法建设的一个重要成果。该办法提出，施工招标投标，应当坚持公平、等价、有偿、讲求信用的原则，以技术水平、管理水平、社会信誉和合理报价等情况开展竞争，不受地区、部门限制。1997年，国家计委发布了《国家基本建设大中型项目实行招标投标的暂行规定》（现已失效）。

1998年3月1日起实施的《建筑法》第十六条规定："建筑工程发包与承包的招标投标活动，应当遵循公开、公正、平等竞争的原则，择优选择承包单位。建筑工程的招标投标，本法没有规定的，适用有关招标投标法律的规定。"第十九条规定："建筑工程依法实行招标发包，对不适于招标发包的可以直接发包。"

1999年8月30日，由第九届全国人大常委会第十一次会议通过了《中华人民共和国招标投标法》，该法自2000年1月1日起施行。《招标投标法》是我国社会主义市场经济法律体系中非常重要的一部法律，是整个招标投标领域的基本法，一切有关招标投标的法规、规章和规范性文件都必须与《招标投标法》相一致。《招标投标法》分六章，总计六十八条。第一章为总则，规定了《招标投标法》的立法宗旨、适用范围、强制招标的范围，以及招标投标活动中应遵循的基本原则；第二至四章根据招标投标活动的具体程序和步骤，规定了招标、投标、开标、评标和中标各阶段的行为规则；第五章规定了违反上述规则应承担的法律责任；第六章为附则，规定了本法的例外适用情形以及生效日期。《招标投标法》的颁布实施，为建设工程招投标立法体系化建设奠定了基础。

2000年1月30日起实施的《建设工程质量管理条例》中规定，建设单位应当依法对工程建设项目的勘察、设计、施工、监理以及与工程建设有关的重要设备、材料等的采购进行招标。同年，国家发展计划委员会颁布了《工程建设项目招标范围和规模标准规定》、《招标公告发布暂行办法》（已被修订）、《工程建设项目自行招标试行办法》（已被修订）等多个法规。为了更好地推进招投标监督管理工作，2000年国务院办公厅印发了关于《国务院有关部门实施招标投标活动行政监督的职责分工意见》的通知。2000年，建设部发布了《工程建设项目招标代理机构资格认定办法》（现已失效），该办法所称工程招标代理，是指对工程的勘察、设计、施工、监理以及与工程建设有关的重要设备(进口机电设备除外)、材料采购招标的代理。

2001年，国家发展计划委员会发布了《工程建设项目可行性研究报告增加招标内容和核准招标事项暂行规定》（已被修订）。该规定要求，依法必须进行招标的工程建设项目中，按照工程建设项目审批管理规定，凡应报送项目审批部门审批的，必须在报送的项目可行性研究报告中增加有关招标的内容。为了规范评标委员会的组成和评标活动，2001年国家发展计划委员会、国家经济贸易委员会、建设部等部委联合颁布了《评标委员会和评标方法暂行规定》（已被修订）。2001年6月1日，建设部发布了《房屋建筑和市政基础设施工程施工招标投标管理办法》，其中规定房屋建筑和市政基础设施工程的施工单项合同估算价在200万元人民币以上，或者项目总投资在3000万元人民币以上的，必须进行招标。

2003年，为了加强对评标专家的监督管理，健全评标专家库制度，保证评标活动的公平、公正，提高评标质量，国家发展计划委员会发布了《评标专家和评标专家库管理暂行办法》

（已被修订）。同年，国家发展计划委员会、建设部、铁道部等多个部委还联合颁布了《工程建设项目施工招标投标办法》（已被修订）。

2004 年，国家发展和改革委员会、建设部、铁道部等多个部委联合出台了《工程建设项目招标投标活动投诉处理办法》（已被修订）。该办法要求，各级发展改革、建设、水利、交通、铁道、民航、信息产业（通信、电子）等招标投标活动行政监督部门，依照《国务院办公厅印发国务院有关部门实施招标投标活动行政监督的职责分工的意见的通知》（国办发[2000]34 号）和地方各级人民政府规定的职责分工，受理投诉并依法做出处理决定。2005 年，建设部、国家工商行政管理总局联合印发了关于《工程建设项目招标代理合同示范文本》的通知。2007 年，建设部发布了新制定的《工程建设项目招标代理机构资格认定办法》（2006 年）。

2010 年，为进一步统一房屋建筑和市政工程招标投标规则、提高招标文件编制质量、规范招标投标活动行为、预防和遏制腐败现象发生，形成统一开放、竞争有序的招标投标市场，住建部印发了关于《房屋建筑和市政工程标准施工招标资格预审文件》和《房屋建筑和市政工程标准施工招标文件》的通知。

2011 年，国务院为了规范招标投标活动，根据《中华人民共和国招标投标法》，在 12 月 20 日发布了《中华人民共和国招标投标法实施条例》，该行政法规自 2012 年 2 月 1 日起实施。《招标投标法实施条例》的出台是我国招标投标立法体系化建设的一个重要里程碑，同时，也是对之前相关立法的一次全面总结、梳理和提高。

2012 年 4 月，住建部印发了《关于进一步加强房屋建筑和市政工程项目招标投标监督管理工作的指导意见》。该指导意见指出，各地住房城乡建设主管部门要认真贯彻落实《招标投标法实施条例》，依法履行房屋市政工程项目招标投标监管职责，合理配置监管资源，重点加强政府和国有投资房屋市政工程项目招标投标监管，探索优化非国有投资房屋市政工程项目的监管方式。

2013 年 2 月，国家发展和改革委员会、工业和信息化部、监察部、住房和城乡建设部、交通运输部、铁道部、水利部、商务部令第 20 号发布了《电子招标投标办法》。该办法所称电子招标投标活动是指以数据电文形式，依托电子招标投标系统完成的全部或者部分招标投标交易、公共服务和行政监督活动。数据电文形式与纸质形式的招标投标活动具有同等法律效力。

2013 年 3 月 11 日，国家发展和改革委员会、工业和信息化部、财政部、住房和城乡建设部、交通运输部、铁道部、水利部、国家广播电影电视总局、中国民用航空局令第 23 号发布了《关于废止和修改部分招标投标规章和规范性文件的决定》。对一件规范性文件予以废止，对十一件规章、一件规范性文件的部分条款予以修改。这次对部分招标投标规章和规范性文件进行的法律清理工作，无疑对提高招投标立法质量，加强招投标行政监管的合法性、规范性建设等均有着积极作用。

2014 年 7 月，住建部印发了《关于推进建筑业发展和改革的若干意见》。意见指出，各地要严格执行国家相关法律法规，废除不利于全国建筑市场统一开放、妨碍企业公平竞争的各种规定和做法。调整非国有资金投资项目发包方式，试行非国有资金投资项目建设单位自主决定是否进行招标发包，是否进入有形市场开展工程交易活动，并由建设单位对选择的设计、施工等单位承担相应的责任。各地要重点加强国有资金投资项目招标投标监管，严格控制招标人设置明显高于招标项目实际需要和脱离市场实际的不合理条件，严禁以各种形式排斥或限制潜在投标人投标。要加快推进电子招标投标，进一步完善专家评标制度，加大社会监督力度，健全中标候选人公示制度，促进招标投标活动公开透明。

根据 2014 年 8 月 31 日第十二届全国人民代表大会常务委员会第十次会议《关于修改〈中华人民共和国保险法〉等五部法律的决定》，对 2003 年 1 月 1 日起施行的《中华人民共和国政府采购法》进行了修订。2015 年 1 月 30 日，国务院发布了《政府采购法实施条例》，并于 3 月 1 日起施行。《政府采购法》（2014 年修正）和行政法规《政府采购法实施条例》的前后出台实施，对进一步规范政府采购行为、提高政府采购资金使用效益、维护国家和社会公共利益、保护当事人合法权益、促进廉政建设具有非常重要的意义。《政府采购法》（2014 年修正）明确规定，本法所称政府采购，是指各级国家机关、事业单位和团体组织，使用财政性资金采购依法制定的集中采购目录以内的或者采购限额标准以上的货物、工程和服务的行为。其中"工程"，是指建设工程，包括建筑物和构筑物的新建、改建、扩建、装修、拆除、修缮等。《政府采购法》（2014 年修正）规定，政府采购工程进行招标投标的，适用招标投标法。

5.1.3 建设工程招标投标原则

1. 公开、公平、公正和诚实信用的原则

《招标投标法》第五条规定："招标投标活动应当遵循公开、公平、公正和诚实信用的原则。"

公开原则，就是要求招标人在组织招投标过程中，对招标信息、招标程序规则、评标标准办法以及中标结果等公开披露发布，使每一个投标人获得同等的信息，为投标人进行公平竞争奠定基础。

公平原则，主要包括两个方面的含义。一是招标人和投标人之间的法律地位平等，任何一方不得向另一方提出不合理要求或实施违法行为。二是在招标投标活动中，招标人与投标人的权利和义务对等。

公正原则，就是要求招标人在招标程序、评标标准、确定中标等方面，对每一个投标人给予平等的机会和竞争条件。

诚实信用原则，就是要求招标投标当事人应以诚实守信的动机、态度和行为进行招标投标活动。诚信原则要求尊重他人利益，以对待自己事务的态度对待他人事务，要求当事人不得通过自己的活动损害第三人和社会的利益。《招标投标法》规定了规避招标、串通投标、泄露标底、骗取中标等诸多不诚信的招投标行为的法律责任。

2. 合法原则

所谓合法原则，是指招标投标活动，不论招标主体的性质、招标采购的对象如何，都要依法进行。《招标投标法》、《政府采购法》以及《招标投标法实施条例》、《政府采购法实施条例》等法律、行政法规，是招标投标活动的主要法律法规依据。

3. 开放、统一性原则

《招标投标法》第六条规定，"依法必须进行招标的项目，其招标投标活动不受地区或者部门的限制。任何单位和个人不得违法限制或者排斥本地、本系统以外的法人或者其他组织参加投标，不得以任何方式非法干涉招标投标活动。"

开放、统一性原则与公开、公平、公正和诚实信用的原则以及合法原则有着本质联系。之所以单独强调，主要是从招投标市场配置作用的角度出发的。从我国的招标投标实施情况看，一些地方、部门或招标人非法设置招投标壁垒，排斥或限制潜在投标人参与公平竞争的现象仍然存在。招投标活动作为市场经济的产物，其核心的作用就是通过充分竞争，使生产要素在开放、统一的市场上得到最优化配置。因此，一个统一、开放的市场是保证招投标充分竞争的基本条件，是招投标活动达到实质目的的不可或缺的必需前提。

4. 接受行政监督原则

《招标投标法》第七条规定："招标投标活动及其当事人应当接受依法实施的监督。有关行政监督部门依法对招标投标活动实施监督，依法查处招标投标活动中的违法行为。"

对招投标的行政监督是全方位的，目前主要应加强对政府采购项目、国有资金投资项目以及《招标投标法》规定的强制招标项目的招投标的行政监督管理。

5.2 建设工程项目招标

5.2.1 招标条件及方式

1. 招标条件

《工程建设项目施工招标投标办法》（2013年修订）第八条规定："依法必须招标的工程建设项目，应当具备下列条件才能进行施工招标：（一）招标人已经依法成立；（二）初步设计及概算应当履行审批手续的，已经批准；（三）有相应资金或资金来源已经落实；（四）有招标所需的设计图纸及技术资料。"

2. 招标方式

《招标投标法》第十条规定："招标分为公开招标和邀请招标"。与招标方式并行的承发包方式，还有直接发包。

（1）公开招标

公开招标，又称无限竞争性招标，指招标人以招标公告的方式邀请不特定的法人或其他组织投标。这是一种由招标人按照法定程序，公开在指定媒介上发布招标公告，所有符合条件的承包商都可以平等参加投标竞争，从中择优选择中标者的招标方式。

2013年新修订的《招标公告发布暂行办法》对招标公告发布活动进行了详细的规范。其中第四条规定："依法必须招标项目的招标公告必须在指定媒介发布。招标公告的发布应当充分公开，任何单位和个人不得非法限制招标公告的发布地点和发布范围。"

《工程建设项目施工招标投标办法》（2013年修订）第十四条规定："招标公告或者投标邀请书应当至少载明下列内容：（一）招标人的名称和地址；（二）招标项目的内容、规模、资金来源；（三）招标项目的实施地点和工期；（四）获取招标文件或者资格预审文件的地点和时间；（五）对招标文件或者资格预审文件收取的费用；（六）对投标人的资质等级的要求。"

公开招标具有较高的操作透明性，能够有效防止腐败现象，保证投标的充分竞争性。但组织招标的成本较大，周期较长。

(2) 邀请招标

邀请招标，又称有限竞争性招标，指招标人以投标邀请书的方式邀请特定的法人或者其他组织投标。

《招标投标法》第十七条规定："招标人采用邀请招标方式的，应当向三个以上具备承担招标项目的能力、资信良好的特定的法人或者其他组织发出投标邀请书。"

《工程建设项目施工招标投标办法》(2013年修订)第十一条规定："依法必须进行公开招标的项目，有下列情形之一的，可以邀请招标：（一）项目技术复杂或有特殊要求，或者受自然地域环境限制，只有少量潜在投标人可供选择；（二）涉及国家安全、国家秘密或者抢险救灾，适宜招标但不宜公开招标；（三）采用公开招标方式的费用占项目合同金额的比例过大。"

5.2.2 资格审查

《招标投标法》第十八条规定："招标人可以根据招标项目本身的要求，在招标公告或者投标邀请书中，要求潜在投标人提供有关资质证明文件和业绩情况，并对潜在投标人进行资格审查。"

《工程建设项目施工招标投标办法》(2013年修订)规定，资格审查分为资格预审和资格后审。资格预审，是指在投标前对潜在投标人进行的资格审查。资格后审，是指在开标后对投标人进行的资格审查。进行资格预审的，一般不再进行资格后审；采取资格预审的，招标人应当在资格预审文件中载明资格预审的条件、标准和方法；采取资格后审的，招标人应当在招标文件中载明对投标人资格要求的条件、标准和方法。招标人不得改变载明的资格条件或者以没有载明的资格条件对潜在投标人或者投标人进行资格审查；经资格预审后，招标人应当向资格预审合格的潜在投标人发出资格预审合格通知书，告知获取招标文件的时间、地点和方法，并同时向资格预审不合格的潜在投标人告知资格预审结果。资格预审不合格的潜在投标人不得参加投标。

《工程建设项目施工招标投标办法》(2013年修订)规定，资格审查应主要审查潜在投标人或者投标人是否符合下列条件：（一）具有独立订立合同的权利；（二）具有履行合同的能力，包括专业、技术资格和能力，资金、设备和其他物质设施状况，管理能力，经验、信誉和相应的从业人员；（三）没有处于被责令停业，投标资格被取消，财产被接管、冻结，破产状态；（四）在最近三年内没有骗取中标和严重违约及重大工程质量问题；（五）国家规定的其他资格条件。资格审查时，招标人不得以不合理的条件限制、排斥潜在投标人或者投标人，不得对潜在投标人或者投标人实行歧视待遇。任何单位和个人不得以行政手段或者其他不合理方式限制投标人的数量。

为了规范房屋建筑和市政工程施工招标资格预审文件编制活动，2010年住建部制订了《房屋建筑和市政工程标准施工招标资格预审文件》。

5.2.3 招标文件编制及发售

《招标投标法》第十九条规定："招标人应当根据招标项目的特点和需要编制招标文件。招标文件应当包括招标项目的技术要求、对投标人资格审查的标准、投标报价要求和评标标准等所有实质性要求和条件以及拟签订合同的主要条款。国家对招标项目的技术、标准有规定的，招标人应当按照其规定在招标文件中提出相应要求。招标项目需要划分标段、确定工期的，招标人应当合理划分标段、确定工期，并在招标文件中载明。"第二十条规定："招标文件不得要求或者标明特定的生产供应者以及含有倾向或者排斥潜在投标人的其他内容。"

《工程建设项目施工招标投标办法》(2013年修订)规定，招标人根据施工招标项目的特点和需要编制招标文件。招标文件一般包括下列内容：(一)招标公告或投标邀请书；(二)投标人须知；(三)合同主要条款；(四)投标文件格式；(五)采用工程量清单招标的，应当提供工程量清单；(六)技术条款；(七)设计图纸；(八)评标标准和方法；(九)投标辅助材料。招标人应当在招标文件中规定实质性要求和条件，并用醒目的方式标明；招标文件应当明确规定所有评标因素，以及如何将这些因素量化或者据以进行评估。在评标过程中，不得改变招标文件中规定的评标标准、方法和中标条件。

《招标投标法》第二十三条规定："招标人对已发出的招标文件进行必要的澄清或者修改的，应当在招标文件要求提交投标文件截止时间至少十五日前，以书面形式通知所有招标文件收受人。该澄清或者修改的内容为招标文件的组成部分。"

《中华人民共和国招标投标法实施条例》规定，招标人应当按照资格预审公告、招标公告或者投标邀请书规定的时间、地点发售资格预审文件或者招标文件。资格预审文件或者招标文件的发售期不得少于5日。招标人发售资格预审文件、招标文件收取的费用应当限于补偿印刷、邮寄的成本支出，不得以营利为目的。

为了规范房屋建筑和市政工程施工招标文件编制活动，2010年住建部制订了《房屋建筑和市政工程标准施工招标文件》。

5.2.4 招标代理

《招标投标法》第十三条规定："招标代理机构是依法设立、从事招标代理业务并提供相关服务的社会中介组织。招标代理机构应当具备下列条件：(一)有从事招标代理业务的营业场所和相应资金；(二)有能够编制招标文件和组织评标的相应专业力量；(三)有符合本法第三十七条第三款规定条件(专家应当从事相关领域工作满八年并具有高级职称或者具有同等专业水平，由招标人从国务院有关部门或者省、自治区、直辖市人民政府有关部门提供的专家名册或者招标代理机构的专家库内的相关专业的专家名单中确定)，可以作为评标委员会成员人选的技术、经济等方面的专家库。"

《招标投标法》第十二条规定："招标人有权自行选择招标代理机构，委托其办理招标事宜。任何单位和个人不得以任何方式为招标人指定招标代理机构。招标人具有编制招标文件和组织评标能力的，可以自行办理招标事宜。任何单位和个人不得强制其委托招标代理机构办理招标事宜。"

《工程建设项目施工招标投标办法》(2013年修订)第二十二条规定："招标代理机构应当在招标人委托的范围内承担招标事宜。招标代理机构可以在其资格等级范围内承担下列招标事宜：(一)拟订招标方案，编制和出售招标文件、资格预审文件；(二)审查投标人资格；(三)编制标底；(四)组织投标人踏勘现场；(五)组织开标、评标，协助招标人定标；(六)草拟合同；(七)招标人委托的其他事项。招标代理机构不得无权代理、越权代理，不得明知委托事项违法而进行代理。招标代理机构不得在所代理的招标项目中投标或者代理投标，也不得为所代理的招标项目的投标人提供咨询；未经招标人同意，不得转让招标代理业务。"

5.2.5 实施招标的项目范围

1. 强制招标项目范围

《招标投标法》强调了必须进行招标的项目，即强制招标的项目范围。《招标投标法》第三条规定："在中华人民共和国境内进行下列工程建设项目包括项目的勘察、设计、施工、监理以及与工程建设有关的重要设备、材料等的采购，必须进行招标：（一）大型基础设施、公用事业等关系社会公共利益、公众安全的项目；（二）全部或者部分使用国有资金投资或者国家融资的项目；（三）使用国际组织或者外国政府贷款、援助资金的项目。"

为了确定必须进行招标的工程建设项目的具体范围和规模标准，2000年国家发展计划委员会发布了《工程建设项目招标范围和规模标准规定》。

2. 可以不进行招标的项目范围

《招标投标法实施条例》规定，有下列情形之一的，可以不进行招标：（一）需要采用不可替代的专利或者专有技术；（二）采购人依法能够自行建设、生产或者提供；（三）已通过招标方式选定的特许经营项目投资人依法能够自行建设、生产或者提供；（四）需要向原中标人采购工程、货物或者服务，否则将影响施工或者功能配套要求；（五）国家规定的其他特殊情形。

《工程建设项目施工招标投标办法》（2013年修订）规定，依法必须进行施工招标的工程建设项目有下列情形之一的，可以不进行施工招标：（一）涉及国家安全、国家秘密、抢险救灾或者属于利用扶贫资金实行以工代赈需要使用农民工等特殊情况，不适宜进行招标；（二）施工主要技术采用不可替代的专利或者专有技术；（三）已通过招标方式选定的特许经营项目投资人依法能够自行建设；（四）采购人依法能够自行建设；（五）在建工程追加的附属小型工程或者主体加层工程，原中标人仍具备承包能力，并且其他人承担将影响施工或者功能配套要求；（六）国家规定的其他情形。

5.3 建设工程项目投标

投标人是响应招标、参加投标竞争的法人或者其他组织。投标人应当具备承担招标项目的能力。与招标人存在利害关系可能影响招标公正性的法人、其他组织或者个人，不得参加投标。单位负责人为同一人或者存在控股、管理关系的不同单位，不得参加同一标段投标或者未划分标段的同一招标项目投标。

5.3.1 投标文件的编制与送达

1. 投标文件的编制

《招标投标法》规定，投标人应当按照招标文件的要求编制投标文件。投标文件应当对招标文件提出的实质性要求和条件作出响应。招标项目属于建设施工的，投标文件的内容应当包括拟派出的项目负责人与主要技术人员的简历、业绩和拟用于完成招标项目的机械设备等。

《工程建设项目施工招标投标办法》(2013年修订)第三十六条规定，投标人应当按照招标文件的要求编制投标文件。投标文件应当对招标文件提出的实质性要求和条件作出响应。投标文件一般包括下列内容：(一)投标函；(二)投标报价；(三)施工组织设计；(四)商务和技术偏差表。投标人根据招标文件载明的项目实际情况，拟在中标后将中标项目的部分非主体、非关键性工作进行分包的，应当在投标文件中载明。

2. 投标文件的送达

《招标投标法》规定，投标人应当在招标文件要求提交投标文件的截止时间前，将投标文件送达投标地点。在招标文件要求提交投标文件的截止时间后送达的投标文件，招标人应当拒收；投标人在招标文件要求提交投标文件的截止时间前，可以补充、修改或者撤回已提交的投标文件，并书面通知招标人。补充、修改的内容为投标文件的组成部分。

《工程建设项目施工招标投标办法》(2013年修订)规定，在提交投标文件截止时间后到招标文件规定的投标有效期终止之前，投标人不得撤销其投标文件，否则招标人可以不退还其投标保证金。

5.3.2 联合体共同投标

《招标投标法》第三十一条规定，两个以上法人或者其他组织可以组成一个联合体，以一个投标人的身份共同投标。联合体各方均应当具备承担招标项目的相应能力；国家有关规定或者招标文件对投标人资格条件有规定的，联合体各方均应当具备规定的相应资格条件。由同一专业的单位组成的联合体，按照资质等级较低的单位确定资质等级。联合体各方应当签订共同投标协议，明确约定各方拟承担的工作和责任，并将共同投标协议连同投标文件一并提交招标人。联合体中标的，联合体各方应当共同与招标人签订合同，就中标项目向招标人承担连带责任。招标人不得强制投标人组成联合体共同投标，不得限制投标人之间的竞争。

《招标投标法实施条例》规定，招标人应当在资格预审公告、招标公告或者投标邀请书中载明是否接受联合体投标。招标人接受联合体投标并进行资格预审的，联合体应当在提交资格预审申请文件前组成。资格预审后联合体增减、更换成员的，其投标无效。联合体各方在同一招标项目中以自己名义单独投标或者参加其他联合体投标的，相关投标均无效。

《工程建设项目施工招标投标办法》(2013年修订)规定，联合体各方应当指定牵头人，授权其代表所有联合体成员负责投标和合同实施阶段的主办、协调工作，并应当向招标人提交由所有联合体成员法定代表人签署的授权书；联合体投标的，应当以联合体各方或者联合体中牵头人的名义提交投标保证金。以联合体中牵头人名义提交的投标保证金，对联合体各成员具有约束力。

5.3.3 关于违法投标行为的有关法律规定

1. 串通投标违法行为

串通投标，是指招标者与投标者之间或者投标者与投标者之间采用不正当手段，在开标前或评标过程中对招标投标事项进行串通，以排挤投标竞争对手或者损害招标人利益或损害国家利益、社会公共利益或者他人的合法权益的违法行为。

《招标投标法》规定，标人不得相互串通投标报价，不得排挤其他投标人的公平竞争，损害招标人或者其他投标人的合法权益。投标人不得与招标人串通投标，损害国家利益、社会公共利益或者他人的合法权益。

《招标投标法实施条例》规定，禁止投标人相互串通投标。有下列情形之一的，属于投标人相互串通投标：（一）投标人之间协商投标报价等投标文件的实质性内容；（二）投标人之间约定中标人；（三）投标人之间约定部分投标人放弃投标或者中标；（四）属于同一集团、协会、商会等组织成员的投标人按照该组织要求协同投标；（五）投标人之间为谋取中标或者排斥特定投标人而采取的其他联合行动。

有下列情形之一的，视为投标人相互串通投标：（一）不同投标人的投标文件由同一单位或者个人编制；（二）不同投标人委托同一单位或者个人办理投标事宜；（三）不同投标人的投标文件载明的项目管理成员为同一人；（四）不同投标人的投标文件异常一致或者投标报价呈规律性差异；（五）不同投标人的投标文件相互混装；（六）不同投标人的投标保证金从同一单位或者个人的账户转出。

《招标投标法实施条例》规定，禁止招标人与投标人串通投标。有下列情形之一的，属于招标人与投标人串通投标：（一）招标人在开标前开启投标文件并将有关信息泄露给其他投标人；（二）招标人直接或者间接向投标人泄露标底、评标委员会成员等信息；（三）招标人明示或者暗示投标人压低或者抬高投标报价；（四）招标人授意投标人撤换、修改投标文件；（五）招标人明示或者暗示投标人为特定投标人中标提供方便；（六）招标人与投标人为谋求特定投标人中标而采取的其他串通行为。

2. 其他违法投标行为

《招标投标法》第三十三条规定，投标人不得以低于成本的报价竞标，也不得以他人名义投标或者以其他方式弄虚作假，骗取中标。

《招标投标法实施条例》规定，使用通过受让或者租借等方式获取的资格、资质证书投标的，属于招标投标法第三十三条规定的以他人名义投标。投标人有下列情形之一的，属于招标投标法第三十三条规定的以其他方式弄虚作假的行为：（一）使用伪造、变造的许可证件；（二）提供虚假的财务状况或者业绩；（三）提供虚假的项目负责人或者主要技术人员简历、劳动关系证明；（四）提供虚假的信用状况；（五）其他弄虚作假的行为。

《工程建设项目施工招标投标办法》（2013年修订）规定，投标人不得以他人名义投标。以他人名义投标，指投标人挂靠其他施工单位，或从其他单位通过受让或租借的方式获取资格或资质证书，或者由其他单位及其法定代表人在自己编制的投标文件上加盖印章和签字等行为。

3. 串通投标的刑事责任

串通投标违法行为实质上是一种无序竞争、恶意竞争行为，它扰乱了正常的招投标秩序，妨碍了竞争机制应有功能的充分发挥，严重扰乱市场经济秩序。为此，《中华人民共和国刑法》第二百二十三条规定了串通投标罪。其是指投标人相互串通投标报价，损害招标人或者其他投标人利益，情节严重的，处三年以下有期徒刑或者拘役，并处或者单处罚金；投标人与招标人串通投标，损害国家、集体、公民的合法利益的，依照前款的规定处罚。

5.4 建设工程项目开标评标和中标

5.4.1 建设工程项目开标

开标,是指招标人根据招标文件规定的时间和地点,开启所有投标人的投标文件,公开宣布投标人的名称、投标价格等内容的活动。

《招标投标法》第三十四条规定,开标应当在招标文件确定的提交投标文件截止时间的同一时间公开进行。开标地点应当为招标文件中预先确定的地点。

《招标投标法》第三十五条规定,开标由招标人主持,邀请所有投标人参加。

《招标投标法》第三十六条规定,开标时,由投标人或者其推选的代表检查投标文件的密封情况,也可以由招标人委托的公证机构检查并公证。经确认无误后,由工作人员当众拆封,宣读投标人名称、投标价格和投标文件的其他主要内容。招标人在招标文件要求提交投标文件的截止时间前收到的所有投标文件,开标时都应当当众予以拆封、宣读。开标过程应当记录,并存档备查。

《招标投标法实施条例》规定,投标人少于3个的,不得开标;招标人应当重新招标。

5.4.2 建设工程项目评标

1. 评标的保密性

《招标投标法》规定,评标委员会成员的名单在中标结果确定前应当保密;招标人应当采取必要的措施,保证评标在严密保密的情况下进行。任何单位和个人不得非法干预、影响评标的过程和结果。

2. 评标委员会组成

《招标投标法》规定,评标由招标人依法组建的评标委员会负责。依法必须进行招标的项目,其评标委员会由招标人的代表和有关技术、经济等方面的专家组成,成员人数为五人以上单数,其中技术、经济等方面的专家不得少于成员总数的三分之二。

《招标投标法》还规定,评标专家应当从事相关领域满八年并具有高级职称或者具有同等专业水平,由招标人从国务院有关部门或者省、自治区、直辖市人民政府有关部门提供的专家名册或者招标代理机构的专家库内的相关专业的专家名单中确定;一般招标项目可以采取随时抽取方式,特殊招标项目可以由招标人直接确定;与投标人有利害关系的人不得进入相关项目的评标委员会,已经进入的应当更换。

3. 评标委员会否决投标的情形

《招标投标法》规定,评标委员会经评审,认为所有投标都不符合招标文件要求的,可以否决所有投标。依法必须进行招标的项目的所有投标被否决的,招标人应当依照本法重新招标。

《招标投标法实施条例》规定,有下列情形之一的,评标委员会应当否决其投标:(一)投标文件未经投标单位盖章和单位负责人签字;(二)投标联合体没有提交共同投标协议;(三)投标人不符合国家或者招标文件规定的资格条件;(四)同一投标人提交两个以上不同的投标文件或者投标报价,但招标文件要求提交备选投标的除外;(五)投标报价低于成本或者高于招标文件设定的最高投标限价；（六）投标文件没有对招标文件的实质性要求和条件作出响应；（七）投标人有串通投标、弄虚作假、行贿等违法行为。

《评标委员会和评标方法暂行规定》（2013年修订）规定，对存有重大偏差的投标文件，包括：（一）没有按照招标文件要求提供投标担保或者所提供的投标担保有瑕疵；（二）投标文件没有投标人授权代表签字和加盖公章；（三）投标文件载明的招标项目完成期限超过招标文件规定的期限；（四）明显不符合技术规格、技术标准的要求；（五）投标文件载明的货物包装方式、检验标准和方法等不符合招标文件的要求；（六）投标文件附有招标人不能接受的条件；（七）不符合招标文件中规定的其他实质性要求等，有上述情形之一的，除招标文件对重大偏差另有规定的，从其规定外，应作否决投标处理。

《评标委员会和评标方法暂行规定》（2013年修订）还规定，在评标过程中，评标委员会发现投标人的报价明显低于其他投标报价或者在设有标底时明显低于标底，使得其投标报价可能低于其个别成本的，应当要求该投标人作出书面说明并提供相关证明材料。投标人不能合理说明或者不能提供相关证明材料的，由评标委员会认定该投标人以低于成本报价竞标，应当否决其投标。

4. 评标的澄清、说明规则及标准方法

（1）投标文件的澄清、说明及补正

《招标投标法》规定，评标委员会可以要求投标人对投标文件中含义不明确的内容作必要的澄清或者说明，但是澄清或者说明不得超出投标文件的范围或者改变投标文件的实质性内容。

《招标投标法实施条例》规定，投标文件中有含义不明确的内容、明显文字或者计算错误，评标委员会认为需要投标人作出必要澄清、说明的，应当书面通知该投标人。投标人的澄清、说明应当采用书面形式，并不得超出投标文件的范围或者改变投标文件的实质性内容。评标委员会不得暗示或者诱导投标人作出澄清、说明，不得接受投标人主动提出的澄清、说明。

《评标委员会和评标方法暂行规定》（2013年修订）规定，细微偏差是指投标文件在实质上响应招标文件要求，但在个别地方存在漏项或者提供了不完整的技术信息和数据等情况，并且补正这些遗漏或者不完整不会对其他投标人造成不公平的结果。细微偏差不影响投标文件的有效性；评标委员会应当书面要求存在细微偏差的投标人在评标结束前予以补正。拒不补正的，在详细评审时可以对细微偏差作不利于该投标人的量化，量化标准应当在招标文件中规定。

（2）评标标准方法

《招标投标法》规定，中标人的投标应当符合下列条件之一：（一）能够最大限度地满足招标文件中规定的各项综合评价标准；（二）能够满足招标文件的实质性要求，并且经评审的投标价格最低；但是投标价格低于成本的除外。

《评标委员会和评标方法暂行规定》（2013年修订）规定，方法包括经评审的最低投标价法、综合评估法或者法律、行政法规允许的其他评标方法；经评审的最低投标价法一般适用于具有通用技术、性能标准或者招标人对其技术、性能没有特殊要求的招标项目。

《评标委员会和评标方法暂行规定》（2013年修订）规定，不宜采用经评审的最低投标价法的招标项目，一般应当采取综合评估法进行评审；根据综合评估法，最大限度地满足招标文件中规定的各项综合评价标准的投标，应当推荐为中标候选人；衡量投标文件是否最大限度地满足招标文件中规定的各项评价标准，可以采取折算为货币的方法、打分的方法或者其他方法。需量化的因素及其权重应当在招标文件中明确规定；评标委员会对各个评审因素进行量化时，应当将量化指标建立在同一基础或者同一标准上，使各投标文件具有可比性。

5.4.3 建设工程项目中标

《招标投标法》规定，评标委员会应当按照招标文件确定的评标标准和方法，对投标文件进行评审和比较；设有标底的，应当参考标底。评标委员会完成评标后，应当向招标人提出书面评标报告，并推荐合格的中标候选人。招标人根据评标委员会提出的书面评标报告和推荐的中标候选人确定中标人。招标人也可以授权评标委员会直接确定中标人。

《招标投标法》第四十五条规定，中标人确定后，招标人应向中标人发出中标通知书，并同时将中标结果通知所有未中标的投标人。中标通知书对招标人和中标人具有法律效力。中标通知书发出后，招标人改变中标结果的，或者中标人放弃中标项目的，应当依法承担法律责任。

中标通知书就是招标人向中标的投标人发出的书面通知文件。我国《合同法》规定，当事人订立合同，采取要约、承诺方式。投标人提交投标书就是一种要约，而招标人发出中标通知书则为对投标人要约的承诺。

《招标投标法》第四十六条规定，招标人和中标人应当自中标通知书发出之日起三十日内，按照招标文件和中标人的投标文件订立书面合同。招标人和中标人不得再行订立背离合同实质性内容的其他协议；招标文件要求中标人提交履约保证金的，中标人应当提交。

《招标投标法实施条例》规定，招标人和中标人应当依照招标投标法和本条例的规定签订书面合同，合同的标的、价款、质量、履行期限等主要条款应当与招标文件和中标人的投标文件的内容一致。招标人和中标人不得再行订立背离合同实质性内容的其他协议；招标人最迟应当在书面合同签订后 5 日内向中标人和未中标的投标人退还投标保证金及银行同期存款利息。

5.5 案 例 分 析

【案例 5-1】 招标人应认真履行有关项目审批手续的法律责任

某 A 乙烯生产公司为扩大生产，拟在某地兴建新厂房，为了尽早开工，该公司开始着手组织建设项目招标工作。在发布了招标公告后，经资格预审，向 5 家建筑公司发出了投标邀请函。因该项目投资达上亿元，5 家投标人均十分重视本次招标。其后，经开标、评标，B 建筑公司中标。在 B 公司与 A 乙烯公司签约后不久，A 公司新上项目可能产生严重环境污染的消息在当地流传开来，数千名生活在 A 公司拟新建厂区附近的居民，多次分批到当地政府表达了强烈的反对意见，认为之前审批通过的环评报告只是走了个程序，没有充分考虑该上马项目可能产生的严重污染后果，同时也没有明确有效的防控措施。因此，要求该项目重新选址。政府在做了大量耐心细致的解释工作后，居民代表同意可以上这个项目，但必须要认真重作环境影响报告书，且政府有关部门要对环评报告承担相应责任。政府遂要求 A 乙烯公司认真进行环评工作,尤其要对可能污染的防控、治理以及应急救援等作出令人信服的回应。

A乙烯公司考虑到重新进行环评委托,特别是环评报告必然要受到广大居民的严格监督。因此,项目不可能短期内启动,故向B建筑公司提出解除合同的请求。因B公司为保证顺利施工,已经组织了两只劳务队伍进场待命,并购买了价值数百万元的设施料及部分施工机械设备,故提出若要终止合同,解除双方已经存在的合同关系,A公司需支付230万元。后经双方协商,A乙烯公司支付了B建筑公司70万元,双方解除了合同。

《招标投标法》第九条中规定:"招标项目按照国家有关规定需要履行项目审批手续的,应当先履行审批手续,取得批准。"《建筑法》第七条中规定:"建筑工程开工前,建设单位应当按照国家有关规定向工程所在地县级以上人民政府建设行政主管部门申请领取施工许可证。"《城乡规划法》第四十条中规定:"在城市、镇规划区内进行建筑物、构筑物、道路、管线和其他工程建设的,建设单位或者个人应当向城市、县人民政府城乡规划主管部门或者省、自治区、直辖市人民政府确定的镇人民政府申请办理建设工程规划许可证。"《环境影响评价法》第二十二条中规定:"建设项目的环境影响评价文件,由建设单位按照国务院的规定报有审批权的环境保护行政主管部门审批。"

在本案例中,虽然环评报告通过有关行政主管部门的审批,但实质上环评报告及行政审批应有的作用并没有达到。因此,之后的合同解除对B建筑公司而言不应承担任何法律责任。

就建设单位而言,对依法建设所需的审批事项必须真正落实,不能仅仅只在程序上完成工作,使招标项目应当先履行审批手续,取得批准的有关法律规定徒有其名。而施工单位也应该加强对法律法规的学习,提高其自身识别招标项目是否存在实质风险的意识和能力。

【案例5-2】一份无效的中标通知书

A建筑公司参与了B单位住宅楼项目招投标活动,经评标委员会评议被确定为中标单位。当地建设工程招标投标管理办公室向A公司发出了"中标通知书"。B单位不同意确定A公司为中标人,拒绝与A公司签订施工合同。双方为此发生纠纷,诉至法院。

《招标投标法》第四十五条中规定:"中标人确定后,招标人应当向中标人发出中标通知书,并同时将中标结果通知所有未中标的投标人。"第八条规定:"招标人是依照本法规定提出招标项目、进行招标的法人或者其他组织。"显然,招标人是B单位,而当地建设工程招标投标管理办公室不是招标人,其向A公司发出"中标通知书"的行为于法无据,本质上属于违法行政行为。因此,所谓的"中标通知书"也就不存在本应具有的承诺效力。

《招标投标法》第四十条中规定:"评标委员会完成评标后,应当向招标人提出书面评标报告,并推荐合格的中标候选人。招标人根据评标委员会提出的书面评标报告和推荐的中标候选人确定中标人。招标人也可以授权评标委员会直接确定中标人。"因此,如果该案例中,招标人已授权评标委员会直接确定中标人,则A公司经评标委员会评议被确定为中标单位就是合法的。如果招标人B单位之前未授权评标委员会直接确定中标人,则评标委员会无权直接确定A建筑公司为中标人。

问题在于,本属于招标人的招标权利,例如,定标权利、发出中标通知书权利、邀请投标人的权利等,在实践中有时会受到一些方面的影响及干扰,就如同本案例中某地建设工程招标投标管理办公室的越俎代庖。要规范招标投标活动,就必须遵循市场规律,切实发挥建筑市场资源配置的基础性作用,一切与此相反的力量,均应依法受到限制。

【案例 5-3】一例邀请招标的启示

在某房屋拆除项目招标中,采用邀请招标方式,先邀请了四家,后有一家主动报名要求投标。经招标人调研其资质、业绩后,认为其实力较强,故向其发出了投标邀请书。开标后,前四家的投标报价均在 13 万元以上,而最后一家报价为负 2000 元(因其对房屋拆除材料的销售收入较高),该投标人中标。

《招标投标法》、《中华人民共和国招标投标法实施条例》等法律法规,对招投标活动应当遵循公开、公平、公正和诚实信用的原则;招标投标活动不受地区或者部门的限制;资格审查;参加投标的家数等规定的较为明确。之所以如此规定,其中一个重要的立法意图就是要促进形成充分有效的投标竞争,提高经济效益。而这一思想在《招标投标法》所规定的立法目的中也有反映。该法第一条规定:"为了规范招标投标活动,保护国家利益、社会公共利益和招标投标活动当事人的合法权益,提高经济效益,保证项目质量,制定本法。"

《招标投标法》第四十一条中所规定的两个中标条件之一,"能够满足招标文件的实质性要求,并且经评审的投标价格最低;但是投标价格低于成本的除外",就是招标追求经济效益最大化的一种具体体现。

但是,在实际招标投标活动中,一些招标人在把注意力放在招标的规范性、程序性的同时,却相对忽视了对潜在投标人投标实力的深入考察和审查。换言之,只要资质、业绩达标,就通过了资格预审,准其参加或邀其投标。这一做法,虽然符合《招标投标法》等法律法规的法律规定,但是却没有深切的理解这些法律法规的立法目的和思想,使得招投标的应有作用受到限制和削弱,没有充分释放出通过充分竞争的招投标应达到的提高经济效益的重要目的。

正如该案例中,如果没有最后一家的参与投标,前四家的投标依然是合法有效的,但最终的中标价格将至少在 13 万元以上,这与该案例的实际中标价格负 2000 元可谓天壤之别。

因此,招标人为了切实发挥招投标的效能,就不能只满足于潜在投标人数量的达标及多少,或者只停留在对投标资质、业绩的合格性审查上。重要的,还必须通过资格预审或深入全面的调研,选择真正有实力的潜在投标人参与投标竞争。

【案例 5-4】招标文件评标标准设置不当导致的中标价格过高

建设单位自行组织某监理项目招标,在招标文件的评标标准部分载明,以所有有效投标人报价的平均价作为评标基准价,报价与该基准价偏离最小的投标单位中标。

在开标后,五家投标人的报价分别为:A 单位报价 130 万元,B 单位报价 70 万元,C 单位报价 105 万元,D 单位报价 73 万元,E 单位报价 72 万元,其平均价即评标基准价为 90 万元,按照该监理项目的招标文件规定,报价 105 万元的 C 单位中标。

建设单位认为,多数监理投标单位的报价在 70 多万元,C 单位的 105 万元报价明显偏高,故要求 C 单位压价,否则将不授予其中标通知书,也不会与其签订监理委托合同。C 单位表示不降价,建设单位应严格按照招标文件中载明的评标办法及标准,将合同授予给自己。因双方最终不能达成一致,C 监理单位将建设单位起诉至法院。

在法院审理中,C 监理单位认为,虽然自己报价偏高,但并未违反建设单位招标文件的规定。同时,按照国家有关监理费用计价文件,该工程监理费用可达 160 万元,其所报 105

万元,已是优惠后的合理报价。法院最终判决,建设单位应与 C 单位签订监理合同,否则承担相应的法律责任。

为了保证中标价格的合理可控,招标人在招标文件中一般都应首先设定一个最高拦标限价。这个拦标限价不能靠招标人的主观意志随意决策而定,而应该基于招标项目的工程量、施工特点、工期要求以及质量标准要求等实际,同时考虑招标当期的人工、建材、设备机械、服务等涉及的生产要素市场价格水平而确定。在该案例中,建设单位作为自行组织招标的招标人,未注意到设置最高拦标限价的重要性,因而也就不会在招标前进行类似工程监理报价的市场价格水平调研。

实际上,后经建设单位调研,按照市场价格平均水平,该监理项目的价格应在 68 万元到 73 万元之间。

《招标投标法》规定,中标人的投标应当符合下列条件之一:(一)能够最大限度地满足招标文件中规定的各项综合评价标准;(二)能够满足招标文件的实质性要求,并且经评审的投标价格最低;但是投标价格低于成本的除外。在该案例中,显然建设单位采用了《招标投标法》规定的第一种方法,即综合评审法,但是《招标投标法》并未再细致地给出该方法实施的具体做法。因此,招标人在利用综合评审法进行评标时,应该注意对该方法的正确理解和使用。但不论如何设计综合评审的具体方法、计算公式等,都要注意投标竞争的背景是现实的工程和市场,一般都应在招标文件中设置一个最高拦标限价,以控制投标报价的不合理偏离。

复习思考题

1. 招标投标的概念是什么?
2. 工程建设项目招标采购的对象包括哪些?
3. 招标方式有哪些?什么情形条件下可以进行邀请招标?
4. 招标资格审查主要包括哪些内容?
5. 招标文件编制一般应包括哪些内容?
6. 《招标投标法》规定的强制招标项目范围包括哪些?
7. 投标文件编制一般应包括哪些内容?
8. 什么是联合体投标?
9. 《招标投标法实施条例》规定的投标人相互串通投标包括哪些情形?
10. 《招标投标法》对评标委员会组成及评标专家条件有哪些规定?
11. 确定中标人后招标人还应进行哪些工作?

第 6 章 建设工程勘察设计法律法规

6.1 概 述

6.1.1 建设工程勘察设计概念

《建设工程勘察设计管理条例》第二条对建设工程勘察、设计的概念作了法律规定。

建设工程勘察,是指根据建设工程的要求,查明、分析、评价建设场地的地质地理环境特征和岩土工程条件,编制建设工程勘察文件的活动。

建设工程设计,是指根据建设工程的要求,对建设工程所需的技术、经济、资源、环境等条件进行综合分析、论证,编制建设工程设计文件的活动。

建设工程勘察的目的是根据工程建设的规划、设计、施工、运营以及综合治理的需要,对地形、地质以及水文等要素进行测绘、勘察、测试以及综合评定,并提供可行性评价和建设所需要的勘察设计成果。

建设工程设计运用工程技术理论以及技术经济方法,按照现行技术标准对新建、扩建、改建项目的建筑、工艺、土建、节能、公用工程、环境工程等进行综合性设计及技术经济分析,并提供作为建设依据的设计文件和图纸。

6.1.2 建设工程勘察设计工作原则

原国家计委印发的《基本建设勘察工作管理暂行办法》和《基本建设设计工作管理暂行办法》,对工程勘察、设计的工作原则作出了规定。

1. 工程勘察工作原则

(1)勘察工作必须遵守国家的法律、法规,贯彻国家有关经济建设的方针、政策和基本建设程序,要贯彻执行提高经济效益和促进技术进步的方针。

(2)勘察成果要正确反映客观地形、地质情况,确保原始资料的准确性,结合工程具体特点和要求提出明确的评价、结论和建议。

(3)勘察工作既要防止技术保守或片面追求产值,任意加大工作量,又要防止不适当地减少工作量而影响勘察成果的质量,给工程建设造成事故或浪费。

(4)要积极合理地采用新理论、新技术、新方法、新手段。应结合工程和勘察地区的具体情况,因地制宜地采用先进可靠的勘察手段和评价方法,努力提高勘察水平。

(5)要开展地质评价工作。勘察工作不仅要评价当前环境和地质条件对工程建设的适应性,而且要预测工程建设对地质和环境条件的影响。要从保护环境出发,做好环境地质评价工作。

(6)要充分利用已有勘察资料。勘察工作前期应全面搜集、综合分析、充分使用已有勘察资料。

(7)要搞好安全生产。加强对勘察职工安全生产教育,严格遵守安全规程,防止人身、机具和工程事故。

2. 工程设计工作原则

(1)要遵守国家的法律、法规，贯彻执行国家经济建设的方针、政策和基本建设程序，特别应贯彻执行提高经济效益和促进技术进步的方针。

(2)要从全局出发，正确处理工业与农业、工业内部、沿海与内地、城市与乡村、远期与近期、平时与战时、技改与新建、生产与生活、安全质量与经济效益等方面的关系。

(3)要根据国家有关规定和工程的不同性质、不同要求，从我国实际情况出发，合理确定设计标准。对生产工艺、主要设备和主体工程要做到先进、适用、可靠。对非生产性的建设，应坚持适用、经济、在可能的条件下注意美观的原则。

(4)要实行资源的综合利用。根据国家需要、技术可能和经济合理的原则，充分考虑矿产、能源、水、农、林、牧、渔等资源的综合利用。

(5)要节约能源。在工业建设项目设计中，要选用耗能少的生产工艺和设备；在民用建设项目中，也要采取节约能源措施。要提倡区域性供热，重视余热利用。

(6)要保护环境。在进行各类工程设计时，应积极改进工艺，采用行之有效的技术措施，防止粉尘、毒物、废水、废气、废渣、噪声、放射性物质及其他有害因素对环境的污染，并进行综合治理和利用，使设计符合国家规定的标准。

(7)要注意专业化和协作。建设项目应根据专业化和协作的原则进行建设，其辅助生产设施、公用设施、运输设施以及生活福利设施等，都应尽可能同邻近有关单位密切协作。

(8)要节约用地。一切工程建设，都必须因地制宜，提高土地利用率。建设项目的厂址选择，应尽量利用荒地、劣地，不占或少占耕地。总平面的布置，要紧凑合理。

(9)要合理使用劳动力。在建设项目的设计中，要合理选择工艺流程、设备、线路，合理组织人流、物流，合理确定生产和非生产定员。

需要注意的是，随着建筑业的不断发展，勘察、设计工作的原则随着勘察设计的任务内容和实现目标的不断更新，其内涵也会发生相应的变化。

6.1.3 建设工程勘察设计的重要性

从行业角度看，工程勘察设计作为技术密集型、智力密集型的生产性服务业，在工程建设领域落实科学发展观及实施国家产业政策方面发挥着重要的引领和主导作用。工程勘察设计是为工程建设项目的决策与实施提供全过程技术和管理服务的行业，在提高投资效益、转变经济发展方式、推进建筑业内涵式发展、加强建筑业节能减排、促进城乡协调发展、保护生态环境和确保工程质量安全等方面肩负着重要的责任。工程勘察设计是把工程建设科技成果转化为现实生产力的主要途径之一，是推动技术创新、管理创新和产品创新的主要平台，是带动相关装备制造、建筑材料、建筑施工等行业发展的先导。

从工程项目角度看，任何一个建设工程项目的基本建设程序都包括项目决策、勘察设计、施工及交付后使用等几个阶段环节。固然，施工阶段耗费的成本最大、资源最多，也同时形成建设工程实物的最终竣工成品质量。但是，在施工开展之前，勘察设计成果，特别是施工图的设计范围及深度其实已经从源头上决定了建设工程未来投资数额的基本区间。同时，虽然一份同样的施工图会因不同施工单位的实施，而产出不同的施工质量水平，施工质量会影响到建筑物的适用性、美观性等。但是，从本质上，其质量保证的关键目标主要在于工程的结构安全性和可靠性。而在施工质量目前普遍达到合格线基本保证的背景下，工程投资人、使用者等越来越关心的工程使用功能是否满足需要、水平先进且技术经济性是否合理等问题，正需要通过提高勘察、特别是设计的质量水平加以破解。

总之，勘察设计行业是建筑业发展的重要引擎和组成。而从个别的工程项目系统性质量目标实现提高以及节约投资的角度分析，工程勘察，特别是工程设计发挥着基础性以及源头性的重要作用。

6.2 建设工程勘察设计立法概况

6.2.1 建设工程勘察立法概况

改革开放以来，国家及有关部委等重视建筑行业的法制化建设。在此背景下，关于建设工程勘察的立法逐渐增多。虽然在法律层面没有专门的单行法律，但是部门规章及部门规范性文件出台数量不少，本书摘其主要进行介绍。

1983年，国务院发布实施了《建设工程勘察设计合同条例》（现已失效）。1983年，国家计委发布了《基本建设勘察工作管理暂行办法》，该办法指出基本建设勘察工作在工程建设各重要环节中居先行地位。勘察成果资料是进行规划、设计、施工必不可少的基本依据，对工程建设的经济效益有着直接影响。为了促进全国工程勘察单位技术进步，推动广大勘察工作人员在工程勘察中积极采用先进技术，努力做出大批的优秀勘察成果，充分发挥工程勘察的经济效益、社会效益和环境效益，建设部在1990年发布了《优秀工程勘察奖评选办法》。1993年，建设部发布了关于《进一步开放和完善工程勘察设计市场》的通知。

1996年建设部、国家工商行政管理局联合印发了《建设工程勘察设计合同管理办法》和《建设工程勘察合同》文本的通知（已被修订）。1997年建设部发布了《建设工程勘察和设计单位资质管理规定》（现已失效）。

1998年开始施行的《建筑法》中对勘察、设计单位从业资质、专业技术人员从业资格，勘察设计单位的相关质量安全责任等问题作了较为概括的规定。2000年国务院发布了《建设工程质量管理条例》和《建设工程勘察设计管理条例》，对工程勘察的资质资格管理、建设工程勘察发包与承包、建设工程勘察文件的编制与实施、行政监督管理以及勘察单位的质量责任和义务等问题，作出了更为明确的法律规定。

2000年建设部印发了《建设工程勘察设计合同管理办法》和《建设工程勘察合同》文本的通知，对1996年印发的《建设工程勘察设计合同管理办法》和《建设工程勘察合同》文本进行了修订，新的《建设工程勘察合同》文本沿用至今。

2001年，建设部发布了《建设工程勘察设计企业资质管理规定》（现已失效）、关于《工程勘察资质分级标准和工程设计资质分级标准》的通知（部分失效）和《工程勘察、工程设计资质分级标准补充规定》。2002年，建设部下发了关于《在工程建设勘察设计、施工、监理中推行廉政责任书》的通知。

2003年，建设部颁布了《建筑工程勘察文件编制深度规定》（试行）（现已失效）。2003年，建设部、铁道部、交通部、信息产业部、水利部、国家发展和改革委员会、中国民用航空总局、国家广播电影电视总局联合颁布了《工程建设项目勘察设计招标投标办法》(已被修订)。鉴于我国已经加入世界贸易组织(WTO),勘察设计咨询业迫切需要增强自身知识产权保护意识,提高市场竞争能力,同时承认并尊重他人的知识产权及合法权益。2003年,建设部和国家知识产权局联合颁布了《工程勘察设计咨询业知识产权保护与管理导则》。

2007年6月26日发布了《建设工程勘察设计资质管理规定》。8月21日发布了《建设工程勘察设计资质管理规定实施意见》。2007年11月22日,建设部对《建设工程勘察质量管理办法》进行了修改。2008年12月,住建部印发了《关于加强工程勘察质量管理工作的若干意见》。

2013年1月21日,住建部印发了关于《工程勘察资质标准》、《工程勘察资质标准实施办法》等通知,废止了2001年颁布的《工程勘察资质分级标准》。2015年3月6日,住建部发布了《建筑工程勘察单位项目负责人质量安全责任七项规定(试行)》。

6.2.2 建设工程设计立法概况

与建设工程勘察的立法状况类似,虽然在法律层面没有关于建设工程设计的专门单行法律,但是部门规章及部门规范性文件出台数量不少,本书摘其主要进行介绍。

1962年,国务院颁发的《关于基本建设设计文件编制和审批办法的几项规定》(草案),对加强设计文件的编制和审批发挥了重要作用。1978年,国家建设委员会颁布了《设计文件的编制和审批办法》。1980年,又颁布了《工程建设标准规范管理办法》。

1983年,城乡建设环境保护部发布了《全国建筑标准设计管理办法》。原国家计委发布了《基本建设设计工作管理暂行办法》,并指出设计工作是工程建设的关键环节,在建设项目确定以前,为项目决策提供科学依据;在建设项目确定以后,为工程建设提供设计文件。做好设计工作,对工程项目建设过程中节约投资和建成投产后取得好的经济效益,起着决定性的作用。1990年,建设部发布了《优秀工程设计奖评选办法》、《工程建设优秀标准设计评选办法》。

1991年发布了《关于建筑工程设计施工图质量审查问题的通知》,1992年发布了《工程建设国家标准管理办法》。1993年,建设部发布了关于《进一步开放和完善工程勘察设计市场》的通知。1995年9月23日国务院发布了《中华人民共和国注册建筑师条例》。1996年,建设部、国家工商行政管理局联合印发了《建设工程设计合同》文本的通知(已被修订)。1997年建设部发布了《建设工程勘察和设计单位资质管理规定》(现已失效)、印发了《关于提高住宅设计质量和加强住宅设计管理的若干意见》。同年,还和人事部联合发布了《注册结构工程师执业资格制度暂行规定》。

1998年,《建筑法》开始施行。同年,建设部发布了《建筑工程项目施工图设计文件审查试行办法》。2000年,国务院发布了《建设工程质量管理条例》和《建设工程勘察设计管理条例》,对工程设计的资质资格管理、建设工程设计发包与承包、建设工程设计文件的编制与实施、行政监督管理以及设计单位的质量责任和义务等问题,作出了更为明确的法律规定。同年,建设部发布了《建筑工程施工图设计文件审查暂行办法》,印发了《工程建设标准强制性条文》管理工作的暂行规定,发布了《建筑工程设计招标投标管理办法》、《实施工程建设强制性标准监督规定》(已被修订)。

2001年,建设部发布了《建设工程勘察设计企业资质管理规定》(现已失效)、关于《工程勘察资质分级标准和工程设计资质分级标准》的通知(部分失效)和《工程勘察、工程设计资质分级标准补充规定》。2003 年，建设部、铁道部、交通部、信息产业部、水利部、国家发展和改革委员会、中国民用航空总局、国家广播电影电视总局联合颁布了《工程建设项目勘察设计招标投标办法》(已被修订)。同年，建设部和国家知识产权局联合颁布了《工程勘察设计咨询业知识产权保护与管理导则》，建设部还发布了关于颁布《建筑工程设计文件编制深度规定》(2003 年版)的通知(现已失效)。2004 年，建设部发布了《房屋建筑和市政基础设施工程施工图设计文件审查管理办法》(现已失效)。

2007 年，建设部印发了关于《工程设计资质标准》的通知，发布了《建设工程勘察设计资质管理规定》、《建设工程勘察设计资质管理规定实施意见》。2008 年，发布了《中华人民共和国注册建筑师条例实施细则》，颁布了《建筑工程设计文件编制深度规定》(2008 年版)，发布了《建筑工程方案设计招标投标管理办法》。

2013 年 4 月 27 日，住建部发布了新的《房屋建筑和市政基础设施工程施工图设计文件审查管理办法》。2015 年 3 月 6 日，发布并实施了《建筑工程设计单位项目负责人质量安全责任七项规定(试行)》。2015 年 3 月 4 日，住建部、工商总局联合发布了关于印发《建设工程设计合同示范文本》的通知(2015 年 7 月 1 日实施)。

通过上述建设工程勘察设计立法概况的介绍，可以看到立法是体系化的。多个法律文件涉及勘察设计单位、专业技术人员的资质资格行政许可，勘察设计招标投标及合同管理、勘察设计质量管理(包括质量责任制度、勘察设计文件编制深度规定、施工图审查制度、工程标准及强制性条文管理等内容)、知识产权保护、行业市场建设等诸多事项，并对这些事项分别进行了规范。

因勘察设计单位及专业技术人员的资质资格行政许可，勘察设计单位及有关执业个人的质量安全责任，施工图审查制度，勘察设计工程标准及强制性条文管理等相关法律法规，已在第 4 章、第 9 章等章节中予以重点介绍，故本章不再重复上述内容。

6.3 建设工程勘察设计任务承揽法律法规

6.3.1 概述

为规范建设工程勘察设计市场秩序，促进勘察设计交易市场的效率，保证勘察设计单位的业务不断发展，勘察设计任务项目的承揽就成为法律法规必须加以规制的一个重要问题。

按照我国现行法律法规，工程勘察设计任务的承揽主要还是通过招标投标的方式进行，但是在一定条件下，工程项目的勘察、设计可以不进行招标，而由建设单位将勘察设计项目直接发包给勘察设计单位。换言之，在一定条件下，勘察设计单位可以不经招投标而直接承揽到项目。虽然《招标投标法》适用于建设工程项目的勘察、设计、施工、监理以及与工程建设有关的重要设备、材料等的采购活动，但实际上工程勘察设计任务的承揽相当一部分是通过直接谈判沟通而获得的，这与建设工程施工单位基本上都是通过招标投标方式而承揽项目的情况，存在不同。

对一个既定的建设工程项目而言，建设单位在勘察设计任务环节的投入，一般都远小于对施工的投入。这与勘察设计属于技术、智力密集型工作，不需要投入大量的物质资源等区别于施工活动的显著特点密不可分。虽然勘察设计成果的获得资金成本较小，但其成果却对工程项目施工的建安造价具有决定性作用。加之工程勘察，特别是工程设计是具有创造性的工作，其成果因人而异。在这种情况下，如果只关注勘察设计单位的报价高低，而简单套用在施工招标中常用的最低价中标的评标标准，则极可能错失好的方案及施工图，而且报价较高的背后可能还连带着施工图设计完成后决定的施工工程造价的大量节约。总之，勘察设计与施工的特点显著不同，其业务承揽的方式不应只简单局限于通过招标投标来完成。而且，即使采用招投标方式承发包勘察设计项目，也应具有不同于施工招投标的一些更为符合勘察设计交易目的实现的创新性思路和做法。

目前，我国勘察设计市场供大于求，竞争激烈，其中同质化竞争、不诚信的恶意竞争等现象仍有不少。这些情况对勘察设计交易市场的公平及效率构成严重影响。同时，也催生出通过勘察设计资质挂靠，利用投机手段，抄袭他人方案设计成果等违法承揽勘察设计项目的乱象。

因此，对建设工程勘察设计任务承揽的法制化建设，不仅要重视对承揽的方式如何进行法律规制的问题，同时还要注意交易市场秩序及诚信等方面的法律问题。

6.3.2 承揽工程勘察设计项目的法律规定

1. 强制招标的项目范围

建设工程勘察设计项目的承揽，除在一定条件下，可以以直接发包的形式进行外。目前在我国，主要还是通过招投标程序加以实现的。因此，勘察设计项目任务的招标投标活动首先应当符合《中华人民共和国招标投标法》以及《中华人民共和国招标投标法实施条例》等法律法规的有关规定。

《招标投标法》第三条规定："在中华人民共和国境内进行下列工程建设项目包括项目的勘察、设计、施工、监理以及与工程建设有关的重要设备、材料等的采购，必须进行招标：（一）大型基础设施、公用事业等关系社会公共利益、公众安全的项目；（二）全部或者部分使用国有资金投资或者国家融资的项目；（三）使用国际组织或者外国政府贷款、援助资金的项目。前款所列项目的具体范围和规模标准，由国务院发展计划部门会同国务院有关部门制订，报国务院批准。法律或者国务院对必须进行招标的其他项目的范围有规定的，依照其规定。"

《招标投标法》对必须进行招标的勘察设计项目进行了规定，这种规定涉及的项目之外的其他项目，法律没有强制性地要求招投标。

2. 可以不进行招标的情形条件

《招标投标法》第六十六条明确规定，涉及国家安全、国家秘密、抢险救灾或者属于利用扶贫资金实行以工代赈、需要使用农民工等特殊情况，不适宜进行招标的项目，按照国家有关规定可以不进行招标。

在《招标投标法实施条例》、《工程建设项目勘察设计招标投标办法》（根据2013年3月11日《关于废止和修改部分招标投标规章和规范性文件的决定》修改）、《建筑工程设计招标投标管理办法》中，进一步明确规定了勘察，特别是设计项目可以不进行招标的具体情形条件。

《工程建设项目勘察设计招标投标办法》（修改后）第四条规定："按照国家规定需要履

行项目审批、核准手续的依法必须进行招标的项目，有下列情形之一的，经项目审批、核准部门审批、核准，项目的勘察设计可以不进行招标：（一）涉及国家安全、国家秘密、抢险救灾或者属于利用扶贫资金实行以工代赈、需要使用农民工等特殊情况，不适宜进行招标；（二）主要工艺、技术采用不可替代的专利或者专有技术，或者其建筑艺术造型有特殊要求；（三）采购人依法能够自行勘察、设计；（四）已通过招标方式选定的特许经营项目投资人依法能够自行勘察、设计；（五）技术复杂或专业性强，能够满足条件的勘察设计单位少于三家，不能形成有效竞争；（六）已建成项目需要改、扩建或者技术改造，由其他单位进行设计影响项目功能配套性；（七）国家规定其他特殊情形。"

《建筑工程设计招标投标管理办法》第三条规定："建筑工程的设计，采用特定专利技术、专有技术，或者建筑艺术造型有特殊要求的，经有关部门批准，可以直接发包。"

《建筑工程方案设计招标投标管理办法》中也对经有关部门批准，可以不进行方案招标的情形条件作出规定，其内容与上述《工程建设项目勘察设计招标投标办法》（修改后）第四条的规定基本一致。

3. 勘察设计与施工项目的招投标法律规定区别

《建设工程勘察质量管理办法》、《工程建设项目勘察设计招标投标办法》（修改后）、《建筑工程设计招标投标管理办法》、《建筑工程方案设计招标投标管理办法》等部门规章及部门规范性文件，对建设工程勘察设计项目的招标投标其他事项也作了系统化的规定，其中与施工项目招标投标有显著区别的法律规定主要包括：

《工程建设项目勘察设计招标投标办法》（修改后）规定，招标人可以依据工程建设项目的不同特点，实行勘察设计一次性总体招标；也可以在保证项目完整性、连续性的前提下，按照技术要求实行分段或分项招标；勘察设计评标一般采取综合评估法进行。评标委员会应当按照招标文件确定的评标标准和方法，结合经批准的项目建议书、可行性研究报告或者上阶段设计批复文件，对投标人的业绩、信誉和勘察设计人员的能力以及勘察设计方案的优劣进行综合评定。

《建筑工程设计招标投标管理办法》规定，投标人应当按照招标文件、建筑方案设计文件编制深度规定的要求编制投标文件；进行概念设计招标的，应当按照招标文件要求编制投标文件；招标人根据评标委员会的书面评标报告和推荐的中标候选方案，结合投标人的技术力量和业绩确定中标方案；对达到招标文件规定要求的未中标方案，公开招标的，招标人应当在招标公告中明确是否给予未中标单位经济补偿及补偿金额；邀请招标的，应当给予未中标单位经济补偿，补偿金额应当在招标邀请书中明确。

《建筑工程方案设计招标投标管理办法》规定，根据设计条件及设计深度，建筑工程方案设计招标类型分为建筑工程概念性方案设计招标和建筑工程实施性方案设计招标两种类型；概念性方案设计招标或者实施性方案设计招标的中标人应按招标文件要求承担方案及后续阶段的设计和服务工作。如果招标人只要求中标人承担方案阶段设计，而不再委托中标人承接或参加后续阶段工程设计业务的，应在招标公告或投标邀请函中明示，并说明支付中标人的设计费用；招标人要求投标人提交备选方案的，应当在招标文件中明确相应的评审和比选办法。凡招标文件中未明确规定允许提交备选方案的，投标人不得提交备选方案。如投标人擅自提交备选方案的，招标人应当拒绝该投标人提交的所有方案；大型公共建筑工程项目方案评标在一定情形下，招标人可以在评标过程中对其中有关规划、安全、技术、经济、结构、环保、节能等方面进行专项技术论证。

4. 建立统一开放、公平竞争的勘察设计交易市场

1993年，建设部在关于《进一步开放和完善工程勘察设计市场》的通知中就指出："地区和部门的保护、封锁，是当前阻碍勘察设计市场开放、发育的原因之一。为此，各部门、各地区应相互打开大门，认真清理过去颁发的部门和地方规章制度，凡是阻碍市场开放、保护落后的规定，应立即废除；按照我部统一规定，依照各自的职能分工，修订有关法规，避免出现不必要的行政干预和保护主义，扭转当前政出多门、管理不善的现象；要促进勘察设计单位的技术、资金、人才、信息、劳务等走上市场，为勘察设计要素市场的形成，提供必要的条件；努力建立一个全国统一的、开放的、机制健全的、各种要素市场完备的工程勘察设计大市场。"

为推动建立统一开放、公平竞争的建筑市场秩序，促进建筑企业持续健康发展，2013年住建部在关于《做好建筑企业跨省承揽业务监督管理工作》的通知中，对进一步做好建筑企业(包括工程勘察、设计、施工、监理、招标代理)跨省承揽业务的监督管理工作作出规定。其中要求，各级住房城乡建设行政主管部门应当严格执行国家相关法律、法规，给予外地建筑企业与本地建筑企业同等待遇，严禁设置地方壁垒。不得对外地企业设立审批性备案和借用备案名义收取费用；不得强制要求外地企业在本地注册独立子公司、分公司；不得强行扣押外地备案企业和人员的相关证照资料；不得要求企业注册所在地住房城乡建设主管部门或其上级主管部门出具相关证明等。

总之，建设工程勘察设计项目承揽的规范性、公正性以及效率，与勘察设计交易市场的开放性、统一性建设密不可分。

6.4 建设工程勘察设计合同管理法律法规

《中华人民共和国合同法》第二百六十九条规定："建设工程合同是承包人进行工程建设，发包人支付价款的合同。建设工程合同包括工程勘察、设计、施工合同。"

建设工程勘察设计项目无论是通过直接发包，还是招投标的方式进行承揽的，依法都需要订立勘察、设计合同。

6.4.1 建设工程勘察设计合同概念及内容

建设工程勘察合同是指，在建设单位和工程勘察单位之间订立的，由建设单位支付勘察单位工作服务价款，勘察单位根据建设工程的要求，以查明、分析、评价建设场地的地质地理环境特征和岩土工程条件，编制建设工程勘察文件为主要内容的协议。

建设工程设计合同是指，在建设单位和设计单位之间订立的，由建设单位支付设计单位工作服务价款，设计单位根据建设工程的要求，对建设工程所需的技术、经济、资源、环境等条件进行综合分析、论证，编制建设工程设计文件为主要内容的协议。

《合同法》第二百七十四条规定："勘察、设计合同的内容包括提交有关基础资料和文件(包括概预算)的期限、质量要求、费用以及其他协作条件等条款。"

6.4.2 建设工程勘察设计合同示范文本法律效力

建设工程勘察、设计合同(示范文本),是指国家有关行政主管部门组织制定、推广,并鼓励相关当事人在订立建设工程勘察、设计合同时优先采用或参考的具有普遍示范性的合同文本。

2000 年,建设部印发了《建设工程勘察设计合同管理办法》和《建设工程勘察合同》、《建设工程设计合同》文本的通知,对 1996 年印发的《建设工程勘察设计合同管理办法》和《建设工程勘察合同》、《建设工程设计合同》文本的通知进行了修订,2000 年新的《建设工程勘察合同》文本沿用至今。

2015 年 3 月 4 日,住建部、国家工商总局联合印发了关于建设工程设计合同示范文本的通知,2000 年发布的《建设工程设计合同(一)(民用建设工程设计合同)》(GF—2000—0209)、《建设工程设计合同(二)(专业建设工程设计合同)》(GF—2000—0210)同时废止。2015 新版《建设工程设计合同》(示范文本)已于 2015 年 7 月 1 日实施。

《合同法》第十二条中规定:"当事人可以参照各类合同的示范文本订立合同。"《建设工程勘察设计合同管理办法》第五条规定:"签订勘察设计合同,应当采用书面形式,参照示范文本的条款,明确约定双方的权利义务。对文本条款以外的其他事项,当事人认为需要约定的,也应采用书面形式。对可能发生的问题,要约定解决办法和处理原则。双方协商同意的合同修改文件、补充协议均为合同的组成部分。"

通过上述《合同法》、《建设工程勘察设计合同管理办法》的有关规定,可以明确《建设工程勘察合同》(示范文本)、《建设工程设计合同》(示范文本)不具有法律强制性,签订合同的双方当事人对是否采用其范本作为合同谈判签约的适用文本,具有自由选择的权利。

但为了加强建设工程勘察、设计合同管理,规范建设工程勘察设计交易活动,维护建设工程勘察设计合同当事人的合法权益,有关行政主管部门组织制定并鼓励推广应用其范本的活动,仍具有重要意义。

6.4.3 建设工程勘察设计合同示范文本的适用范围

1. 建设工程勘察合同示范文本的适用范围

2000 年的《建设工程勘察合同(示范文本)》分为两个版本,即《建设工程勘察合同(示范文本)》(GF—2000—0203)和《建设工程勘察合同(示范文本)》(GF—2000—0204)。

《建设工程勘察合同(示范文本)》(GF—2000—0203)适用于为设计提供勘察工作的委托任务,包括岩土工程勘察、水文地质勘察(含凿井)、工程测量、工程物探等勘察。

《建设工程勘察合同(示范文本)》(GF—2000—0204)适用的签约范围,仅涉及岩土工程,包括取得岩土工程的勘察资料、对项目的岩土工程进行设计、治理和监测等工作内容。

因此,建设工程勘察合同双方当事人在合同谈判签约时,首先应结合勘查工作内容,选择适用的《建设工程勘察合同(示范文本)》的相应版本。

2. 建设工程设计合同示范文本的适用范围

2015 年的《建设工程设计合同(示范文本)》分为两个版本,即《建设工程设计合同示范文本(房屋建筑工程)》(GF—2015—0209)和《建设工程设计合同示范文本(专业建设工程)》(GF—2015—0210)。

上述两个不同版本的建设工程设计合同示范文本的内容结构,均由合同协议书、通用合同条款和专用合同条款三部分组成。

《建设工程设计合同示范文本(房屋建筑工程)》(GF—2015—0209)的适用范围包括:建设用地规划许可证范围内的建筑物构筑物设计、室外工程设计、民用建筑修建的地下工程设计及住宅小区、工厂厂前区、工厂生活区、小区规划设计及单体设计等,以及所包含的相关专业的设计内容(总平面布置、竖向设计、各类管网管线设计、景观设计、室内外环境设计及建筑装饰、道路、消防、智能、安保、通信、防雷、人防、供配电、照明、废水治理、空调设施、抗震加固等)等工程设计活动。

《建设工程设计合同示范文本(专业建设工程)》(GF—2015—0210)的适用范围包括:房屋建筑工程以外各行业建设工程项目的主体工程和配套工程(含厂/矿区内的自备电站、道路、专用铁路、通信、各种管网管线和配套的建筑物等全部配套工程)以及与主体工程、配套工程相关的工艺、土木、建筑、环境保护、水土保持、消防、安全、卫生、节能、防雷、抗震、照明工程等工程设计活动。

房屋建筑工程以外的各行业建设工程统称为专业建设工程,具体包括煤炭、化工石化医药、石油天然气(海洋石油)、电力、冶金、军工、机械、商物粮、核工业、电子通信广电、轻纺、建材、铁道、公路、水运、民航、市政、农林、水利、海洋等工程。

因此,建设工程设计合同双方当事人在合同谈判签约时,首先应结合设计工作内容,选择适用的《建设工程设计合同(示范文本)》的相应版本。

6.4.4 建设工程勘察设计合同主体的权利义务

根据《合同法》、《建筑法》、《建设工程质量管理条例》、《建设工程勘察设计管理条例》等法律法规的有关规定,以及结合《建设工程勘察合同(示范文本)》(GF—2000—0203)、《建设工程勘察合同(示范文本)》(GF—2000—0204)、《建设工程设计合同示范文本(房屋建筑工程)》(GF—2015—0209)和《建设工程设计合同示范文本(专业建设工程)》(GF—2015—0210)的条款内容。建设工程勘察、设计合同主体双方的权利义务主要包括:

1. 建设工程勘察合同主体双方的权利义务

作为建设单位等发包人,其主要合同义务是按照合同约定支付勘察价款。而勘察单位的主要合同义务是按照合同约定,提供勘察服务及相应的勘察文件成果。

发包人的其他义务还包括:①应及时向勘察人提供开展勘察工作所需的文件资料,并对其准确性、可靠性负责。这些文件资料一般应包括,本工程批准文件(复印件),以及用地(附红线范围)、施工、勘察许可等批件(复印件)、工程勘察任务委托书、技术要求和工作范围的地形图、建筑总平面布置图、勘察工作范围已有的技术资料及工程所需的坐标与标高资料、勘察工作范围地下已有埋藏物的资料(如电力、电讯电缆、各种管道、人防设施、洞室等)及具体位置分布图;②发包人不能提供上述资料,由勘察人收集的,发包人需向勘察人支付相应费用;③在勘察工作范围内,没有资料、图纸的地区(段),发包人应负责查清地下埋藏物;④发包人应及时为勘察人提供并解决勘察现场的工作条件和出现的问题(如:落实土地征用、青苗树木赔偿、拆除地上地下障碍物、处理施工扰民及影响施工正常进行的有关问题、平整施工现场、修好通行道路、接通电源水源、挖好排水沟渠以及水上作业用船等),并承担其费用;⑤勘察过程中的任何变更,经办理正式变更手续后,发包人应按实际发生的工作量支付勘察费。

勘察单位的其他义务还包括:①应按国家规范、标准、规程和发包人的任务委托书及技术要求进行工程勘察,按本合同规定的时间提交质量合格的勘察成果资料,并对其负责。②由于勘察人提供的勘察成果资料质量不合格,勘察人应负责无偿给予补充完善使其达到质量合格;若勘察人无力补充完善,需另委托其他单位时,勘察人应承担全部勘察费用。③勘察过程中,根据工程的岩土工程条件(或工作现场地形地貌、地质和水文地质条件)及技术规范要求,向发包人提出增减工作量或修改勘察工作的意见。

建设单位等发包人和勘察单位的合同义务,即为相对人的合同权利。

2. 建设工程设计合同主体双方的权利义务

作为建设单位等发包人,其主要合同义务是按照合同约定支付设计价款。而设计单位的主要合同义务是按照合同约定,提供设计服务及相应的设计文件成果。

发包人的其他义务还主要包括:①发包人应遵守法律,并办理法律规定由其办理的许可、核准或备案;②应当负责工程设计的所有外部关系(包括但不限于当地政府主管部门等)的协调,为设计人履行合同提供必要的外部条件;③发包人应当在工程设计前或专用合同条款约定的时间向设计人提供工程设计所必需的工程设计资料,并对所提供资料的真实性、准确性和完整性负责;④发包人应按合同约定及时接收设计人提交的工程设计文件;⑤在专用合同条款约定的期限内对设计人书面提出的事项作出书面决定;⑥应当遵守法律和技术标准,不得以任何理由要求设计人违反法律和工程质量、安全标准进行工程设计,降低工程质量;⑦发包人变更工程设计的内容、规模、功能、条件或因提交的设计资料存在错误或作较大修改时,发包人应按设计人所耗工作量向设计人增付设计费;⑧不得非法侵害归于设计人的知识产权。

设计单位的其他义务还主要包括:①不得以贿赂或变相贿赂的方式,谋取非法利益或损害对方权益。②未经发包人同意,设计人不得将发包人提供的图纸、文件以及声明需要保密的资料信息等商业秘密泄露给第三方。③应遵守法律和有关技术标准的强制性规定,满足国家规定的建设工程设计文件编制深度要求,完成合同约定范围内的房屋建筑工程方案设计、初步设计、施工图设计,提供符合技术标准、设计文件编制深度要求以及合同约定质量目标的工程设计文件,并提供相关的施工配合服务。④发包人有权书面通知设计人更换其认为不称职的项目负责人,通知中应当载明要求更换的理由。对于发包人有理由的更换要求,设计人应在收到书面更换通知后在专用合同条款约定的期限内进行更换。⑤设计人不得将其承包的全部工程设计转包给第三人,或将其承包的全部工程设计肢解后以分包的名义转包给第三人。设计人不得将工程主体结构、关键性工作及专用合同条款中禁止分包的工程设计分包给第三人。⑥除发包人及不可抗力等原因,应按合同约定的期限提交设计文件成果。⑦设计人发现发包人提供的工程设计资料有问题的,设计人应当及时通知发包人并经发包人确认。⑧设计人应当严格执行其双方书面确认的主要技术指标控制值,由于设计人的原因导致工程设计文件超出在专用合同条款中约定的主要技术指标控制值比例的,设计人应当承担相应的违约责任。⑨工程设计文件的深度应满足本合同相应设计阶段的规定要求,并符合国家和行业现行有效的相关规定。工程设计文件必须保证工程质量和施工安全等方面的要求，按照有关法律法规规定在工程设计文件中提出保障施工作业人员安全和预防生产安全事故的措施建议。⑩工程设计文件需政府有关部门审查或批准的，发包人应在审查同意设计人的工程设计文件后在专用合同条款约定的期限内，向政府有关部门报送工程设计文件，设计人应予以协助。

建设单位等发包人和设计单位的合同义务，即为相对人的合同权利。

6.5 建设工程设计文件编制与实施的法律规定

建设工程设计文件编制质量，对保证建设工程质量安全，合理控制工程造价，提高施工组织的效率，减少施工合同纠纷，落实国家提出的环境保护、节约能源、可持续发展等重大任务，都有着直接而重大的基础性影响。

6.5.1 建设工程设计文件编制依据的法律规定

《建筑法》第五十六条规定："建筑工程的勘察、设计单位必须对其勘察、设计的质量负责。勘察、设计文件应当符合有关法律、行政法规的规定和建筑工程质量、安全标准、建筑工程勘察、设计技术规范以及合同的约定。设计文件选用的建筑材料、建筑构配件和设备，应当注明其规格、型号、性能等技术指标，其质量要求必须符合国家规定的标准。"

《建设工程质量管理条例》第二十一条规定："设计单位应当根据勘察成果文件进行建设工程设计。设计文件应当符合国家规定的设计深度要求，注明工程合理使用年限。"《建设工程勘察设计管理条例》第二十五条规定："编制建设工程勘察、设计文件，应当以下列规定为依据：（一）项目批准文件；（二）城市规划；（三）工程建设强制性标准；（四）国家规定的建设工程勘察、设计深度要求。"

6.5.2 建设工程设计文件编制深度法律规定

《建设工程勘察设计管理条例》中明确规定，设计文件的编制应当以国家规定的建设工程设计深度要求为依据。

2008年11月26日，住建部发布了关于印发《建筑工程设计文件编制深度规定》（2008年版）的通知。《建筑工程设计文件编制深度规定》（2008年版）的发布实施，提高了设计文件编制依据的科学性、规范性及严肃性。对加强建筑工程设计文件编制工作的管理，保证各阶段设计文件的质量和完整性，均有重大作用。

与2003年版编制深度规定相比，《建筑工程设计文件编制深度规定》（2008年版）主要变化包括：

适用范围增加了援外工程设计，删减了投标方案设计；增加了建筑节能设计内容要求，包括各相关专业的设计文件和计算书深度要求；补充、细化抗震设计、结构安全等设计深度的要求，尤其是设计说明、设计详图方面的要求；增加、细化了钢结构设计深度要求；根据工程建设项目在审批、施工等方面对设计文件深度要求的变化，对原规定中大部分条文作了修改，使之更加适用于当前的工程项目设计，尤其是民用建筑工程项目设计。

《建筑工程设计文件编制深度规定》（2008年版）明确：建筑工程设计文件的编制，必须符合国家有关法律法规和现行工程建设标准规范的规定，其中工程建设强制性标准必须严格执行。民用建筑工程一般应分为方案设计、初步设计和施工图设计三个阶段；对于技术要求相对简单的民用建筑工程，经有关主管部门同意，且合同中没有做初步设计的约定，可在方案设计审批后直接进入施工图设计。在设计中宜因地制宜正确选用国家、行业和地方建筑标准设计，并在设计文件的图纸目录或施工图设计说明中注明所应用图集的名称。重复利用其他工程的图纸时，应详细了解原图利用的条件和内容，并作必要的核算和修改，以满足新设计项目的需要。当设计合同对设计文件编制深度另有要求时，设计文件编制深度应同时满足本规定和设计合同的要求。本规定对设计文件编制深度的要求具有通用性。对于具体的工程项目设计，执行本规定时应根据项目的内存和设计范围对本规定的条文进行合理的取舍。

同时，《建筑工程设计文件编制深度规定》(2008年版)强调，各阶段设计文件编制深度应按以下原则进行：

方案设计文件，应满足编制初步设计文件的需要；初步设计文件，应满足编制施工图设计文件的需要；施工图设计文件，应满足设备材料采购、非标准设备制作和施工的需要。对于将项目分别发包给几个设计单位或实施设计分包的情况，设计文件相互关联处的深度应满足各承包或分包单位设计的需要。

《建筑工程设计文件编制深度规定》(2008年版)还对方案设计、初步设计、施工图设计等三个阶段的设计文件编制深度进行了细化规定。

以施工图设计文件的编制深度为例，《建筑工程设计文件编制深度规定》(2008年版)就从一般要求、总平面、建筑、结构、建筑电气、给水排水、采暖通风与空气调节、热能动力、预算等九个方面进行了详细的规定。

6.5.3 建设工程设计文件实施的法律规定

建设工程设计文件的实施是指，在设计文件成果提交后，相关各方在对设计文件的使用过程中发生的管理活动，它涉及设计单位、建设单位、施工单位等有关权利与义务的界定。

《建设工程勘察设计管理条例》第二十八条第一款规定："建设单位、施工单位、监理单位不得修改建设工程勘察、设计文件；确需修改建设工程勘察、设计文件的，应当由原建设工程勘察、设计单位修改。经原建设工程勘察、设计单位书面同意，建设单位也可以委托其他具有相应资质的建设工程勘察、设计单位修改。修改单位对修改的勘察、设计文件承担相应责任。"

《中华人民共和国注册建筑师条例》规定，任何单位和个人修改注册建筑师的设计图纸，应当征得该注册建筑师同意。但是，因特殊情况不能征得该注册建筑师同意的除外。《注册结构工程师执业资格制度暂行规定》规定，任何单位和个人修改注册结构工程师的设计图纸，应当征得该注册结构工程师同意。但是因特殊情况不能征得该注册结构工程师同意的除外。

《建设工程勘察设计管理条例》第二十八条第二款规定："施工单位、监理单位发现建设工程勘察、设计文件不符合工程建设强制性标准、合同约定的质量要求的,应当报告建设单位,建设单位有权要求建设工程勘察、设计单位对建设工程勘察、设计文件进行补充、修改。"

《建设工程勘察设计管理条例》第二十九条规定："建设工程勘察、设计文件中规定采用的新技术、新材料，可能影响建设工程质量和安全，又没有国家技术标准的，应当由国家认可的检测机构进行试验、论证，出具检测报告，并经国务院有关部门或者省、自治区、直辖市人民政府有关部门组织的建设工程技术专家委员会审定后,方可使用。"

《建设工程质量管理条例》第二十三条规定:"设计单位应当就审查合格的施工图设计文件向施工单位作出详细说明。"《建设工程勘察设计管理条例》第三十条规定:"建设工程勘察、设计单位应当在建设工程施工前,向施工单位和监理单位说明建设工程勘察、设计意图,解释建设工程勘察、设计文件。建设工程勘察、设计单位应当及时解决施工中出现的勘察、设计问题。"

《建设工程质量管理条例》第二十四条规定:"设计单位应当参与建设工程质量事故分析,并对因设计造成的质量事故,提出相应的技术处理方案。"

6.6 建设工程勘察设计知识产权

6.6.1 知识产权概述

1. 知识产权的概念及构成

知识产权是指公民或法人依据法律的规定,对其从事智力创作或创新活动所产生的知识产品所享有的专有权利,包括工业产权和著作权两部分。

工业产权是指工业、商业、农业、林业和其他产业中具有实用经济意义的一种无形财产权,主要包括专利权与商标权。

专利权是指一项发明创造(包括发明、实用新型或外观设计)向国务院专利行政部门提出专利申请,经依法审查合格后,国务院专利行政部门向专利申请人授予的在规定时间内对该项发明创造享有的专有权。

商标权是指商品生产经营者或服务的提供者,依法对其经国务院工商行政部门商标局核准的注册商标享有的专用权。

著作权,又称版权,是指文学、艺术和科学作品的作者及其他著作权主体依据著作权法对其作品享有的权利。

著作权有广义和狭义之分,狭义的著作权是指作者对其作品依法享有的权利,包括著作人身权和财产权,即发表权、署名权、修改权、保护作品完整权、复制权、发行权、信息网络传播权等。广义的著作权不仅包括上述狭义著作权的内容,还包括著作邻接权,即作品传播者依法享有的权利,主要指:表演者的权利、录音录像制品制作者的权利、广播电视组织的权利、图书出版者的权利等。

知识产权包含的人身权,是指权利同取得智力成果的人的人身不可分离,是人身关系在法律上的反映。例如,作者在其作品上署名的权利,或对其作品的发表权、修改权等。

知识产权包含的财产权,是指智力成果被法律承认以后,权利人可利用这些智力成果取得报酬或者得到奖励的权利,这种权利也称之为经济权利。它是指智力创造性劳动取得的成果,并且是由智力劳动者对其成果依法享有的一种权利。

2. 知识产权保护立法状况简述

为了保护文学、艺术和科学作品作者的著作权,以及与著作权有关的权益,保护专利权人的合法权益,保护商标专用权,鼓励有益于社会主义精神文明、物质文明建设的作品的创作和传播,促进社会主义文化和科学事业的发展与繁荣,鼓励发明创造,推动发明创造的应用,提高创新能力,促进科学技术进步和经济社会发展,促使生产、经营者保证商品和服务质量,维护商标信誉,以保障消费者和生产、经营者的利益等,国家制定了关于知识产权事项的多个单行法律以及行政法规,部门规章等。

主要的包括:《著作权法》、《专利法》、《商标法》、《著作权法实施条例》、《专利法实施细则》、《商标法实施条例》、《计算机软件保护条例》、《互联网著作权行政保护办法》。同时,在其他一些法律法规中,也涉及知识产权的问题。例如,《民法通则》、《侵权责任法》《反不正当竞争法》、《合同法》、《建设工程勘察设计管理条例》、《注册建筑师条例》等。

6.6.2 建设工程勘察设计知识产权范围

2003年10月22日,建设部、国家知识产权局联合印发了《工程勘察设计咨询业知识产权保护与管理导则》(以下简称《知识产权保护与管理导则》)的通知。

《知识产权保护与管理导则》指出,工程勘察、设计、咨询是富有创造性的智力劳动。工程技术人员利用工程勘察设计理论、技术与实践经验所完成的每项工程勘察设计咨询成果都凝结着他们的心血、智慧和创新精神。对这种原创或创新性智力劳动成果的保护,是对工程技术人员创新与发展的鼓励,有助于工程勘察设计咨询业的技术进步,提高其市场竞争能力,同时也符合建设单位(业主)和公众的利益。我国已经加入世界贸易组织(WTO),知识产权保护问题越来越突出。面对日益激烈的市场竞争,我国勘察设计咨询业迫切需要增强自身知识产权保护意识,同时承认并尊重他人的知识产权及合法权益。

依据有关知识产权法律法规,结合建设工程勘察设计行业的工作内容及特点,《知识产权保护与管理导则》对工程勘察设计的知识产权范围作出了规定,其主要内容如下:

(1)勘察设计著作权

主要包括勘察、设计活动和科研活动中形成的,以各种载体所表现的文字作品、图形作品、模型作品、建筑作品等勘察设计作品的著作权。

勘察设计作品包括以下内容:①工程勘察投标方案,专业工程设计投标方案,建筑工程设计投标方案(包括创意或概念性投标方案)等;②工程勘察和工程设计阶段的原始资料、计算书、工程设计图及说明书、技术文件和工程总结报告等;③科研活动的原始数据、设计图及说明书、技术总结和科研报告等;④企业自行编制的计算机软件、企业标准、导则、手册、标准设计等。

(2)勘察设计专利权

系指获得授权并有效的发明专利权、实用新型专利权和外观设计专利权,包括各种具有新颖性、创造性和实用性的新工艺、新设备、新材料、新结构等新技术和新设计,以及对原有技术的新改进、新组合等的专利权。

(3)勘察设计专有技术权

系指对没有申请专利,具有实用性,能为企业带来利益,并采取了保密措施,不为公众所知悉的技术享有的权利,包括各种新工艺、新设备、新材料、新结构、新技术、产品配方、各种技术诀窍及方法等。

(4)勘察设计商业秘密权

除上述技术秘密以外的其他勘察设计商业秘密,系指具有实用性,能为企业带来利益,并采取了保密措施,不为公众所知悉的经营信息,包括生产经营、企业管理、科技档案、客户名单、财务账册、统计报表等。

6.6.3 建设工程勘察设计知识产权侵权与处理

《知识产权保护与管理导则》对工程勘察设计知识产权的侵权与处理作出了规定,其主要内容如下:

1. 著作权及邻接权的权利人依法享有著作人身权和财产权,即发表权、署名权、修改权、保护作品完整权、复制权、发行权、改编权、信息网络传播权等。他人未经著作权人同意,不得发表、修改和使用其作品。

发生以下行为或情况的为侵犯或者侵占他人的著作权:

(1)勘察设计企业或工程技术人员不遵守行业道德和从业公约,抄袭、剽窃他人的勘察、设计及其作品的;

(2)勘察设计企业的职工,未经许可擅自将本企业的勘察设计文件(设计图)、工程技术资料、科研资料等复制、摘录、转让给其他单位或个人的;

(3)勘察设计企业的职工,将职务作品或计算机软件作为非职务成果进行登记注册或转让的;

(4)勘察设计企业的职工未经审查许可,擅自发表、出版本企业业务范围内的科技论文、作品,或许可他人发表的;

(5)任何单位或个人,未经著作权人同意或超出勘察设计合同的规定,擅自复制、超范围使用、重复使用、转让他人的工程勘察、设计及其他作品等。

2. 专利权人对其发明创造享有独占权。任何单位或个人未经专利权人许可不得进行为生产经营目的制造、使用、许诺销售、销售和进口其专利产品,或者未经专利权人许可为生产经营目的使用其专利方法,以及使用、许诺销售、销售和进口依照其专利方法直接获得的产品;专有技术是受国家法律保护的具备法定条件的技术秘密,任何单位或个人不得以不正当手段获取、使用他人的技术秘密,不得以任何形式披露、转让他人的技术秘密。

发生以下情况为侵犯或者侵占他人的专利权或专有技术权:

(1)勘察设计企业的职工违反规定,在工程项目或科研工作完成后,不按时将有关勘察设计文件、设计图、技术资料等归档,私自保留、据为己有的;

(2)勘察设计企业的职工违反规定,将应属于单位的职务发明创造和科技成果申请为非职务专利,或者将其据为己有的;

(3)勘察设计企业的职工,擅自转让本企业或他人的专利或专有技术的;

(4)勘察设计企业或工程技术人员,未经权利人允许,擅自在工程勘察设计中使用他人具有专利权或专有技术权的新工艺、新设备、新技术的;

(5)任何单位或个人,采用盗窃、利诱、胁迫或者其他不正当手段获取、使用或者披露他人含有专有技术标识的文件、设计图及说明的;

(6)任何单位或个人,违反双方保密约定,将含有专有技术标识的文件、设计图及说明转让给第三方,以及第三方明知是他人的保密文件、设计图及说明仍擅自使用等。

3. 商标权的所有人对其注册商标依法享有专用权。他人未经商标权人的同意,不得在经营活动中擅自使用。

发生以下行为或情况的为侵犯他人的商标及相关识别性标志权:
(1)勘察设计企业擅自在其勘察设计文件上使用其他勘察设计企业的名称、注册商标、资质证明、图签、出图专用章等企业标识的;
(2)任何单位或个人,未经勘察设计企业授权,以勘察设计企业的名义进行生产经营活动或其他活动的。

4. 国家依法保护公民和法人的商业秘密。
发生以下行为或情况的为侵犯他人的商业秘密:
(1)勘察设计企业的职工,私自将与本企业签有正式业务合同的客户介绍给其他企业,给企业造成损失的;
(2)勘察设计企业的职工,违反企业保守商业秘密的要求,泄露或私自许可他人使用其所掌握商业秘密的;
(3)第三人明知或应知有上述(1)(2)款所述的违法行为,仍获取、使用或者披露他人的商业秘密等。

5. 勘察设计企业的离休、退休、离职、停薪留职人员将离开企业一年内形成的,且与其在原企业承担的工作或任务有关的知识产权视为己有或转让给他人的,均为侵犯了企业的知识产权;勘察设计企业的离休、退休、离职、停薪留职人员泄露在职期间知悉的企业商业秘密的,均为侵犯了企业的商业秘密权。

6. 发生侵犯或侵占知识产权行为的,权利人在获得确切的证据后,可以直接向侵权者发出信函,要求其停止侵权,并说明侵权的后果。双方当事人可就赔偿等问题进行协商,达成协议的按照协议解决;达不成协议的,可以采取调解、仲裁或诉讼等方式解决。

6.7 案例分析

【案例 6-1】对建设单位擅自修改设计文件违法行为的简析

某建设单位发现防水设计较复杂,经测算该部分造价较大,故向施工单位下达了取消其中一层防水卷材的书面通知。监理单位知悉后,向建设单位提出如果要进行防水设计变更,必须先联系设计院,并由设计院来决定是否进行设计变更。但建设单位认为此类变更不涉及工程结构安全,且能节约造价,再者删减一层防水卷材后,所剩防水层也能达到目的,故不采纳监理提出的建议要求,并继续强行要求施工单位按其指令抓紧实施。施工单位以书面联系函告知建设单位,设计变更由建设单位直接进行,有违法律规定,且即使通过精心施工,仍难保证防水效果,请建设单位同意其按原图施工。建设单位书面函回复,抓紧按新的变更指令施工。

工程交工后,房屋大面积发生渗漏现象,建设单位通知施工单位到场维修,施工单位予以拒绝。

《建设工程勘察设计管理条例》第二十八条规定:"建设单位、施工单位、监理单位不得修改建设工程勘察、设计文件;确需修改建设工程勘察、设计文件的,应当由原建设工程勘察、设计单位修改。"因此,设计权、设计修改变更权等归属于设计单位及设计人,这既是保证设计质量的重要举措,也是保护设计知识产权的应有规定。

在实践中，有些建设单位为了节约工程造价、加速施工等，擅自违法决定修改施工图，并强行要求施工单位按其修改要求进行施工。如果这种修改影响到工程建设强制性标准不能在施工图设计中得到落实，例如建设单位为节约造价，擅自要求施工方取消外墙保温施工内容等，则建设单位擅自修改施工图的行为将升级为一种严重的违法行为。

【案例 6-2】建设单位提供错误地质资料导致工程竣工后事故发生

A 职业学校新建一学生技工实训车间，A 与 B 设计院和 C 建筑公司分别签订了工程设计合同和施工合同。

工程竣工后车间外墙产生多处裂缝，并日益增多变宽，甚至有些门窗已不能关闭。经 A 职业学校询问有关专家后，认为是基础施工质量事故所引发的基础不均匀沉降造成的。故向法院起诉了 C 建筑公司，并要求其进行维修加固。

C 建筑公司出示有关证据，证明施工活动的组织严密，严格按图施工，并认真执行了相关施工规范标准，经法院委托有关专家现场鉴定勘验后，认为墙体裂缝是由于地基不均匀沉降引起的，但施工单位施工行为并无不当，沉降形成的原因在于地基基础设计错误造成。之后，A 职业学校申请撤诉，法院裁定准许撤诉，案件审理终结。

A 职业学校随即找到 B 设计院，B 设计院认真复查了设计程序及设计工作成果，认为设计并无不当。后在设计院的参与下，终于确认了事故的根本原因。原来，A 职业学校基建办有关人员因粗心，把另一个附近准备新建的工程训练中心的地勘资料发给了 B 设计院，设计院据此地勘资料选取有关设计参数，最终导致基础不均匀沉降事故的发生。

《建设工程质量管理条例》第二十一条中规定："设计单位应当根据勘察成果文件进行建设工程设计。"在本案例中，设计院履行了这条法定责任。但因建设单位自身的管理混乱，最终酿成一起质量事故。可以发现，工程质量管理是一个系统工程，工程质量管理的各方责任主体都应切实负起应尽的法律责任。

【案例 6-3】设计人应依据勘察报告文件进行设计

某工厂下沉式食堂工程需要大开挖，挖深达 7 米。为保证基坑开挖的边坡安全，设计院专门设计了边坡土钉支护施工详图。在施工单位随挖随支的施工过程中，当挖深达到 3 米时，土钉钻孔变得十分困难，因为土体内夹杂有大量的 20 厘米左右的卵石。施工单位将此情况反映给建设单位后，设计人员到现场踏勘，后又查看地勘资料，发现其已经就此土质分布情况予以明示。经建设单位进一步了解，有关设计人承认在设计边坡安全工程时，仅凭经验直接设计为土钉支护。由于没有根据地勘资料进行设计，造成土钉施工作业进入卵石土层后无法继续的严重后果。后经建设单位询问相关专家，该基坑原可设计为错台放坡开挖。这样施工，不但节约，而且安全可行。

《建设工程质量管理条例》第二十一条中规定："设计单位应当根据勘察成果文件进行建设工程设计。"这条规定，既是工程设计质量管理规律的必然要求，也是设计单位及相关设计人的法定义务责任。

【案例 6-4】设计文件编制深度不足导致的工程造价失控

某工程通过竣工结算，最终工程结算合同价格比原合同签约价上涨了 23%，净增加 2000

余万元。因该项目资金来源为国家专项拨款，在审计中，审计部门要求建设单位分析工程投资上涨的原因，并提出今后改进的措施。

经分析，该工程招标投标的程序和组织比较严格，没有违法行为发生。但是，一个突出的问题在于，在编制招标工程量清单时，因施工图设计的漏项较多，导致工程量清单编制时，无法落实项目特征描述、施工内容及相应的工程量。加之，招标代理机构在编制清单时对这些漏项并未作出暂估价，故而最终导致所设定的最高招标限价明显偏低，进而使得最终工程结算合同价格比原合同签约价上涨幅度明显过大。通过梳理分析，这些漏项又大多表现为施工图所标注的二次设计内容。例如，该工程的屋顶装饰性钢构件，施工图标为二次设计，由建设单位另行委托专业公司进行设计。因建设单位急于开工，故在招标前并未委托专项钢结构设计。

另外，有些项目的清单工程量和最后实际发生的工程量偏离过大，也造成结算价的上涨。例如，虽然工程量清单编制了基坑土方开挖项目，并给出了土方量的具体数量。但是，实际施工土方量最终上涨了60%。究其原因，表现在清单编制的土方量过小，但实质问题却在于设计的偏差。因为该工程的设计合同明确要求设计院应对现场的实际地貌进行必要合理的高程测量，但因设计时间紧迫，设计院并未派人到现场实测，而是仅参考当地有关旧版地形图进行了场地高程的取值。

通过进一步分析设计合同，建设单位发现在设计合同中明确约定，设计院应保证提供的施工图达到国家要求的施工图编制深度。据此，建设单位认为设计院在施工图中多处标注二次设计内容不符合合同约定，由其造成的该工程结算价格上涨，设计院有着不可推卸的设计责任，因而向设计院发出联系函，声明将扣除一定数额的尚未支付的设计费。

《建筑法》第五十六条规定："建筑工程的勘察、设计单位必须对其勘察、设计的质量负责。"《建设工程质量管理条例》第二十一条规定："设计单位应当根据勘察成果文件进行建设工程设计。设计文件应当符合国家规定的设计深度要求。"《建设工程勘察设计管理条例》第二十五条规定："编制建设工程勘察、设计文件，应当以下列规定为依据：（一）项目批准文件；（二）城市规划；（三）工程建设强制性标准；（四）国家规定的建设工程勘察、设计深度要求。"《建筑工程设计文件编制深度规定》（2008年版）强调，施工图设计文件，应满足设备材料采购、非标准设备制作和施工的需要。

结合该案例中设计院的设计行为及其提供成果，显然有违国家有关法律和设计合同的有关约定，故而建设单位应有扣除一定数额设计费的权利。当然，具体数额要依据设计合同来确定。若合同未约定，要通过谈判或仲裁，甚至诉讼等方式加以解决。

【案例6-5】不协调的设计导致的业主损失

业主按照施工图设计内容，对某钢结构厂房外墙墙裙干挂的石材进行了招标采购。在石材验收进场后，承包商通过检验对其质量表示认可，遂接收并开始组织石材的装饰施工。

在施工过程中，承包商发现，因干挂石材需要的膨胀螺栓生根的基层，即外墙墙体为多空砖，造成螺栓无法稳固生根，进而使石材外墙装饰不能进行。在此情况下，业主、承包商、设计院以及材料供应商，进行了技术讨论。最终，形成一致意见：如果继续坚持外墙的石材干挂方案，因为首先需要对多空砖进行灌浆以及对墙体进行加固等，则费用偏大，经济上不划算，且耗费时间太长。如果用粘贴法施工，则考虑将来厂房投入使用后，内部设备震动过大可能导致石材脱落。因此，最后确定改原外墙干挂石材设计为涂刷涂料。

业主随即与石材供应商商议退货,因责任在业主方,最终业主对供应商进行了相应的违约金支付并退货,其间双方商议用了 15 天时间。显然,不协调的设计文件,造成了业主在投资与进度上的双重损失,而这一后果的责任依法应该由设计院来承担。

《建设工程勘察设计管理条例》第二条对建设工程设计的概念作了法律规定。其界定为,建设工程设计,是指根据建设工程的要求,对建设工程所需的技术、经济、资源、环境等条件进行综合分析、论证,编制建设工程设计文件的活动。

《建设工程勘察设计管理条例》通过对工程设计概念的规定,强调了设计工作及其文件成果应具有综合性和系统性。一个工程项目的设计包括了不同的技术专业内容,例如,总平面、建筑、结构、建筑电气、给水排水、采暖通风与空气调节、热能动力等。这些不同的设计内容需要各专业设计师既有所分工,又要协同工作,以最终保证施工图的完整性、协调性。并在此基础上,力争实现更有效率的设计施工图系统优化。

复习思考题

1. 何谓建设工程勘察、设计?
2. 简述建设工程勘察设计的重要性。
3. 哪些情形条件下,项目勘察设计可以不进行招标?
4. 建设工程勘察设计合同概念是什么?
5. 建设工程勘察合同主体双方的权利义务主要包括哪些?
6. 建设工程设计合同主体双方的权利义务主要包括哪些?
7. 建设工程勘察设计文件编制依据包括哪些?
8. 规定建筑工程设计文件编制深度的意义是什么?
9. 各阶段设计文件编制深度应符合什么原则?
10. 简述加强建设工程勘察设计知识产权管理的意义。
11. 工程勘察设计知识产权包括哪些主要内容?

第 7 章　建设工程监理法律法规

7.1　建设工程监理概述

7.1.1　建设工程监理概念

建设工程监理是指监理人受委托人的委托，依照法律法规、工程建设标准、勘察设计文件及合同，在施工阶段对建设工程质量、安全、进度、投资进行监督控制，对合同、信息进行管理，对工程建设相关方的关系进行协调的技术服务活动。

建设工程监理的对象是被监理单位实施建设活动的行为及其权利义务的履行情况，而不是工程项目本身。建设工程监理的实施需要建设单位的委托和授权，监理单位与建设单位之间是委托合同关系，通过建设单位合同授权，监理单位取得监理权限，并承担监理责任。建设工程监理活动是建立在平等民事关系基础上的监督管理，而不是建设行政主管部门对建设工程质量安全等，实施的具有行政执法属性的监督管理。

7.1.2　建设工程监理原则

1. 依法监理的原则

自建立建设工程监理制以来，为维护正常的建筑业经济秩序和促进监理制度的健康发展，我国重视监理制度的立法建设，现已颁布实施了形成体系化的监理法律法规。这些法律法规就监理单位资质、监理工程师注册及执业资格、监理收费、监理依据、监理范围、监理单位、监理人员的从业权利义务及法律责任，建设工程监理合同等重要事项，进行了全方位的规范。所有工程建设的监理活动都必须遵守这些法律法规的规定，不得违反。否则，不仅会导致监理行为的违法，还会造成建设工程监理的低效，甚至造成整个监理工作的失败。同时，监理单位或监理从业人员还要承担相应的刑事、行政或民事责任，进而受到法律的惩罚。

2. 独立、公正、科学监理的原则

从事建设工程监理活动的监理单位，担负着组织建设活动各方相互配合以及调解处置施工合同等纠纷的责任，所以必须保持独立、公正的立场。

监理单位在法律地位、业务关系、经济关系上必须是独立的，不得和建设单位、施工单位等发生影响监理独立、公正执业的各种非法关系。监理单位与业主之间是平等的合同关系，其监理的范围、权利和职责均在监理委托合同中明文规定，不得随意变更增减，更不得违约。监理单位虽然受建设单位委托，从建设单位处获得委托合同规定的监理酬金，从某种意义上还代表建设单位对施工单位进行建设工程管理。但在执业本质上，仍处于建设单位、施工单位关系之外的独立第三方。

此外，建设工程监理单位应具有健全的组织机构，监理从业人员应具备完善而科学的工程监理管理知识、技能与方法，并严格按照规范的工作程序进行监理。否则，独立、公正的执业立场和态度，将不能有效充分地转化为良好的监理效果。

3. 参照国际惯例规则的原则

建设工程监理制度作为国际惯例，在西方国家已有悠久的发展历史。通过工程实践和法制化建设的深入发展，国外发达国家的工程监理管理及立法活动已达到较为先进的水平。其成果不断趋于成熟和完善，特别是在监理体系化立法、完善组织机构以及规范化的方法、手段和实施程序建设等方面，有许多值得我国大力借鉴。参照国际惯例的目的，在于更好更快地推进我国建设工程监理事业，乃至建筑业的发展。

随着我国加入 WTO 组织，建筑业实施"走出去"的发展战略，我们应该更加重视对国际工程承包界通行惯例和普遍遵守的法律法规、合同规则的学习和适应。例如，国际咨询工程师联合会（FIDIC）制定的各种合同条件（即 F1DIC 合同条件），被国际工程承包市场普遍认可和采用，世界银行等国际金融机构也对所贷款建设项目要求必须按该合同条件签订工程合同。如果我们不按通行惯例、规则加入国际工程市场的竞争，不但国内的建设工程承包企业不能做大做强，而且还会丧失国际工程市场的经营份额。总之，在国内实施改革开放政策和国际市场趋向统一性的背景下，作为起步较晚、经验较少的我国建设工程监理事业，认真向国外先进惯例、规则以及制度的学习，不仅是一个应有的态度问题，还应成为自我发展的一个方法原则。

7.2　建设工程监理制度立法沿革

7.2.1　试点起步阶段立法

1988 年 7 月 25 日，建设部发布了《关于开展建设监理工作的通知》，标志着我国工程建设管理模式的改革进入了一个新的阶段。

正如通知指出的，几十年来，我国的工程建设活动，基本上由建设单位自己组织进行。建设单位不仅负责组织设计、施工、申请材料设备，还直接承担了工程建设的监督和管理职能。这种由建设单位自行管理项目的方式，使得一批批的筹建人员刚刚熟悉项目管理业务，就随着工程竣工而转入生产或使用单位，而另一批工程的筹建人员，又要从头学起。如此周而复始在低水平上重复，严重阻碍了我国建设水平的提高。它在以国家为投资主体并采用行政手段分配建设任务的情况下，已经暴露出许多缺陷，投资规模难控、工期、质量难保，浪费现象比较普遍。在投资主体多元化并全面开放建设市场的新形势下，就更为不适应了。党的十三大以后，随着有计划商品经济的发展和基本建设投资体制、设计与施工管理体制的改革，迫切需要建立起一套能够有效控制投资，严格实施国家建设计划和工程合同的新格局，抑制和避免建设工作的随意性。建立建设监理制度，就是为适应这种新格局而提出来的。另外，为了开拓国际建设市场，进入国际经济大循环，也需要参照国际惯例实行建设监理制度。

通过上述通知内容，可以得出这样的结论：工程监理是一种新的更富效率和强调专业化管理的建设工程管理模式和制度。它不仅会提高建设工程的质量、安全、进度等目标的更好实现，也是我国深化经济体制改革和正在开放的中国建筑业走向世界的必然结果和选择。

随后，原建设部于 1988 年 11 月又印发了《关于开展建设监理试点工作的若干意见》的通知，在北京、上海、天津、南京、宁波、沈阳、哈尔滨、深圳八城市和能源、交通两部的水电和公路系统等试点地区和部门开始率先组建监理单位,并逐步开始推进实施建设工程监理制度。

1989 年 7 月,建设部发布了《建设监理试行规定》(现已失效),标志着建设工程监理制度步入扩大试点,逐渐全面展开的新阶段。《建设监理试行规定》中规定,建设监理包括政府监理和社会监理。政府监理是指政府建设主管部门对建设单位的建设行为实施的强制性监理和对社会监理单位实行的监督管理。社会监理是指社会监理单位受建设单位的委托,对工程建设实施的监理。

需要说明的是,本书所称"监理"专指社会监理。

7.2.2 稳步发展阶段立法

1992 年 1 月 18 日,建设部发布了《工程建设监理单位资质管理试行办法》(现已失效)部门规章。随后又在当年 2 月,发布了关于《进一步开展建设监理工作》的通知。6 月发布了《监理工程师资格考试和注册试行办法》(现已失效)。9 月国家物价局、建设部发布了《工程建设监理费有关规定》的通知(现已失效)。这些法制化工作,为规范建设工程监理单位及执业个人的资质资格管理,培育发展监理行业,发挥了积极的历史作用。1995 年 10 月 9 日,建设部、国家工商行政管理局印发了关于《工程建设监理合同(示范文本)》的通知(现已失效),标志着建设工程监理在市场经济背景下,正按照市场交易法则步入合同管理新局面。1996 年 1 月 1 日开始实施的《工程建设监理规定》,是我国建设工程监理事业稳步发展伴生的法制化成果。1996 年 8 月,建设部、人事部发布了关于《全国监理工程师执业资格考试工作》的通知,为 1997 年准备在全国举行监理工程师执业资格考试提供法律依据。

7.2.3 全面实施阶段立法

1998 年 3 月 1 日起施行的《中华人民共和国建筑法》第四章专门规范"建筑工程监理",并在第三十条明确规定:"国家推行建筑工程监理制度"。至此,建设工程监理制度上升为严格意义上的一项法律制度。同时,建设工程监理制度实施在全国范围内获得法律认可。

到 1999 年底,我国的监理单位迅速发展到 5100 多家,其中甲级监理单位 500 多家,监理从业人员发展到 20 万人。这也从一个侧面反映出,法制化建设对推进建设工程监理事业所具有的重大作用。2000 年 1 月 30 日起实施的《建设工程质量管理条例》行政法规,其第五章"工程监理单位的质量责任和义务",是在《建筑法》的基础上对监理执业责任重点的深化规范。

2001 年 1 月,建设部发布了《建设工程监理范围和规模标准规定》部门规章,通过细化确定建设工程监理范围和规模标准,规范了建设工程监理的实施范围。2002 年 7 月,建设部印发了《房屋建筑工程施工旁站监理管理办法(试行)》,目的在于强化监理人员在房屋建筑工程施工阶段监理中,对关键部位、关键工序的施工质量实施全过程现场跟班管理,以提高建设工程质量。2003 年 8 月,建设部发布了关于《建设行政主管部门对工程监理企业履行质量责任加强监督的若干意见》,它反映了建设行政主管部门通过加强行政监督,以达到深化落实监理责任的执法思想。建设部在 2006 年 4 月 1 日起实施的《注册监理工程师管理规定》和 2007 年 8 月 1 日起实施的《工程监理企业资质管理规定》等部门规章,对加强监理企业和执业队伍的规范化建设作用重大。

2008年11月12日,住房和城乡建设部在《关于大型工程监理单位创建工程项目管理企业的指导意见》中指出,鼓励创建单位在同一工程建设项目上为业主提供集工程监理、造价咨询、招标代理为一体的项目管理服务。因此,创建是建设工程管理模式升级的需要,也反映出建设工程监理业务主要局限于施工阶段的现实不足。2012年3月27日,住建部、国家工商行政管理总局印发了《建设工程监理合同(示范文本)》的通知,加强了建设工程监理合同管理。2015年3月6日,住建部印发了关于《建筑工程项目总监理工程师质量安全责任六项规定(试行)》的通知,突出了总监理工程师的质量安全监理责任。

7.3 建设工程监理的有关法律规定

关于建设工程监理的法律规定较多,本书摘其重点进行介绍。其中关于工程监理企业资质管理、注册监理工程师资格管理等法律规定,请参见第4章相关内容。

7.3.1 关于监理范围和规模标准的法律规定

为了更好地推行建设工程监理制度的实施,必须规范建设工程监理范围和规模标准。

《建筑法》第三十条规定:"国家推行建筑工程监理制度。国务院可以规定实行强制监理的建筑工程的范围。"《建设工程质量管理条例》第十二条规定:"实行监理的建设工程,建设单位应当委托具有相应资质等级的工程监理单位进行监理,也可以委托具有工程监理相应资质等级并与被监理工程的施工承包单位没有隶属关系或者其他利害关系的该工程的设计单位进行监理。下列建设工程必须实行监理:国家重点建设工程;大中型公用事业工程;成片开发建设的住宅小区工程;利用外国政府或者国际组织贷款、援助资金的工程;国家规定必须实行监理的其他工程。"

2001年1月17日,建设部发布了《建设工程监理范围和规模标准规定》。该部门规章对必须实施建设工程监理的工程范围及规模进行了规定,为落实监理制度实施的适用范围提供了更为明确的法律依据。《建设工程监理范围和规模标准规定》规定必须实行监理的建设工程项目具体范围和规模标准如下:

(1)国家重点建设工程。它是指依据《国家重点建设项目管理办法》(1996年6月3日国务院批准,1996年6月14日国家计划委员会发布,根据2011年1月8日《国务院关于废止和修改部分行政法规的决定》修订)所确定的对国民经济和社会发展有重大影响的骨干项目。其中包括:①基础设施、基础产业和支柱产业中的大型项目;②高科技并能带动行业技术进步的项目;③跨地区并对全国经济发展或者区域经济发展有重大影响的项目;④对社会发展有重大影响的项目;⑤其他骨干项目。

(2)大中型公用事业工程,它包括项目总投资额在3000万元以上的下列工程项目:①供水、供电、供气、供热等市政工程项目;②科技、教育、文化等项目;③体育、旅游、商业等项目;④卫生、社会福利等项目;⑤其他公用事业项目。

(3)成片开发建设的住宅小区工程。它包括建筑面积在5万平方米以上的住宅建设工程必须实行监理;5万平方米以下的住宅建设工程,可以实行监理,具体范围和规模标准,由省、自治区、直辖市人民政府建设行政主管部门规定。对高层住宅及地基、结构复杂的多层住宅应当实行监理。

(4) 利用外国政府或者国际组织贷款、援助资金的工程。具体范围包括：①使用世界银行、亚洲开发银行等国际组织贷款资金的项目；②使用国外政府及其机构贷款资金的项目；③使用国际组织或者国外政府援助资金的项目。

(5) 国家规定必须实行监理的其他工程。它包括两类项目，一是总投资额在3000万元以上关系社会公共利益、公众安全的下列基础设施项目：①煤炭、石油、化工、天然气、电力、新能源等项目；②铁路、公路、管道、水运、民航以及其他交通运输业等项目；③邮政、电信枢纽、通信、信息网络等项目；④防洪、灌溉、排涝、发电、引(供)水、滩涂治理、水资源保护、水土保持等水利建设项目；⑤道路、桥梁、地铁和轻轨交通、污水排放及处理、垃圾处理、地下管道、公共停车场等城市基础设施项目；⑥生态环境保护项目；⑦其他基础设施项目。二是学校、影剧院、体育场馆项目。

7.3.2 关于施工旁站监理的法律规定

为了加强质量管理，强调建设工程质量监理的执业重点和工作方式，2002年7月17日，建设部印发了《房屋建筑工程施工旁站监理管理办法(试行)》。其中规定，本办法所称房屋建筑工程施工旁站监理，是指监理人员在房屋建筑工程施工阶段监理中，对关键部位、关键工序的施工质量实施全过程现场跟班的监督活动；本办法所规定的房屋建筑工程的关键部位、关键工序，在基础工程方面包括：土方回填，混凝土灌注桩浇筑，地下连续墙、土钉墙、后浇带及其他结构混凝土、防水混凝土浇筑，卷材防水层细部构造处理，钢结构安装；在主体结构工程方面包括：梁柱节点钢筋隐蔽过程，混凝土浇筑，预应力张拉，装配式结构安装，钢结构安装，网架结构安装，索膜安装。

《房屋建筑工程施工旁站监理管理办法(试行)》规定：监理企业在编制监理规划时，应当制定旁站监理方案，明确旁站监理的范围、内容、程序和旁站监理人员职责等。旁站监理方案应当送建设单位和施工企业各一份，并抄送工程所在地的建设行政主管部门或其委托的工程质量监督机构；施工企业根据监理企业制定的旁站监理方案，在需要实施旁站监理的关键部位、关键工序进行施工前24小时，应当书面通知监理企业派驻工地的项目监理机构。项目监理机构应当安排旁站监理人员按照旁站监理方案实施旁站监理；旁站监理在总监理工程师的指导下，由现场监理人员负责具体实施。

旁站监理人员的主要职责是：①检查施工企业现场质检人员到岗、特殊工种人员持证上岗以及施工机械、建筑材料准备情况；②在现场跟班监督关键部位、关键工序的施工执行施工方案以及工程建设强制性标准情况；③核查进场建筑材料、建筑构配件、设备和商品混凝土的质量检验报告等，并可在现场监督施工企业进行检验或者委托具有资格的第三方进行复验；④做好旁站监理记录和监理日记，保存旁站监理原始资料。

《房屋建筑工程施工旁站监理管理办法(试行)》还规定：旁站监理人员应当认真履行职责，对需要实施旁站监理的关键部位、关键工序在施工现场跟班监督，及时发现和处理旁站监理过程中出现的质量问题，如实准确地做好旁站监理记录。凡旁站监理人员和施工企业现场质检人员未在旁站监理记录上签字的，不得进行下一道工序施工；旁站监理人员实施旁站监理时，发现施工企业有违反工程建设强制性标准行为的，有权责令施工企业立即整改；发现其施工活动已经或者可能危及工程质量的,应当及时向监理工程师或者总监理工程师报告,由总监理工程师下达局部暂停施工指令或者采取其他应急措施;对于需要旁站监理的关键部位、关键工序施工,凡没有实施旁站监理或者没有旁站监理记录的,监理工程师或者总监理工程师不得在相应文件上签字;在工程竣工验收后,监理企业应当将旁站监理记录存档备查;建设行政主管部门应当加强对旁站监理的监督检查,对于不按照本办法实施旁站监理的监理企业和有关监理人员要进行通报,责令整改,并作为不良记录载入该企业和有关人员的信用档案。

《房屋建筑工程施工旁站监理管理办法(试行)》主要是为了有针对性地加强建设工程质量指标的监理,特别是关键部位、关键工序的施工质量的监理而出台的。在监理人员的实际执业中,常用的监理工作形式除了旁站方式以外,还有巡视和平行检验等监理方式。因此,在对关键部位、关键工序的施工质量必须进行旁站监理的同时,监理人员还要结合监理工作内容的实际和变化,采用其他监理工作方式进行建设工程施工质量的监督管理。

另外,旁站监理方式的采用不仅仅只针对施工质量目标,还应包括建设工程施工安全目标。例如,在装拆施工塔吊时,监理人员采用旁站方式执业将会更可靠地保证施工安全。

7.3.3 关于总监理工程师质量安全责任的法律规定

关于监理单位的质量安全责任的法律规定,请参看第 8 章、第 9 章的有关内容。

《建筑法》第四章"建筑工程监理"没有明确规定总监理工程师的质量安全责任,但规定了监理单位及监理人员的质量安全责任,这些责任范围与总监理工程师的责任内容直接对应或间接相关。在《建设工程质量管理条例》和《建设工程安全生产管理条例》中,对总监理工程师的质量安全责任的法律规定也较少,主要还是规范监理单位的质量安全责任。

总监理工程师作为监理企业在具体建设工程项目实施中的监理项目负责人,其质量安全监理责任有必要细化明确。2015 年 3 月 6 日,住建部发布了《建筑工程项目总监理工程师质量安全责任六项规定(试行)》。

其中规定的总监理工程师质量安全责任包括:

(1)项目监理工作实行项目总监负责制。项目总监应当按规定取得注册执业资格;不得违反规定受聘于两个及以上单位从事执业活动。

(2)项目总监应当在岗履职。应当组织审查施工单位提交的施工组织设计中的安全技术措施或者专项施工方案,并监督施工单位按已批准的施工组织设计中的安全技术措施或者专项施工方案组织施工;应当组织审查施工单位报审的分包单位资格,督促施工单位落实劳务人员持证上岗制度;发现施工单位存在转包和违法分包的,应当及时向建设单位和有关主管部门报告。

(3)工程监理单位应当选派具备相应资格的监理人员进驻项目现场,项目总监应当组织项目监理人员采取旁站、巡视和平行检验等形式实施工程监理,按照规定对施工单位报审的建筑材料、建筑构配件和设备进行检查,不得将不合格的建筑材料、建筑构配件和设备按合格签字。

(4)项目总监发现施工单位未按照设计文件施工、违反工程建设强制性标准施工或者发生质量事故的,应当按照建设工程监理规范规定及时签发工程暂停令。

(5)在实施监理过程中,发现存在安全事故隐患的,项目总监应当要求施工单位整改;

情况严重的,应当要求施工单位暂时停止施工,并及时报告建设单位;施工单位拒不整改或者不停止施工的,项目总监应当及时向有关主管部门报告,主管部门接到项目总监报告后,应当及时处理。

(6)项目总监应当审查施工单位的竣工申请,并参加建设单位组织的工程竣工验收,不得将不合格工程按照合格签认。

《建筑工程项目总监理工程师质量安全责任六项规定(试行)》还强调,项目总监责任的落实不免除工程监理单位和其他监理人员按照法律法规和监理合同应当承担和履行的相应责任。此外,该规定还要求各级住房城乡建设主管部门应当加强对项目总监履职情况的监督检查,发现存在违反上述规定的,依照相关法律法规和规章实施行政处罚或处理。并强调应当建立健全监理企业和项目总监的信用档案,将其违法违规行为及处罚处理结果记入信用档案,并在建筑市场监管与诚信信息发布平台上公布。

《建筑工程项目总监理工程师质量安全责任六项规定(试行)》的附件"建筑工程项目总监理工程师质量安全违法违规行为行政处罚规定"的具体内容主要包括:

(1)项目总监未按规定取得注册执业资格的,按照《注册监理工程师管理规定》第二十九条规定对项目总监实施行政处罚。项目总监违反规定受聘于两个及以上单位并执业的,按照《注册监理工程师管理规定》第三十一条规定对项目总监实施行政处罚。

(2)项目总监未按规定组织审查施工单位提交的施工组织设计中的安全技术措施或者专项施工方案,按照《建设工程安全生产管理条例》第五十七条规定对监理单位实施行政处罚;按照《建设工程安全生产管理条例》第五十八条规定对项目总监实施行政处罚。

(3)项目总监未按规定组织项目监理机构人员采取旁站、巡视和平行检验等形式实施监理造成质量事故的,按照《建设工程质量管理条例》第七十二条规定对项目总监实施行政处罚。项目总监将不合格的建筑材料、建筑构配件和设备按合格签字的,按照《建设工程质量管理条例》第六十七条规定对监理单位实施行政处罚;按照《建设工程质量管理条例》第七十三条规定对项目总监实施行政处罚。

(4)项目总监发现施工单位未按照法律法规以及有关技术标准、设计文件和建设工程承包合同施工未要求施工单位整改,造成质量事故的,按照《建设工程质量管理条例》第七十二条规定对项目总监实施行政处罚。

(5)项目总监发现存在安全事故隐患,未要求施工单位整改;情况严重的,未要求施工单位暂时停止施工,未及时报告建设单位;施工单位拒不整改或者不停止施工,未及时向有关主管部门报告的,按照《建设工程安全生产管理条例》第五十七条规定对监理单位实施行政处罚;按照《建设工程安全生产管理条例》第五十八条规定对项目总监实施行政处罚。

(6)项目总监未按规定审查施工单位的竣工申请,未参加建设单位组织的工程竣工验收的,按照《注册监理工程师管理规定》第三十一条规定对项目总监实施行政处罚。项目总监将不合格工程按照合格签认的,按照《建设工程质量管理条例》第六十七条规定对监理单位实施行政处罚;按照《建设工程质量管理条例》第七十三条规定对项目总监实施行政处罚。

7.4 建设工程监理合同示范文本

7.4.1 概念

建设工程监理合同，是指建设单位依据法律法规以及有关技术标准、勘察设计文件和建设工程施工合同等，与有资质的监理单位订立的合同。建设单位的合同义务主要是支付监理酬金，而监理单位的主要义务是按合同约定提供监理服务。

《合同法》第二百七十六条规定："建设工程实行监理的，发包人应当与监理人采用书面形式订立委托监理合同。发包人与监理人的权利和义务以及法律责任，应当依照本法委托合同以及其他有关法律、行政法规的规定。"

《合同法》第十二条中规定："当事人可以参照各类合同的示范文本订立合同。"为了提高建设工程监理合同的订约规范性和履行效率，针对我国建设工程监理合同管理仍较为薄弱的实际，国家有关行政主管部门组织制定了《建设工程监理合同(示范文本)》。

建设工程监理合同(示范文本)，是指国家有关行政主管部门组织制定、推广，并鼓励相关当事人在订立建设工程监理合同时优先采用或参考的具有普遍示范性的合同文本。

7.4.2 制定沿革

1995年10月9日，建设部、国家工商行政管理局印发了关于《工程建设监理合同(示范文本)》的通知(现已失效)。2000年1月14日，建设部、国家工商行政管理总局印发了关于《建设工程委托监理合同(示范文本)》的通知(现已失效)。2012年3月27日，住建部、国家工商行政管理总局印发了关于《建设工程监理合同(示范文本)》(GF—2012—0202)的通知，原《建设工程委托监理合同(示范文本)》同时废止。

通过建设工程监理合同(示范文本)的三个版本的修订、废止及更新，一方面说明监理合同对建设工程监理实施的重要性，另一方面也反映出在建筑业不断发展的形势下，监理合同(示范文本)变迁的必要性和必然性。

建筑业的发展需要建设工程类合同管理的全面深入实施，因为市场的财富多依赖于合同交易。合同是订约双方平等、自愿协商的产物，具有典型的私法属性。但为了规范合同交易和相应社会关系，国家在一定条件下，有必要通过立法对合同订约、履行作出有关具体规制，《合同法》等法律法规的出台是上述思想的法律实践表现之一。虽然《建设工程监理合同(示范文本)》不具有强制性，但为了加强建设工程监理合同管理，规范建设工程监理活动，维护建设工程监理合同当事人的合法权益，有关行政主管部门组织制定并鼓励推广应用其范本的活动，仍具有对建设工程监理合同实施法制化管理的特征。

7.4.3 内容结构

《建设工程监理合同(示范文本)》由协议书、通用条件、专用条件三个部分组成，并有"相关服务的范围和内容"和"委托人派遣的人员和提供的房屋、资料、设备"两个附录。

协议书包括的主要条款为：工程概况；词语限定；组成本合同的文件；总监理工程师；签约酬金；期限；双方承诺；合同订立。

通用条件是建设工程监理合同缔约时，合同当事人应直接采用的适用于所有监理合同订约的条款。其包括的主要内容为：定义与解释；监理人的义务；委托人的义务；违约责任；支付；合同生效、变更、暂停、解除与终止；争议解决；其他。

专用条件是指合同当事人结合具体的建设工程项目实际及特点，依据通用条件内容，并对其进一步进行符合合同目的的补充或修改。专用条件包括的主要内容外延与通用条件包括的主要内容外延一致，但其包含的条款通过具体订约即具有工程项目个别性内容，其约定内容也较之于通用条件更为细致严谨，并具有更高的可履行性。

附录"相关服务的范围和内容"中包括勘察阶段、设计阶段、保修阶段以及专业技术咨询、外部协调工作等引导性条款，其具体内容需要监理合同双方当事人进行协商，并通过合意明确各方的权利义务。《建设工程监理合同(示范文本)》有关勘察阶段、设计阶段、保修阶段的"相关服务的范围和内容"以附录文件的形式加以合同结构安排，说明《建设工程监理合同(示范文本)》制定的适用范围主要集中在施工阶段的监理服务行为和相应法律关系。

2008年11月，住房和城乡建设部发布的《关于大型工程监理单位创建工程项目管理企业的指导意见》中指出，鼓励创建单位在同一工程建设项目上为业主提供集工程监理、造价咨询、招标代理为一体的项目管理服务。其目的之一就是拓宽监理服务范围，更新管理模式，提升监理效能。《建设工程监理合同(示范文本)》设置附录"相关服务的范围和内容"，力图将监理业务拓展至施工阶段之前的勘察阶段、设计阶段，以及施工竣工交付之后的保修阶段的目的，与指导意见的思想本质是一致的。

附录"委托人派遣的人员和提供的房屋、资料、设备"的条款内容，在实际订约时需要进一步明确或量化表达。设置该附录的主要目的在于进一步规范和落实建设单位，对现场监理的有关技术配合或工作生活条件保障义务。

7.4.4 建设工程监理合同双方主体的义务及权利

依据《建设工程监理合同(示范文本)》(GF—2012—0202)的有关条款内容，建设工程监理合同双方主体，即委托人(建设单位)和监理人(监理单位)的合同义务、权利的主要内容分别如下。

1. 委托人合同义务

委托人义务主要包括：

(1)告知义务。委托人应在委托人与承包人签订的合同中明确监理人、总监理工程师和授予项目监理机构的权限。如有变更，应及时通知承包人。

(2)向监理人提供有关资料的义务。委托人应按照附录"委托人派遣的人员和提供的房屋、资料、设备"约定，无偿向监理人提供工程有关的资料。在合同履行过程中，委托人应及时向监理人提供最新的与工程有关的资料。

(3)向监理人提供工作条件的义务。委托人应为监理人完成监理与相关服务提供必要的条件。委托人应按照附录"委托人派遣的人员和提供的房屋、资料、设备"约定，派遣相应的人员，提供房屋、设备，供监理人无偿使用。委托人应负责协调工程建设中所有外部关系，为监理人履行合同提供必要的外部条件。

(4)委托人应授权一名熟悉工程情况的代表，负责与监理人联系。委托人应在双方签订合同后7天内,将委托人代表的姓名和职责书面告知监理人。当委托人更换委托人代表时,应提前7天通知监理人。

(5) 在合同约定的监理与相关服务工作范围内,委托人对承包人的任何意见或要求应通知监理人,由监理人向承包人发出相应指令。

(6) 书面答复义务。委托人应在专用条件约定的时间内,对监理人以书面形式提交并要求作出决定的事宜,给予书面答复。逾期未答复的,视为委托人认可。

(7) 支付义务。委托人应按合同约定,向监理人支付酬金。

2. 监理人合同义务

监理人义务主要包括:

(1) 在专用条件约定的监理范围内提供监理服务工作。

(2) 提供应有的监理服务工作。除专用条件另有约定外,监理人提供的监理服务工作内容一般应包括:收到工程设计文件后编制监理规划,并在第一次工地会议7天前报委托人。根据有关规定和监理工作需要,编制监理实施细则;熟悉工程设计文件,并参加由委托人主持的图纸会审和设计交底会议;参加由委托人主持的第一次工地会议;主持监理例会并根据工程需要主持或参加专题会议;审查施工承包人提交的施工组织设计,重点审查其中的质量安全技术措施、专项施工方案与工程建设强制性标准的符合性;检查施工承包人工程质量、安全生产管理制度及组织机构和人员资格;检查施工承包人专职安全生产管理人员的配备情况;审查施工承包人提交的施工进度计划,核查承包人对施工进度计划的调整;检查施工承包人的试验室;审核施工分包人资质条件;查验施工承包人的施工测量放线成果;审查工程开工条件,对条件具备的签发开工令;审查施工承包人报送的工程材料、构配件、设备质量证明文件的有效性和符合性,并按规定对用于工程的材料采取平行检验或见证取样方式进行抽检;审核施工承包人提交的工程款支付申请,签发或出具工程款支付证书,并报委托人审核、批准;在巡视、旁站和检验过程中,发现工程质量、施工安全存在事故隐患的,要求施工承包人整改并报委托人;经委托人同意,签发工程暂停令和复工令;审查施工承包人提交的采用新材料、新工艺、新技术、新设备的论证材料及相关验收标准;验收隐蔽工程、分部分项工程;审查施工承包人提交的工程变更申请,协调处理施工进度调整、费用索赔、合同争议等事项;审查施工承包人提交的竣工验收申请,编写工程质量评估报告;参加工程竣工验收,签署竣工验收意见;审查施工承包人提交的竣工结算申请并报委托人;编制、整理工程监理归档文件并报委托人。

(3) 应有所依据地等进行监理工作。监理人工作的主要依据包括:适用的法律、行政法规及部门规章;与工程有关的标准;工程设计及有关文件;本监理合同及委托人与第三方(施工单位等)签订的与实施工程有关的其他合同。

(4) 组建项目监理机构和配置监理人员方面的义务。主要内容有:监理人应组建满足工作需要的项目监理机构,配备必要的检测设备;项目监理机构的主要人员应具有相应的资格条件;在合同履行过程中,总监理工程师及重要岗位监理人员应保持相对稳定,以保证监理工作正常进行;监理人可根据工程进展和工作需要调整项目监理机构人员;监理人更换总监理工程师时,应提前7天向委托人书面报告,经委托人同意后方可更换;监理人更换项目监理机构其他监理人员,应以相当资格与能力的人员替换,并通知委托人;监理人对有严重过失行为的,有违法行为不能履行职责的,涉嫌犯罪的,不能胜任岗位职责的,严重违反职业道德等的监理人员,应及时更换。

(5)遵守职业道德的义务。监理人应遵循职业道德准则和行为规范,严格按照法律法规、工程建设有关标准及合同履行职责。

(6)参与、协助、处理施工合同双方主体(委托人与承包人)的争议纠纷解决。在监理与相关服务范围内,委托人和承包人提出的意见和要求(例如承包人提出的索赔申请),监理人应及时提出处置意见。当委托人与承包人之间发生合同争议时,监理人应协助委托人、承包人协商解决;当委托人与承包人之间的合同争议提交仲裁机构仲裁或人民法院审理时,监理人应提供必要的证明资料;监理人应在专用条件约定的授权范围内,处理委托人与承包人所签订合同的变更事宜。如果变更超过授权范围,应以书面形式报委托人批准。

3. 委托人合同权利

监理人的义务即为委托人之权利。除此之外,委托人还有以下合同权利:

(1)委托人有对承包人所报工程价款支付申请的最终批准权及支付同意权。

(2)监理人调换总监理工程师须事先得到委托人同意。

(3)委托人有权要求监理人提交监理工作月报及监理业务范围内的专项报告。

(4)委托人发现监理人员不按监理合同履行监理职责,或与承包人串通而给委托人造成工程损失的,委托人有权要求监理人更换监理人员,直到终止合同,并要求监理人承担相应的赔偿责任或连带赔偿责任。

4. 监理人合同权利

委托人的义务即为监理人之权利。除此之外,监理人还有以下合同权利:

(1)选择工程总承包人的建议权。

(2)选择工程分包人的认可权。

(3)就工程建设有关事项包括工程规模、设计标准、规划设计、生产工艺设计和使用功能要求等,向委托人的建议权。

(4)对工程设计中的技术问题,按照安全和优化的原则,向设计人提出建议权利;当发现工程设计不符合国家颁布的建设工程质量标准或设计合同约定的质量标准时,监理人应当书面报告委托人并要求设计人更正。

(5)审批工程施工组织设计和技术方案,按照保障质量、工期和降低成本的原则,向承包人提出建议,并向委托人提出书面报告。

(6)主持工程建设有关协作单位的组织协调,重要协调事项应当事先向委托人报告。

(7)征得委托人同意,监理人有权发布开工令、停工令、复工令,但应当事先向委托人报告。

(8)工程上使用的材料和施工质量的检验权。对于不符合设计要求和合同约定及国家质量标准的材料、构配件、设备,有权通知承包人停止使用;对于不符合规范和质量标准的工序、分部分项工程和不安全施工作业,有权通知承包人停工整改、返工。承包人得到监理机构复工指令后才能复工。

(9)工程施工进度的检查、监督权,以及工程实际竣工日期提前或超过工程施工合同规定的竣工期限的签认权。

(10) 在工程施工合同约定的工程价款范围内，工程款支付的审核和签认权以及工程结算的复核权与否决权。未经总监理工程师签字确认，委托人不得支付工程款。

需要注意的是，监理人与承包人双方之间并不存在通过订立合同，产生相应的合同关系。监理人对承包人实施管理的权利源于施工合同中，已经承包人同意并接受的建设单位(监理合同中的委托人)对其自身部分合同权利(施工合同中建设单位的权利)委托转让给监理人的法律事实。在此背景下，虽然监理人与承包人之间没有缔约，但仍然存在着监理与被监理的法律关系。

7.5 案 例 分 析

【案例 7-1】对某工程施工单位的施工行为因何存在两种截然不同的评价？

某 A 工厂兴建职工住宅楼项目，总建筑面积约 5 万平方米，工期 320 日历天。业主通过招标，由 B 施工单位中标施工项目，由 C 监理公司中标监理项目。

在施工过程中，B 单位多次发生偷工减料的行为。例如，使用瘦身钢筋、减少墙体内抹灰厚度、偷换采购安装不合格的卫浴产品、减少外墙内保温颗粒浆料涂抹厚度、室外回填土每匹压实厚度过大等。这些有违法律和施工合同约定的行为，在被现场监理人员发现并要求改正后，B 施工单位却没有积极切实的相应行动。其后，C 监理公司驻项目总监理工程师以书面形式向 A 建设单位进行了报告，并建议 A 单位撤换项目经理，并进行罚款。

在 A 单位受到 C 单位的书面报告后，由其基建办领导组织召开了三方会议，专题研究工程质量问题。但基建办领导最终给出的结论是，施工单位的施工行为基本符合法律、合同以及技术标准的要求，不存在重大质量问题以及偷工减料行为，希望 B 施工单位今后进一步加强管理，提高工程质量。至于罚款问题，考虑到 B 单位中标价已经偏低，质量问题不大，故不进行处罚。

驻项目总监理工程师随即向 C 监理公司提出与 A 建设单位终止监理合同，监理人员整体撤出的强烈建议。正当 C 监理公司举棋不定之时，传来消息，A 单位基建办领导等三人被立案侦查，据传是因为收取了 B 单位的巨额贿赂。

《建筑法》规定，"建筑工程监理应当依照法律、行政法规及有关的技术标准、设计文件和建筑工程承包合同，对承包单位在施工质量、建设工期和建设资金使用等方面，代表建设单位实施监督"。监理虽然代表建设单位实施监督，但并不是建设单位的下属和附庸，其执业应按照《建筑法》的规定，"客观、公正地执行监理任务"。在本案例中，总监理工程师的职业道德及严谨工作的态度值得充分肯定。

《建筑法》第十七条规定："发包单位及其工作人员在建筑工程发包中不得收受贿赂、回扣或者索取其他好处。"《建设工程质量管理条例》第十条中规定："建设单位不得明示或者暗示设计单位或者施工单位违反工程建设强制性标准，降低建设工程质量。"第十四条中规定："建设单位不得明示或者暗示施工单位使用不合格的建筑材料、建筑构配件和设备。"结合该案例，A 建设单位基建管理部门的领导等人，在贿赂利益的腐蚀下，对施工单位违法违约施工行为放任不管，得出的有关结论与事实严重不符等情况的发生，也就成为必然。

【案例 7-2】某监理人员执业行为失范的原因——职业道德缺失

王某是某监理公司派出到 B 施工项目上的一名监理工程师。在监理工作中，他向 B 项目经理提出，能否在项目部开办的管理人员小食堂吃饭，这样便于他的工作生活。否则，每天要到较远的街道上吃饭，也不卫生。

随着接触时间的增加，王某又向 B 项目经理提出，自己有一个孩子，待业在家，能否考虑帮忙在工地上给安排个工作，后项目经理将其安排为工地保安人员。在工地巡查中，王某发现施工单位在晚上回填室内土方时，将大量建筑垃圾混入其中，但并未指出制止，也未向建设单位作出报告。一次，施工单位拿来一份签证单，签证内容主要是基坑降水潜水泵工作台班数。王某看到施工单位报送的签证单上所记录的工作台班数过大，遂表示如果自己签了，要是建设单位基建部门在审批时发现造假是要担风险的，故不予签认。施工单位随即提出，现在项目部管理人员每月各种费用开销过大，正考虑裁减工地后勤、保卫等部门的人员。王某听后，表示如果能给他孩子再每月涨上 1000 元，他就在这张签证单上签字，施工单位项目经理表示同意。

在该案例中，王某的行为当然不能代表广大监理人员。《建筑法》第三十四条中规定："工程监理单位与被监理工程的承包单位以及建筑材料、建筑构配件和设备供应单位不得有隶属关系或者其他利害关系。"第三十五条规定："工程监理单位不按照委托监理合同的约定履行监理义务，对应当监督检查的项目不检查或者不按照规定检查，给建设单位造成损失的，应当承担相应的赔偿责任。工程监理单位与承包单位串通，为承包单位谋取非法利益，给建设单位造成损失的，应当与承包单位承担连带赔偿责任。"显然，如果王某上述有关行为被发现，将必然承担相应的法律责任。

与国内监理工程师职责类似的国外项目咨询工程师，有关国际组织对其从业的职业道德规范十分严格，并将职业道德作为工程师执业的核心准则。

例如，FIDIC（国际咨询工程师联合会）强调咨询工程师要始终坚持职业尊严、地位和名声；保持与技术、立法、管理发展相应的学识与技能，为业主提供精心勤勉的服务；始终为业主的合法利益而正直、精心地工作；公正地提供咨询建议、判断和决策；为业主服务中可能产生的一切潜在的利益冲突，都要告知业主；不接受任何有害独立判断的酬谢；不提供也不接受从感觉上和实际上是在设法影响咨询工程师的公正判断的任何报酬。

【案例 7-3】对某总监理工程师建议设计变更的思考

在一住宅小区工程中，某总监理工程师在审图时发现，施工图确定的基础底标高如果能下调 1 米，则会大量节约室外土方工程量，遂向建设单位以书面提出了调整标高的建议。经建设单位召集设计院、监理单位及有关专家研究，并结合工程现场的实际地貌地形，设计院认为该监理提出的建议合理，且能节约工程造价，故决定进行有关标高的设计变更。在设计院设计变更下发后，该监理工程师发现该变更只有建筑师签字，而无结构施工图设计人签字，故报告建设单位应让结构设计师进行有关结构验算，以确保工程质量安全。建设单位联系到结构设计师后，该设计师经计算后发现，因筏板基础标高发生变化，考虑到地勘资料上已明确的地下水位情况等，需重新调整有关配筋。在了解到多家承包商对住宅楼地下车库设计所采用的某种空心楼盖填充材料持诸多意见的情况下，该监理工程师召开会议认真听取了承包商建议的理由，并亲自展开了大量调研。在认为承包商提出的意见比较合理的情况下，遂向建设单位以书面提出变更原空心楼盖填充材料的建议。之后，建设单位组织设计院、监理单位、施工单位进行了较为扎实的调研，设计院最终变更了设计，采用了一种更为节约而便于施工的新的填充材料。

《建筑法》第三十二条中规定："工程监理人员发现工程设计不符合建筑工程质量标准或者合同约定的质量要求的，应当报告建设单位要求设计单位改正。"《建设工程勘察设计管理条例》第二十八条中规定："建设单位、施工单位、监理单位不得修改建设工程勘察、设计文件；确需修改建设工程勘察、设计文件的，应当由原建设工程勘察、设计单位修改；施工单位、监理单位发现建设工程勘察、设计文件不符合工程建设强制性标准、合同约定的质量要求的，应当报告建设单位，建设单位有权要求建设工程勘察、设计单位对建设工程勘察、设计文件进行补充、修改。"总之，进行设计修改、变更权归属于设计单位，监理单位等不得擅自直接修改。同时，上述法条赋予监理人员在一定条件下具有要求设计变更权，其规定主要是从确保建设工程质量安全角度出发的。在本案例中，总监理工程师报告建设单位，后由设计院结构设计师重新调整筏板配筋的情况就属于这一类情形。

就《建筑法》应具有的较强的公法属性而言，上述法条实质在于强调强制性标准在设计中的执行，以保证质量安全的底线，这当然是合理的规定。但需要注意的是，《建筑法》第三十二条中规定："建筑工程监理应当依照法律、行政法规及有关的技术标准、设计文件和建筑工程承包合同，对承包单位在施工质量、建设工期和建设资金使用等方面，代表建设单位实施监督。"因此，监理人员的执业范围不仅仅是确保质量安全，还涉及工期管理、投资管理等方面。而实际上，这些方面本身又是密不可分的一个整体。

《建筑法》第三十二条中规定了监理工作的依据之一就是施工合同，而我国推行的《建设工程施工合同(示范文本)》中规定了监理人具有提出变更建议的权利。同时，在《建设工程监理合同(示范文本)》中规定，监理人具有对工程设计中的技术问题，按照安全和优化的原则，向设计人提出建议的权利。

总之，应该鼓励监理人员提高执业水平，深化执业工作内涵。正如该案例中，总监理工程师提出的调整基础底标高、更换空心楼盖填充材料等设计优化建议，不但符合有关法律法规立法的精神实质，也为建设单位节省了建设资金。

复习思考题

1. 简述建设工程监理原则。
2. 简述强制监理的建设工程项目具体范围和规模标准。
3. 何谓旁站监理？旁站监理人员的主要职责有哪些？
4. 总监理工程师质量安全责任包括哪些？
5. 简述《建设工程监理合同(示范文本)》内容结构。
6. 监理人的监理合同义务主要包括哪些内容？
7. 监理人的监理合同权利主要包括哪些内容？

第 8 章 建设工程安全生产管理法律法规

8.1 建设工程安全生产管理概述

8.1.1 建设工程安全生产概念

安全生产是指在生产经营活动中,为了避免造成人员伤害和财产损失的事故而采取相应的事故预防和控制措施,以保证从业人员的人身安全,保证生产经营活动得以顺利进行的相关活动。

建设工程安全生产是指在土木工程、建筑工程、线路管道和设备安装工程及装修工程等建设过程中,为了避免造成人员伤害和财产损失的事故而采取相应的事故预防和控制措施,以保证从业人员的人身安全,保证建设工程活动得以顺利进行的相关活动。

8.1.2 建设工程安全生产管理概念

建设工程施工具有人员流动性大,空间交叉及露天高处作业多,手工劳动密集,体力劳动强度大,施工周期较长等特点,这些特点决定了建设工程施工安全事故的多发性和易发性。根据有关部门的统计,2014年全国仅在房屋和市政工程建设领域就发生生产事故511起,死亡人数达到637人。一些地方因发生的建设施工群死群伤事故,造成了人员和财产的严重损失。同时,这些重大事故有些还严重威胁到社会稳定,并造成极为恶劣的社会影响。因此,加强建设工程安全生产管理就成为一个受到社会各方高度关注的重大课题。

建设工程安全生产管理是指在新建、改建、扩建和拆除等建设活动中,运用各种有效资源,通过计划、组织、协调和控制等手段,控制物的不安全因素和人的不安全行为,防止和减少安全事故,实现安全生产目标的管理活动。

8.2 建设工程安全生产管理立法

8.2.1 立法沿革

我国十分重视安全生产管理的立法工作,特别是改革开放以来,颁布实施了数量众多的有关建设工程安全生产管理的法律、行政法规、部门规章等。现就其中较重要的简介如下。

1989年实施的《工程建设重大事故报告和调查程序规定》和1991年实施的《建筑安全生产监督管理规定》等部门规章,虽然均已失效,但对当时的建设工程安全生产管理提供了依法治理的基础与规范,发挥了应有之作用。1998年3月1日起施行的《建筑法》,专设第五章"建筑安全生产管理",在法律层面奠定了建筑安全生产管理法律法规体系的基础和渊源。

2002年6月29日,第九届全国人民代表大会常务委员会第二十八次会议通过了《中华人民共和国安全生产法》,该法自2002年11月1日起施行。《中华人民共和国安全生产法》是我国第一部全面规范安全生产的专门法律,它体现了国家关于加强安全生产监督管理的基本方针、基本原则和基本制度,是建设系统各级主管部门依法行政、加强安全监督管理的重要法律依据,对规范建设系统各单位安全生产行为,提高安全管理水平,保护职工劳动安全权利,处理安全生产违法行为,具有重要意义。其后在 2003 年,国务院颁布了《建设工程安全生产管理条例》,并于 2004 年 2 月 1 日起正式实施。这一条例的实施,标志着我国建设工程安全生产管理的法制化建设提升到了又一个更高的水平。

为提高建设工程重大质量安全事故应急的快速反应能力,确保科学、及时、有效地应对建设工程重大质量安全事故,最大限度减少人员伤亡和财产损失,维护社会稳定,建设部在 2004 年 4 月 30 日发布了《建设工程重大质量安全事故应急预案》,其后在 7 月 5 日发布了《建筑施工企业安全生产许可证管理规定》(2015 年 1 月 22 日,根据住房和城乡建设部关于修改《市政公用设施抗灾设防管理规定》等部门规章的决定修订后发布)。在 2004 年 12 月 1 日又发布了《危险性较大工程安全专项施工方案编制及专家论证审查办法》。

2007 年国务院公布了《生产安全事故报告和调查处理条例》,并于当年 6 月 1 日实施。该条例是《中华人民共和国安全生产法》的重要配套行政法规,也使建设工程的生产安全事故报告和调查处理工作更加规范化。同年,建设部印发了《关于进一步规范房屋建筑和市政工程生产安全事故报告和调查处理工作的若干意见》的通知。2008 年,住房和城乡建设部发布了《建筑施工企业安全生产许可证动态监管暂行办法》、《建筑起重机械安全监督管理规定》和新的《建筑施工企业安全生产管理机构设置及专职安全生产管理人员配备办法》。2009 年 5 月 13 日,住建部发布了《危险性较大的分部分项工程安全管理办法》,对建设工程安全生产事故的重点进行依法管理,具有较强的针对性。2011 年住建部发布了《房屋市政工程生产安全和质量事故查处督办暂行办法》和《房屋市政工程生产安全重大隐患排查治理挂牌督办暂行办法》,强化了对建设工程安全生产的行政监督。2013 年 1 月 14 日,为进一步规范和改进房屋市政工程生产安全事故报告和查处工作,落实事故责任追究制度,防止和减少事故发生,住建部发布了《房屋市政工程生产安全事故报告和查处工作规程》。

2014 年 8 月 31 日,第十二届全国人民代表大会常务委员会第十次会议通过了关于修改《中华人民共和国安全生产法》的决定,修改后的《中华人民共和国安全生产法》自 2014 年 12 月 1 日起实施。《中华人民共和国安全生产法》的修订是我国安全生产依法管理成果的集中体现,对推进建设工程安全生产管理的法制化建设意义重大。

8.2.2 《安全生产法》简介

1. 立法修订的背景

自 2002 年 11 月 1 日起施行《中华人民共和国安全生产法》以来,我国已经连续十余年实现了事故总量、事故死亡人数的双下降,安全生产形势持续向好。

但是,由于我国目前仍然处在工业化、城镇化快速发展的时期,粗放式发展模式还未得到实质改变,以人为本的发展观还未切实践行,加之诸多因素的制约,例如我国安全生产的基础比较薄弱,安全生产保障能力也比较低等,安全生产的形势,包括建筑业的安全生产形势依然严峻。特别是和国外先进水平相比较,安全生产问题更显突出。

另外,在一些行业,例如建筑业中,就吸纳了 4000 余万农民工,广大农民工已经成为有关行业一线的主要劳动力量。因为农民工文化素质、技能知识普遍较低的现实,加之缺乏农民工培训机制制度的有效跟进实施，就造成在生产经营过程中，违规操作、违章作业、违犯劳动纪律的情况时有发生，并进而导致事故的多发。

在国家提出以人为本、科学发展的时代背景下，各方对劳动者人身、健康安全的重视和保护，已成为必然趋势。我们要发展，但决不要血淋淋的发展。生命至上，应摆在经济发展之前的新理念，正在深入人心。

为了适应社会经济发展新的形势和要求，更好地加强安全生产管理的建设。在依法治国的时代背景下，通过法制化的手段进行安全生产管理，就成为必然选择和重要途径，而立法修订正是法制化工作的一大重要任务。

2. 新修订的《安全生产法》概述

2002年11月1日起施行的《安全生产法》共分七章，总计九十七条。2014年12月1日起施行的修改后的新《安全生产法》，在立法内容的结构上基本未变，仍为七章，但条款数增加为一百一十四条。

较之2002年实施的《安全生产法》，新《安全生产法》确立了"安全第一、预防为主、综合治理"的安全生产管理方针。突出了以人为本，生命至上的立法原则及理念；完善了统筹各方力量，系统综合治理的管理思路；加大了对安全生产管理前移及预防控制的立法应对；更加明晰了各方的安全生产管理职责、权利与义务内容，明显加大了对生产经营单位及其主要负责人的行政处罚力度；规范、充实、创新了若干安全生产管理法律制度，增强了法律的规范性和适用性。

在新修订的《安全生产法》中，规定的安全生产管理制度主要有：安全生产责任制度，安全生产标准化制度，安全生产教育培训制度，应急救援预案制度，特种作业人员上岗作业资格制度，安全设施三同时制度，现场消防责任制度，生产场所及设施设备的安全警示标志制度，安全生产资金专用制度，劳动保护制度，工伤保险制度，对严重危及生产安全的工艺、设备实行淘汰制度，事故隐患排查治理制度，重大事故隐患治理政府督办制度，安全生产联动执法制度，安全生产事故报告制度，事故调查报告社会公示制度，安全生产违法行为信息收集、共享制度等。

随着《安全生产法》的实施，因其在安全生产管理立法体系中的基础核心地位，必然深刻影响到建设工程安全生产管理的立法活动。加强对新修订的《安全生产法》的学习，将有助于对建设工程安全生产管理法律法规的深入理解。

8.3 建设工程安全生产监督管理

8.3.1 概述

首先需要说明的是，本书所讲的建设工程安全生产"监督管理"，专指行政监督管理。是指行政主体基于行政职权依法对行政相对人，是否遵守法律、行政法规和执行行政决定等情况进行的行政许可审批、行政检查、行政处罚及行政强制措施等行政管理及执法活动。

建设工程安全生产不仅事关人民生命财产根本利益，事关生产经营活动能否高效可靠持续地开展，而且对促进和谐社会建立，维和社会稳定，落实以人为本的治国理念和社会经济可持续发展，具有重大意义。因此，对建设工程安全生产的监督管理，不能仅靠生产经营单位的作用和力量。因为安全生产事务的重要性、社会性、严肃性等特点，必须对其实施行政监督管理，并建立健全相应的法律制度。

行政监督管理必须贯彻合法性原则、合理性原则、正当程序原则、效率原则、诚实守信原则、责任原则等基本原则。当前，就建设工程安全生产而言，对其进行的行政监督管理尤其要注意行政执法的严肃性和依法行政等问题。

8.3.2 有关法律法规规定

建设工程安全生产监督管理的法律法规规定较多，本书介绍其中的一些重点内容。

1. 法律规定

《安全生产法》因其作为安全生产基本法的特点，故而建设工程安全生产的监督管理法律关系也必然受其调整。

《安全生产法》第四章"安全生产的监督管理"中规定：县级以上地方各级人民政府应当根据本行政区域内的安全生产状况，组织有关部门按照职责分工，对本行政区域内容易发生重大生产安全事故的生产经营单位进行严格检查。安全生产监督管理部门应当按照分类分级监督管理的要求，制定安全生产年度监督检查计划，并按照年度监督检查计划进行监督检查，发现事故隐患，应当及时处理；负有安全生产监督管理职责的部门依照有关法律、法规的规定，对涉及安全生产的事项需要审查批准（包括批准、核准、许可、注册、认证、颁发证照等，下同）或者验收的，必须严格依照有关法律、法规和国家标准或者行业标准规定的安全生产条件和程序进行审查。

《安全生产法》第六十二条规定："安全生产监督管理部门和其他负有安全生产监督管理职责的部门依法开展安全生产行政执法工作，对生产经营单位执行有关安全生产的法律、法规和国家标准或者行业标准的情况进行监督检查，行使以下职权：（一）进入生产经营单位进行检查，调阅有关资料，向有关单位和人员了解情况；（二）对检查中发现的安全生产违法行为，当场予以纠正或者要求限期改正；对依法应当给予行政处罚的行为，依照本法和其他有关法律、行政法规的规定作出行政处罚决定；（三）对检查中发现的事故隐患，应当责令立即排除；重大事故隐患排除前或者排除过程中无法保证安全的，应当责令从危险区域内撤出作业人员，责令暂时停产停业或者停止使用相关设施、设备；重大事故隐患排除后，经审查同意，方可恢复生产经营和使用；（四）对有根据认为不符合保障安全生产的国家标准或者行业标准的设施、设备、器材以及违法生产、储存、使用、经营、运输的危险物品予以查封或者扣押，对违法生产、储存、使用、经营危险物品的作业场所予以查封，并依法作出处理决定。"第六十七条规定："负有安全生产监督管理职责的部门依法对存在重大事故隐患的生产经营单位作出停产停业、停止施工、停止使用相关设施或者设备的决定，生产经营单位应当依法执行，及时消除事故隐患。生产经营单位拒不执行，有发生生产安全事故的现实危险的，在保证安全的前提下，经本部门主要负责人批准，负有安全生产监督管理职责的部门可以采取通知有关单位停止供电、停止供应民用爆炸物品等措施，强制生产经营单位履行决定。通知应当采用书面形式，有关单位应当予以配合。"第七十五条规定："负有安全生产监督管理职责的部门应当建立安全生产违法行为信息库，如实记录生产经营单位的安全生产违法行为信息；对违法行为情节严重的生产经营单位，应当向社会公告，并通报行业主管部门、投资主管部门、国土资源主管部门、证券监督管理机构以及有关金融机构。"

《建筑法》第六条规定:"国务院建设行政主管部门对全国的建筑活动实施统一监督管理。"第四十三条规定:"建设行政主管部门负责建筑安全生产的管理,并依法接受劳动行政主管部门对建筑安全生产的指导和监督。"

2. 行政法规规定

《建设工程安全生产管理条例》第五章"监督管理"中的第三十九条规定:"国务院负责安全生产监督管理的部门依照《中华人民共和国安全生产法》的规定,对全国建设工程安全生产工作实施综合监督管理。"第四十条规定:"国务院建设行政主管部门对全国的建设工程安全生产实施监督管理。"第四十二条规定:"建设行政主管部门在审核发放施工许可证时,应当对建设工程是否有安全施工措施进行审查,对没有安全施工措施的,不得颁发施工许可证。"第四十三条规定:"县级以上人民政府负有建设工程安全生产监督管理职责的部门在各自的职责范围内履行安全监督检查职责时,有权采取下列措施:(一)要求被检查单位提供有关建设工程安全生产的文件和资料;(二)进入被检查单位施工现场进行检查;(三)纠正施工中违反安全生产要求的行为;(四)对检查中发现的安全事故隐患,责令立即排除;重大安全事故隐患排除前或者排除过程中无法保证安全的,责令从危险区域内撤出作业人员或者暂时停止施工。"

3. 部门规范性文件规定

2002年国家安全生产监督管理局关于《加强重大建设工程项目安全生产监督管理预防重大事故发生》的通知,2006年建设部、国家安全生产监督管理总局关于《严禁未取得安全生产许可证建筑施工企业从事建筑施工活动》的紧急通知,2007年建设部安全生产管理委员会办公室《关于加强既有建筑装修、改扩建质量安全监督管理的通知》,2008年住房和城乡建设部发布的《建筑施工企业安全生产许可证动态监管暂行办法》、《建筑起重机械安全监督管理规定》,2009年住房和城乡建设部关于印发《建设工程高大模板支撑系统施工安全监督管理导则》的通知,住房和城乡建设部关于《做好建筑企业跨省承揽业务监督管理工作》的通知,2011年住建部发布的《房屋市政工程生产安全和质量事故查处督办暂行办法》和《房屋市政工程生产安全重大隐患排查治理挂牌督办暂行办法》,2014年人力资源和社会保障部、住房和城乡建设部、国家安全生产监督管理总局、全国总工会关于《进一步做好建筑业工伤保险工作的意见》等部门规范性文件,充实、突出及完善了建设工程安全生产监督管理的内容和行政执法重点。

8.4 建设工程各方主体安全生产责任法律规定

8.4.1 建设单位的安全生产责任

1. 应向施工单位提供相关工程资料

《建筑法》第四十条规定:"建设单位应当向施工企业提供与施工现场有关的地下管线资料,建筑施工企业应当采取措施加以保护。"

《建设工程安全生产管理条例》第六条规定:"建设单位应向施工单位提供施工现场及毗邻区域内供水、排水、供电、供气、供热、通信、广播电视等地下管线资料,气象和水文观测资料,相邻建筑物和构筑物、地下工程的有关资料,并保证资料的真实、准确、完整。"

需要注意的是,如果建设单位将获取相关资料的义务,通过施工合同依法转移给施工单位承担,则建设单位上述责任将取消或缩小。

2. 不得提出降低安全生产水平的要求

《建设工程安全生产管理条例》第七条规定:"建设单位不得对勘察、设计、施工、工程监理等单位提出不符合建设工程安全生产法律、法规和强制性标准规定的要求,不得压缩合同约定的工期。"

第九条规定:"建设单位不得明示或者暗示施工单位购买、租赁、使用不符合安全施工要求的安全防护用具、机械设备、施工机具及配件、消防设施和器材。"

3. 应确保安全生产费用投入

《建设工程安全生产管理条例》第八条规定:"建设单位在编制工程概算时,应当确定建设工程安全作业环境及安全施工措施所需费用。" 2015年3月6日住建部发布的《建设单位项目负责人质量安全责任八项规定(试行)》中规定,建设单位项目负责人在组织编制工程概算时,应当将建筑工程安全生产措施费用和工伤保险费用单独列支,作为不可竞争费,不参与竞标。

4. 其他的安全责任

《建设单位项目负责人质量安全责任八项规定(试行)》规定,建设单位项目负责人应当在项目开工前按照国家有关规定办理工程质量、安全监督手续,申请领取施工许可证。依据《建筑法》规定,建设单位在可能损坏道路、管线、电力、邮电通信等公共设施,需要进行爆破作业等情况下,应当按照国家有关规定办理申请批准手续。《建设工程安全生产管理条例》第十条规定:"建设单位在申请领取施工许可证时,应当提供建设工程有关安全施工措施的资料。"第十一条规定:"建设单位应当将拆除工程发包给具有相应资质等级的施工单位。"

8.4.2 勘察设计单位的安全生产责任

1. 勘察单位的安全责任

在《建设工程安全生产管理条例》、《建设工程勘察设计管理条例》中,对勘察单位的安全责任作出了规定。主要内容包括:勘察单位应当按照法律、法规和工程建设强制性标准进行勘察;必须保证勘察文件真实、准确,满足建设工程规划、选址、设计、岩土治理和施工的需要;在勘察作业时,应当严格执行操作规程,采取措施保证各类管线、设施和周边建筑物、构筑物的安全;应当在建设工程施工前,向施工单位和监理单位说明建设工程勘察意图,解释建设工程勘察文件。

2. 设计单位的安全责任

在《建筑法》、《建设工程安全生产管理条例》、《建设工程勘察设计管理条例》中,对设计单位的安全责任作出了规定。主要内容包括:工程设计应当符合按照国家规定制定的建筑安全规程和技术规范,保证工程的安全性能;应当按照法律、法规和工程建设强制性标准进行设计,防止因设计不合理导致生产安全事故的发生;应当考虑施工安全操作和防护的需要,对涉及施工安全的重点部位和环节在设计文件中注明,并对防范生产安全事故提出指导意见;采用新结构、新材料、新工艺的建设工程和特殊结构的建设工程,设计单位应当在设计中提出保障施工作业人员安全和预防生产安全事故的措施建议;应当在建设工程施工前,向施工单位和监理单位说明建设工程设计意图,解释建设工程设计文件;设计单位和注册建筑师等注册执业人员应当对其设计负责。

8.4.3 施工单位的安全生产责任

在《安全生产法》、《建筑法》、《建设工程安全生产管理条例》及有关部委规章中,对施工单位的安全生产责任作了相应规定。主要的包括:

1. **依法在资质等级许可的范围内承揽工程**

《建设工程安全生产管理条例》规定,施工单位从事建设工程的新建、扩建、改建和拆除等活动,应当具备国家规定的注册资本、专业技术人员、技术装备和安全生产等条件,依法取得相应等级的资质证书,并在其资质等级许可的范围内承揽工程。

为了规范建筑工程施工承发包活动,保证工程质量和施工安全,有效遏制违法发包、转包、违法分包及挂靠等违法行为,维护建筑市场秩序和建设工程主要参与方的合法权益,住建部在2014年8月4日发布了《建筑工程施工转包违法分包等违法行为认定查处管理办法(试行)》,其中第十一条规定了施工单位违法进行资质挂靠的若干具体形式。主要的包括:没有资质的单位或个人借用其他施工单位的资质承揽工程的;有资质的施工单位相互借用资质承揽工程的,包括资质等级低的借用资质等级高的,资质等级高的借用资质等级低的,相同资质等级相互借用的;专业分包的发包单位不是该工程的施工总承包或专业承包单位的,但建设单位依约作为发包单位的除外;劳务分包的发包单位不是该工程的施工总承包、专业承包单位或专业分包单位的;施工单位在施工现场派驻的项目负责人、技术负责人、质量管理负责人、安全管理负责人中一人以上与施工单位没有订立劳动合同,或没有建立劳动工资或社会养老保险关系的;实际施工总承包单位或专业承包单位与建设单位之间没有工程款收付关系,或者工程款支付凭证上载明的单位与施工合同中载明的承包单位不一致,又不能进行合理解释并提供材料证明的;合同约定由施工总承包单位或专业承包单位负责采购或租赁的主要建筑材料、构配件及工程设备或租赁的施工机械设备,由其他单位或个人采购、租赁,或者施工单位不能提供有关采购、租赁合同及发票等证明,又不能进行合理解释并提供材料证明的。

2. **取得安全生产许可证**

2004年实施的《建筑施工企业安全生产许可证管理规定》中明确要求:国家对建筑施工企业实行安全生产许可制度。建筑施工企业未取得安全生产许可证的,不得从事建筑施工活动。

《建筑施工企业安全生产许可证管理规定》第四条规定:"建筑施工企业取得安全生产许可证,应当具备下列安全生产条件:(一)建立、健全安全生产责任制,制定完备的安全生产规章制度和操作规程;(二)保证本单位安全生产条件所需资金的投入;(三)设置安全生产管理机构,按照国家有关规定配备专职安全生产管理人员;(四)主要负责人、项目负责人、专职安全生产管理人员经建设主管部门或者其他有关部门考核合格;(五)特种作业人员经有关业务主管部门考核合格,取得特种作业操作资格证书;(六)管理人员和作业人员每年至少进行一次安全生产教育培训并考核合格;(七)依法参加工伤保险,依法为施工现场从事危险作业的人员办理意外伤害保险，为从业人员交纳保险费；(八)施工现场的办公、生活区及作业场所和安全防护用具、机械设备、施工机具及配件符合有关安全生产法律、法规、标准和规程的要求；(九)有职业危害防治措施，并为作业人员配备符合国家标准或者行业标准的安全防护用具和安全防护服装；(十)有对危险性较大的分部分项工程及施工现场易发生重大事故的部位、环节的预防、监控措施和应急预案；(十一)有生产安全事故应急救援预案、应急救援组织或者应急救援人员，配备必要的应急救援器材、设备；(十二)法律、法规规定的其他条件。"

《建筑施工企业安全生产许可证管理规定》第六条规定："建筑施工企业申请安全生产许可证时，应当向建设主管部门提供下列材料：(一)建筑施工企业安全生产许可证申请表；(二)企业法人营业执照；(三)第四条规定的相关文件、材料。建筑施工企业申请安全生产许可证，应当对申请材料实质内容的真实性负责，不得隐瞒有关情况或者提供虚假材料。"

此外，该管理规定还明确，建筑施工企业取得安全生产许可证后，不得降低安全生产条件，并应当加强日常安全生产管理，接受建设主管部门的监督检查。安全生产许可证颁发管理机关发现企业不再具备安全生产条件的，应当暂扣或者吊销安全生产许可证。建筑施工企业不得转让、冒用安全生产许可证或者使用伪造的安全生产许可证。

3. 相关从业人员应具有相应执业资格及知识能力

《建筑法》中规定，从事建筑活动的专业技术人员，应当依法取得相应的执业资格证书，并在执业资格证书许可的范围内从事建筑活动。就从事建设工程施工管理的专业技术人员而言，所对应的资格类别主要是建造师执业资格。

《建设工程安全生产管理条例》第二十一条规定："施工单位的项目负责人应当由取得相应执业资格的人员担任"。

《建设工程安全生产管理条例》第二十五条规定："垂直运输机械作业人员、安装拆卸工、爆破作业人员、起重信号工、登高架设作业人员等特种作业人员，必须按照国家有关规定经过专门的安全作业培训，并取得特种作业操作资格证书后，方可上岗作业。"

《建筑施工企业安全生产许可证管理规定》中要求，建筑施工企业的主要负责人、项目负责人、专职安全生产管理人员(三类人员)经建设主管部门或者其他有关部门考核合格。《安全生产法》第二十四条规定，生产经营单位的主要负责人和安全生产管理人员必须具备与本单位所从事的生产经营活动相应的安全生产知识和管理能力。

4. 建立健全施工安全生产管理制度

结合《建筑法》、《建设工程安全生产管理条例》、《安全生产法》及有关部委规章的相关规定，施工单位应当建立健全安全生产责任制度，安全生产教育培训制度，安全生产标准化制度，安全施工技术交底制度，安全生产检查制度，应急救援预案制度，现场消防责任制度，特种作业人员上岗作业资格制度，生产场所及设施设备的安全警示标志制度，危险性较大的分部分项工程安全管理制度，安全生产资金专用制度，劳动保护制度，工伤保险制度，事故隐患排查治理制度，安全生产事故报告制度等。

在这些制度中，安全生产责任制度是基础和关键。上述制度相互联系，形成了施工安全生产制度化管理的合力，为共同实现安全生产的最终目的，发挥着各自带有侧重的安全生产管理效能。

5. 总承包单位对施工现场的安全生产负总责

《建筑法》第四十五条规定:"施工现场安全由建筑施工企业负责。实行施工总承包的,由总承包单位负责。"《建设工程安全生产管理条例》中规定,总承包单位依法将建设工程分包给其他单位的,分包合同中应当明确各自的安全生产方面的权利、义务。总承包单位和分包单位对分包工程的安全生产承担连带责任。分包单位应当服从总承包单位的安全生产管理,分包单位不服从管理导致生产安全事故的,由分包单位承担主要责任。

6. 编制施工安全技术措施或专项方案

《建设工程安全生产管理条例》第二十六条规定,施工单位应当在施工组织设计中编制安全技术措施和施工现场临时用电方案,对下列达到一定规模的危险性较大的分部分项工程编制专项施工方案,并附具安全验算结果,经施工单位技术负责人、总监理工程师签字后实施,由专职安全生产管理人员进行现场监督:①基坑支护与降水工程;②土方开挖工程;③模板工程;④起重吊装工程;⑤脚手架工程;⑥拆除、爆破工程;⑦国务院建设行政主管部门或者其他有关部门规定的其他危险性较大的工程。对前款所列工程中涉及深基坑、地下暗挖工程、高大模板工程的专项施工方案,施工单位还应当组织专家进行论证、审查。

针对在施工过程中存在的可能导致作业人员群死群伤或造成重大不良社会影响的分部分项工程,为进一步规范和加强对危险性较大的分部分项工程安全管理,积极防范和遏制建筑施工生产安全事故的发生,住建部在 2009 年专门出台了《危险性较大的分部分项工程安全管理办法》。

《危险性较大的分部分项工程安全管理办法》明确了各类危险性较大的分部分项工程范围。例如,危险性较大的脚手架分部分项工程的具体范围是,①搭设高度 24 米及以上的落地式钢管脚手架工程;②附着式整体和分片提升脚手架工程;③悬挑式脚手架工程;④吊篮脚手架工程;⑤自制卸料平台、移动操作平台工程;⑥新型及异型脚手架工程等。办法还规定,建筑工程实行施工总承包的,专项方案应当由施工总承包单位组织编制。其中,起重机械安装拆卸工程、深基坑工程、附着式升降脚手架等专业工程实行分包的,其专项方案可由专业承包单位组织编制。

《危险性较大的分部分项工程安全管理办法》中的"专项施工方案",是指施工单位在编制施工组织(总)设计的基础上,针对危险性较大的分部分项工程单独编制的安全技术措施文件。《危险性较大的分部分项工程安全管理办法》第七条规定:"专项方案编制应当包括以下内容:(一)工程概况:危险性较大的分部分项工程概况、施工平面布置、施工要求和技术保证条件。(二)编制依据:相关法律、法规、规范性文件、标准、规范及图纸(国标图集)、施工组织设计等。(三)施工计划:包括施工进度计划、材料与设备计划。(四)施工工艺技术:技术参数、工艺流程、施工方法、检查验收等。(五)施工安全保证措施:组织保障、技术措施、应急预案、监测监控等。(六)劳动力计划:专职安全生产管理人员、特种作业人员等。(七)计算书及相关图纸。"

《危险性较大的分部分项工程安全管理办法》还规定,专项方案应当由施工单位技术部门组织本单位施工技术、安全、质量等部门的专业技术人员进行审核。经审核合格的,由施工单位技术负责人签字。实行施工总承包的,专项方案应当由总承包单位技术负责人及相关专业承包单位技术负责人签字。不需专家论证的专项方案,经施工单位审核合格后报监理单位，由项目总监理工程师审核签字。超过一定规模的危险性较大的分部分项工程专项方案应当由施工单位组织召开专家论证会。实行施工总承包的，由施工总承包单位组织召开专家论证会。

专家论证的主要内容包括：专项方案内容是否完整、可行；专项方案计算书和验算依据是否符合有关标准规范；安全施工的基本条件是否满足现场实际情况。专项方案经论证后，专家组应当提交论证报告，对论证的内容提出明确的意见，并在论证报告上签字。该报告作为专项方案修改完善的指导意见。施工单位应当根据论证报告修改完善专项方案，并经施工单位技术负责人、项目总监理工程师、建设单位项目负责人签字后，方可组织实施。实行施工总承包的，应当由施工总承包单位、相关专业承包单位技术负责人签字。专项方案经论证后需做重大修改的，施工单位应当按照论证报告修改，并重新组织专家进行论证。

近些年来，在施工安全生产形势向好的整体背景下，一些危险性较大的分部分项工程的施工安全事故却并未得到有效遏制。例如，脚手架模板垮塌，起重机械设备在安装、拆卸过程中的倾覆事故等。如何进一步降低危险性较大的分部分项工程的事故率，正成为施工安全管理的重点和难点。

7. 劳动保护及卫生保障

《安全生产法》规定，生产经营单位不得以任何形式与从业人员订立协议，免除或者减轻其对从业人员因生产安全事故伤亡依法应承担的责任。生产经营单位不得因从业人员对本单位安全生产工作提出批评、检举、控告或者拒绝违章指挥、强令冒险作业而降低其工资、福利等待遇或者解除与其订立的劳动合同。

《建设工程安全生产管理条例》规定，施工单位应当向作业人员提供安全防护用具和安全防护服装，并书面告知危险岗位的操作规程和违章操作的危害。施工单位应当将施工现场的办公、生活区与作业区分开设置，并保持安全距离；办公、生活区的选址应当符合安全性要求。职工的膳食、饮水、休息场所等应当符合卫生标准。施工单位不得在尚未竣工的建筑物内设置员工集体宿舍。

8. 保护外部环境安全

2015年1月1日起实施的《环境保护法》规定，企业应当优先使用清洁能源，采用资源利用率高、污染物排放量少的工艺、设备以及废弃物综合利用技术和污染物无害化处理技术，减少污染物的产生；排放污染物的企业事业单位和其他生产经营者，应当采取措施，防治在生产建设或者其他活动中产生的废气、废水、废渣、医疗废物、粉尘、恶臭气体、放射性物质以及噪声、振动、光辐射、电磁辐射等对环境的污染和危害；排放污染物的企业事业单位，应当建立环境保护责任制度，明确单位负责人和相关人员的责任；排放污染物的企业事业单位和其他生产经营者，应当按照国家有关规定缴纳排污费。

《建设工程安全生产管理条例》第三十条规定，施工单位对因建设工程施工可能造成损害的毗邻建筑物、构筑物和地下管线等，应当采取专项防护措施。施工单位应当遵守有关环境保护法律、法规的规定，在施工现场采取措施，防止或者减少粉尘、废气、废水、固体废物、噪声、振动和施工照明对人和环境的危害和污染。在城市市区内的建设工程，施工单位应当对施工现场实行封闭围挡。

9. 其他有关责任

施工单位应当设立安全生产管理机构,配备专职安全生产管理人员。专职安全生产管理人员负责对安全生产进行现场监督检查。发现安全事故隐患,应当及时向项目负责人和安全生产管理机构报告;对违章指挥、违章操作的,应当立即制止。

施工单位采购、租赁的安全防护用具、机械设备、施工机具及配件,应当具有生产(制造)许可证、产品合格证,并在进入施工现场前进行查验。施工现场的安全防护用具、机械设备、施工机具及配件必须由专人管理,定期进行检查、维修和保养,建立相应的资料档案,并按照国家有关规定及时报废。

施工单位在使用施工起重机械和整体提升脚手架、模板等自升式架设设施前,应当组织有关单位进行验收,也可以委托具有相应资质的检验检测机构进行验收;使用承租的机械设备和施工机具及配件的,由施工总承包单位、分包单位、出租单位和安装单位共同进行验收。验收合格的方可使用。

施工单位应当根据不同施工阶段、周围环境以及季节、气候的变化,对建筑起重机械采取相应的安全防护措施;制定建筑起重机械生产安全事故应急救援预案;在建筑起重机械活动范围内设置明显的安全警示标志,对集中作业区做好安全防护;设置相应的设备管理机构或者配备专职的设备管理人员;指定专职设备管理人员、专职安全生产管理人员进行现场监督检查;建筑起重机械出现故障或者发生异常情况的,立即停止使用,消除故障和事故隐患后,方可重新投入使用。

8.4.4 监理单位的安全生产责任

1. 审查安全技术措施或专项施工方案

《建设工程安全生产管理条例》规定,工程监理单位应当审查施工组织设计中的安全技术措施或者专项施工方案是否符合工程建设强制性标准。

《危险性较大的分部分项工程安全管理办法》规定,由施工单位审核合格的不需专家论证的专项方案,施工单位需报监理单位,由项目总监理工程师审核签字。

2. 依法处理报告安全事故隐患

《建设工程安全生产管理条例》第十四条规定,工程监理单位在实施监理过程中,发现存在安全事故隐患的,应当要求施工单位整改;情况严重的,应当要求施工单位暂时停止施工,并及时报告建设单位。施工单位拒不整改或者不停止施工的,工程监理单位应当及时向有关主管部门报告。

3. 对建设工程安全生产承担监理责任

《建设工程安全生产管理条例》第十四条规定,工程监理单位和监理工程师应当按照法律、法规和工程建设强制性标准实施监理,并对建设工程安全生产承担监理责任。

8.4.5 其他单位的安全生产责任

1. 提供机械设备和配件单位的安全责任

《建设工程安全生产管理条例》第十五条规定,为建设工程提供机械设备和配件的单位,应当按照安全施工的要求配备齐全有效的保险、限位等安全设施和装置。

2. 出租机械设备和施工机具及配件单位的安全责任

《建设工程安全生产管理条例》第十六条规定，出租的机械设备和施工机具及配件，应当具有生产(制造)许可证、产品合格证。出租单位应当对出租的机械设备和施工机具及配件的安全性能进行检测，在签订租赁协议时，应当出具检测合格证明。禁止出租检测不合格的机械设备和施工机具及配件。

2008年6月1日起施行的《建筑起重机械安全监督管理规定》中明确，出租单位出租的建筑起重机械和使用单位购置、租赁、使用的建筑起重机械应当具有特种设备制造许可证、产品合格证、制造监督检验证明；出租单位在建筑起重机械首次出租前，自购建筑起重机械的使用单位在建筑起重机械首次安装前，应当持建筑起重机械特种设备制造许可证、产品合格证和制造监督检验证明到本单位工商注册所在地县级以上地方人民政府建设主管部门办理备案；出租单位应当在签订的建筑起重机械租赁合同中，明确租赁双方的安全责任，并出具建筑起重机械特种设备制造许可证、产品合格证、制造监督检验证明、备案证明和自检合格证明，提交安装使用说明书。

《建筑起重机械安全监督管理规定》第七条规定："有下列情形之一的建筑起重机械，不得出租、使用：(一)属国家明令淘汰或者禁止使用的；(二)超过安全技术标准或者制造厂家规定的使用年限的；(三)经检验达不到安全技术标准规定的；(四)没有完整安全技术档案的；(五)没有齐全有效的安全保护装置的。"

3. 安装拆卸施工起重机械和模板支撑系统单位的安全责任

《建设工程安全生产管理条例》第十七条规定，在施工现场安装、拆卸施工起重机械和整体提升脚手架、模板等自升式架设设施，必须由具有相应资质的单位承担。安装、拆卸施工起重机械和整体提升脚手架、模板等自升式架设设施，应当编制拆装方案、制定安全施工措施，并由专业技术人员现场监督。施工起重机械和整体提升脚手架、模板等自升式架设设施安装完毕后，安装单位应当自检，出具自检合格证明，并向施工单位进行安全使用说明，办理验收手续并签字。施工起重机械和整体提升脚手架、模板等自升式架设设施的使用达到国家规定的检验检测期限的，必须经具有专业资质的检验检测机构检测。经检测不合格的，不得继续使用。

《建筑起重机械安全监督管理规定》要求：从事建筑起重机械安装、拆卸活动的单位应当依法取得建设主管部门颁发的相应资质和建筑施工企业安全生产许可证，并在其资质许可范围内承揽建筑起重机械安装、拆卸工程；建筑起重机械使用单位和安装单位应当在签订的建筑起重机械安装、拆卸合同中明确双方的安全生产责任。实行施工总承包的，施工总承包单位应当与安装单位签订建筑起重机械安装、拆卸工程安全协议书。

《建筑起重机械安全监督管理规定》第十二条规定："安装单位应当履行下列安全职责：(一)按照安全技术标准及建筑起重机械性能要求，编制建筑起重机械安装、拆卸工程专项施工方案，并由本单位技术负责人签字；(二)按照安全技术标准及安装使用说明书等检查建筑起重机械及现场施工条件；(三)组织安全施工技术交底并签字确认；(四)制定建筑起重机械安装、拆卸工程生产安全事故应急救援预案；(五)将建筑起重机械安装、拆卸工程专项施工方案，安装、拆卸人员名单，安装、拆卸时间等材料报施工总承包单位和监理单位审核后，告知工程所在地县级以上地方人民政府建设主管部门。"

《建筑起重机械安全监督管理规定》第十五条规定:"安装单位应当建立建筑起重机械安装、拆卸工程档案。建筑起重机械安装、拆卸工程档案应当包括以下资料:(一)安装、拆卸合同及安全协议书;(二)安装、拆卸工程专项施工方案;(三)安全施工技术交底的有关资料;(四)安装工程验收资料;(五)安装、拆卸工程生产安全事故应急救援预案。"

4. 检验检测机构的安全责任

检验检测机构对检测合格的施工起重机械和整体提升脚手架、模板等自升式架设设施,应当出具安全合格证明文件,并对检测结果负责。

8.5 建设工程安全生产管理法定制度

建设工程安全生产的管理制度较多,其中一部分被法律法规所规范。本书重点介绍安全生产责任制度,教育培训制度,应急救援预案、事故报告及调查处理等几个制度的有关法律规定。

8.5.1 安全生产责任制度

安全生产责任制是根据"安全第一,预防为主,综合治理"的安全生产方针和安全生产法律法规,在安全生产管理组织、生产经营单位中建立的对安全生产责任进行层层分解落实的一项安全制度。安全生产责任制是企业岗位责任制的一个组成部分,也是企业安全生产管理制度的核心。

《安全生产法》规定:生产经营单位必须遵守本法和其他有关安全生产的法律、法规,加强安全生产管理,建立、健全安全生产责任制;生产经营单位的主要负责人对本单位的安全生产工作全面负责;生产经营单位的安全生产责任制应当明确各岗位的责任人员、责任范围和考核标准等内容;生产经营单位应当建立相应的机制,加强对安全生产责任制落实情况的监督考核,保证安全生产责任制的落实;建筑施工单位,应当设置安全生产管理机构或者配备专职安全生产管理人员。《建筑法》规定,建筑施工企业必须依法加强对建筑安全生产的管理,执行安全生产责任制度,采取有效措施,防止伤亡和其他安全生产事故的发生。建筑施工企业的法定代表人对本企业的安全生产负责;施工现场安全由建筑施工企业负责。实行施工总承包的,由总承包单位负责。分包单位向总承包单位负责,服从总承包单位对施工现场的安全生产管理。

《建筑施工企业安全生产管理机构设置及专职安全生产管理人员配备办法》通过对安全生产管理机构(建筑施工企业设置的负责安全生产管理工作的独立职能部门)和专职安全生产管理人员(经建设主管部门或者其他有关部门安全生产考核合格取得安全生产考核合格证书,并在建筑施工企业及其项目从事安全生产管理工作的专职人员)的安全管理职责的明确,增强了建筑施工企业安全生产责任制建设的规范性和实效。

《建筑施工企业安全生产管理机构设置及专职安全生产管理人员配备办法》规定:建筑施工企业及其所属分公司、区域公司等较大的分支机构必须在建设工程项目中设立安全生产管理机构;安全生产管理机构的职责主要包括,落实国家有关安全生产法律法规和标准、编制并适时更新安全生产管理制度、组织开展全员安全教育培训及安全检查等活动;专职安全生产管理人员包括企业安全生产管理机构的负责人及其工作人员和施工现场专职安全生产管理人员；企业安全生产管理机构负责人依据企业安全生产实际，适时修订企业安全生产规章制度，调配各级安全生产管理人员，监督、指导并评价企业各部门或分支机构的安全生产管理工作，配合有关部门进行事故的调查处理等；企业安全生产管理机构工作人员负责安全生产相关数据统计、安全防护和劳动保护用品配备及检查、施工现场安全督查等；施工现场专职安全生产管理人员负责施工现场安全生产巡视督查，并做好记录；发现现场存在安全隐患时，应及时向企业安全生产管理机构和工程项目经理报告；对违章指挥、违章操作的，应立即制止；建设工程项目应当成立由项目经理负责的安全生产管理小组，小组成员应包括企业派驻到项目的专职安全生产管理人员。

建设工程施工安全的管理是一个体系，安全生产责任制的重点就是将施工安全管理的目标任务分解到每个组织单元，落实到每一个管理者、劳动者，做到事事有人管，人人有责任。因此，安全生产不只是施工企业主要负责人、项目经理、专职安全生产管理人员的专属责任，每一位施工管理人员和一线施工工人都有各自不同但又相互联系的安全生产责任。例如，在《建设工程安全生产管理条例》第二十七条中规定，建设工程施工前，施工单位负责项目管理的技术人员应当对有关安全施工的技术要求向施工作业班组、作业人员作出详细说明，并由双方签字确认。第三十三条规定，作业人员应当遵守安全施工的强制性标准、规章制度和操作规程，正确使用安全防护用具、机械设备等。

8.5.2 安全生产教育培训制度

安全生产教育培训制度是安全生产管理的一项基本制度。加强安全教育培训，不仅可以强化全员安全生产意识，增强安全事故防范的主动性，还能够提高从业人员进行安全生产所必需的安全生产知识、技能和综合素质。安全生产教育培训制度的实施情况，对提升生产经营单位的安全生产管理整体水平，有效遏制降低安全生产事故的发生，具有广泛而基础性的影响。

《安全生产法》规定，生产经营单位的主要负责人负有组织制定本单位安全生产教育和培训计划的职责；生产经营单位的安全生产管理机构以及安全生产管理人员应组织或者参与本单位安全生产教育和培训，如实记录安全生产教育和培训情况。《安全生产法》第二十五条规定："生产经营单位应当对从业人员进行安全生产教育和培训，保证从业人员具备必要的安全生产知识，熟悉有关的安全生产规章制度和安全操作规程，掌握本岗位的安全操作技能，了解事故应急处理措施，知悉自身在安全生产方面的权利和义务。未经安全生产教育和培训合格的从业人员，不得上岗作业。"第二十七条规定："生产经营单位的特种作业人员必须按照国家有关规定经专门的安全作业培训，取得相应资格，方可上岗作业。"第五十五条规定："从业人员应当接受安全生产教育和培训，掌握本职工作所需的安全生产知识，提高安全生产技能，增强事故预防和应急处理能力。"

《建筑法》第四十六条规定："建筑施工企业应当建立健全劳动安全生产教育培训制度，加强对职工安全生产的教育培训；未经安全生产教育培训的人员，不得上岗作业。"《建设工程安全生产管理条例》第三十六条规定："施工单位的主要负责人、项目负责人、专职安全生产管理人员应当经建设行政主管部门或者其他有关部门考核合格后方可任职。施工单位应当对管理人员和作业人员每年至少进行一次安全生产教育培训，其教育培训情况记入个人工作档案。安全生产教育培训考核不合格的人员，不得上岗。"第三十七条规定："作业人员进入新的岗位或者新的施工现场前，应当接受安全生产教育培训。未经教育培训或教育培训考核不合格的人员，不得上岗作业。施工单位在采用新技术、新工艺、新设备、新材料时，应当对作业人员进行相应的安全生产教育培训。"

我国建筑业的一线施工农民工已经成为建筑产业工人的主体，为经济社会发展做出了巨大贡献。但建筑业农民工安全生产意识较弱、技能水平不足的问题尚未得到根本解决。因此，迫切需要加强和创新建筑业农民工安全生产的教育培训工作。

2006年，国家安全生产监督管理总局、国家煤矿安全监察局、教育部、劳动和社会保障部、建设部、农业部、中华全国总工会联合发布了《关于加强农民工安全生产培训工作的意见》。意见指出，各级建设部门要在建筑施工安全管理、安全质量标准化工地建设、劳动合同规范、建筑工人教育培训等工作中，把农民工安全生产培训作为重要内容，统筹考虑，同步落实，协调推进。意见强调，企业是安全生产培训的责任主体。要加强对职工特别是农民工安全生产培训的组织管理，建立健全安全生产培训制度，把农民工安全生产培训工作纳入企业年度工作计划，积极组织或选送农民工参加有关培训，并保证本企业安全生产培训所需资金。2007年，建设部、中央精神文明建设指导委员会、教育部等联合发布了《关于在建筑工地创建农民工业余学校的通知》。通知要求，建筑面积或工程造价达到一定规模的工程项目，工程开工后要依托施工现场设立农民工业余学校，负责本企业农民工培训工作。通知规定，农民工业余学校由工程项目承包企业负责组建和管理，工程项目部具体负责教育培训的组织实施工作；农民工业余学校主要依托施工现场，一般要有相对固定的培训场地；农民工业余学校的教育培训内容要按照工程进度和农民工的实际需要确定，重点是安全知识、法律法规、操作技能等内容。2008年及2014年，建设部(住建部)办公厅先后两次在《关于开展建筑业"千万农民工同上一堂课"安全培训活动的通知》中，对该专项活动的开展目的、组织形式、培训对象和内容以及工作要求等方面的问题进行了规定。该活动为切实提高建筑业农民工的安全生产、自我防护的意识和能力，落实各项安全生产制度措施，防范和遏制建筑施工安全生产事故发生，保障人民群众生命财产安全，起到了积极作用。

8.5.3 安全生产应急救援预案制度

应急救援预案是指针对可能发生的事故，为迅速、有序地开展应急救援行动而预先制定的行动方案。建设工程生产事故应急救援预案制度的建立，是"安全第一、预防为主、综合治理"的安全生产方针的一种具体体现，对提高建设工程质量安全事故应急的快速反应能力，确保科学、及时、有效地应对建设工程重大质量安全事故，最大限度减少人员伤亡、财产损失以及维护社会稳定，具有重大意义。

在《建筑法》和《建设工程安全生产管理条例》中没有明确规范应急救援预案制度。《安全生产法》第五章"生产安全事故的应急救援与调查处理"中规定：国家加强生产安全事故应急能力建设，在重点行业、领域建立应急救援基地和应急救援队伍，鼓励生产经营单位和其他社会力量建立应急救援队伍，配备相应的应急救援装备和物资，提高应急救援的专业化水平；县级以上地方各级人民政府应当组织有关部门制定本行政区域内生产安全事故应急救援预案，建立应急救援体系；生产经营单位应当制定本单位生产安全事故应急救援预案，与所在地县级以上地方人民政府组织制定的生产安全事故应急救援预案相衔接，并定期组织演练。

2004年4月30日,建设部发布了《建设工程重大质量安全事故应急预案》。其中规定:在国务院统一领导下,建设部对各地区建设行政主管部门建立和完善建设工程重大质量安全事故应急体系和应急预案以及实施进行指导、协调和监督;县级以上地方人民政府建设行政主管部门负责建立和拟定本地区建设工程重大质量安全事故应急体系和应急预案,并负责应急预案批准后的组织实施工作;各施工、产权和物业管理等单位根据本地区建设行政主管部门制定的应急预案的原则,制定本单位质量安全事故应急救援预案,建立应急救援组织或者配备应急救援人员;施工单位应根据国家有关法律法规的规定和当地建设行政主管部门制定的应急救援预案,建立本单位生产安全事故应急救援组织,配备应急救援器材、设备,定期组织演练,组织开展事故应急知识培训教育和宣传工作,及时向当地建设行政主管部门报告事故情况;施工单位应当定期检查本单位建设工程质量安全应急预案的落实情况,安全生产事故应急救援组织应定期演练,器材、设备等应设专人进行维护;建筑施工企业工程项目部应根据当地建设行政主管部门制定的应急救援预案和本企业的应急救援预案,结合工程特点制定应急预案,定期组织演练,组织开展事故应急知识培训教育和宣传工作,及时向当地建设行政主管部门报告事故情况。

8.5.4 事故报告及调查处理制度

为了落实生产安全事故责任追究制度,总结事故教训,防止和减少生产安全事故的发生,必须建立生产安全事故报告和调查处理制度。

《安全生产法》规定:生产经营单位发生生产安全事故后,事故现场有关人员应当立即报告本单位负责人。单位负责人接到事故报告后,应当迅速采取有效措施,组织抢救,防止事故扩大,减少人员伤亡和财产损失,并按照国家有关规定立即如实报告当地负有安全生产监督管理职责的部门,不得隐瞒不报、谎报或者迟报,不得故意破坏事故现场、毁灭有关证据。负有安全生产监督管理职责的部门接到事故报告后,应当立即按照国家有关规定上报事故情况。负有安全生产监督管理职责的部门和有关地方人民政府对事故情况不得隐瞒不报、谎报或者迟报。《建筑法》第五十一条规定:"施工中发生事故时,建筑施工企业应当采取紧急措施减少人员伤亡和事故损失,并按照国家有关规定及时向有关部门报告。"

《房屋市政工程生产安全事故报告和查处工作规程》规定:根据造成的人员伤亡或者直接经济损失,房屋市政工程生产安全事故分为以下等级,(一)特别重大事故,是指造成30人以上死亡,或者100人以上重伤,或者1亿元以上直接经济损失的事故;(二)重大事故,是指造成10人以上30人以下死亡,或者50人以上100人以下重伤,或者5000万元以上1亿元以下直接经济损失的事故;(三)较大事故,是指造成3人以上10人以下死亡,或者10人以上50人以下重伤,或者1000万元以上5000万元以下直接经济损失的事故;(四)一般事故,是指造成3人以下死亡,或者10人以下重伤,或者100万元以上1000万元以下直接经济损失的事故。《房屋市政工程生产安全事故报告和查处工作规程》还规定,事故报告主要应当包括以下内容:(一)事故的发生时间、地点和工程项目名称;(二)事故已经造成或者可能造成的伤亡人数(包括下落不明人数);(三)事故工程项目的建设单位及项目负责人、施工单位及其法定代表人和项目经理、监理单位及其法定代表人和项目总监;(四)事故的简要经过和初步原因;(五)其他应当报告的情况。

《安全生产法》规定,事故调查处理应当按照科学严谨、依法依规、实事求是、注重实效的原则,及时、准确地查清事故原因,查明事故性质和责任,总结事故教训,提出整改措施,并对事故责任者提出处理意见。事故调查报告应当依法及时向社会公布。事故发生单位应当及时全面落实整改措施,负有安全生产监督管理职责的部门应当加强监督检查;任何单位和个人不得阻挠和干涉对事故的依法调查处理。《生产安全事故报告和调查处理条例》规定,特别重大事故由国务院或者国务院授权有关部门组织事故调查组进行调查;重大事故、较大事故、一般事故分别由事故发生地省级人民政府、设区的市级人民政府、县级人民政府负责调查。省级人民政府、设区的市级人民政府、县级人民政府可以直接组织事故调查组进行调查,也可以授权或者委托有关部门组织事故调查组进行调查;未造成人员伤亡的一般事故,县级人民政府也可以委托事故发生单位组织事故调查组进行调查。《生产安全事故报告和调查处理条例》规定,事故调查报告应当包括下列内容:(一)事故发生单位概况;(二)事故发生经过和事故救援情况;(三)事故造成的人员伤亡和直接经济损失;(四)事故发生的原因和事故性质;(五)事故责任的认定以及对事故责任者的处理建议;(六)事故防范和整改措施。

《房屋市政工程生产安全事故报告和查处工作规程》规定,住房城乡建设主管部门应当按照有关人民政府对事故调查报告的批复,依照法律法规,对事故责任企业实施吊销资质证书或者降低资质等级、吊销或者暂扣安全生产许可证、责令停业整顿、罚款等处罚。对事故责任人员实施吊销执业资格注册证书或者责令停止执业、吊销或者暂扣安全生产考核合格证书、罚款等处罚。

8.6 案 例 分 析

【案例 8-1】建设单位违法强令施工单位冒险作业引发的安全生产事故

在某高层住宅楼施工合同包含的设计文件中说明:在基坑开挖前,业主应委托有资质的设计公司进行专门的土钉支护设计,承包商应按此设计进行随挖随支的施工,以防开挖基坑边坡塌方的发生。因土钉支护施工图设计未出,因此在合同中暂未包含该工作的价格。

在承包商准备基础施工前,向业主提出尽快完成土钉支护的专项设计委托,以确保施工的安全。但是,当业主了解到土钉支护施工费用较高,并且对基坑开挖的工期影响较大时,遂决定不进行土钉支护的设计及施工,并要求承包商抓紧基坑开挖施工。迫于业主的压力,承包商在没有支护的情况下开始基坑开挖。其间承包商虽要求临时堆土点远离基坑,并在雨天用塑料膜对开挖的边坡敞露面进行覆盖,但随着开挖深度的不断加深,该基坑在开挖到地下 7 米时,突然塌方,造成在坑内作业的四名工人被埋致死。

《建筑法》第三十七条规定:"建筑工程设计应当符合按照国家规定制定的建筑安全规程和技术规范,保证工程的安全性能。"《建设工程安全生产管理条例》第七条规定:"建设单位不得对勘察、设计、施工、工程监理等单位提出不符合建设工程安全生产法律、法规和强制性标准规定的要求,不得压缩合同约定的工期。"第三十二条中规定:"作业人员有权对施工现场的作业条件、作业程序和作业方式中存在的安全问题提出批评、检举和控告,有权拒绝违章指挥和强令冒险作业。"

在该案例中,施工合同已经明确规定了建设单位应委托有资质的设计公司进行专门的土钉支护设计的义务,但建设单位未按照合同约定履行其应尽义务。相反的,建设单位向施工单位提出不符合建设工程安全生产法律、法规和强制性标准规定的要求，并且强令其冒险作业，显然这是一种严重的违法行为。而施工单位的作业人员本应依法拒绝这一非法要求，但最后却冒险侥幸施工以至安全生产事故的发生，并酿成惨剧。因此，在这一案例中，建设单位要承担主要的安全生产法律责任，而施工单位也应承担一定而次要的法律责任。

【案例 8-2】对两例本可避免的施工安全事故的分析

某拆除工地，一工人站在钢筋混凝土框架梁上，使用大锤砸震混凝土梁，随着混凝土的碎裂崩落，该工人脚底失稳，发生坠落，幸亏坠落高度不大，造成腿骨骨折。

某工地准备浇筑混凝土，一浇筑工人手扶在混凝土布料机输送管的出料口位置，当他听到供料指令后却未见混凝土从管口输出，就好奇地探头从出料口向管内张望，此时，混凝土突然从管道中喷射而出，造成这名工人脑部受到重伤，最终不治而亡。

结合上述两个施工安全生产事故案例，分析其原因，都表现在施工人员对有关安全事故可能发生的成因没有基本的认识。而这一点，又进一步反映出从业者相关安全生产知识的严重缺乏。

目前，我国施工作业一线主要是农民工，其人数已达 4000 万之多，这其中，相当一部分农民工的学历水平偏低，只有初中文化程度。在他们进城打工为国家建设作出巨大贡献的同时，施工生产事故的发生也经常威胁着他们的生命安全。

《安全生产法》在第一条中就明确强调，安全生产其中一个重要目的就是保障人民群众的生命安全。这个目的如何实现，涉及多个方面，但加强对农民工安全生产相关知识、技能的教育培训，实属关键对策之一。

《安全生产法》高度重视教育培训制度的建设和落实，其中第十一条规定："各级人民政府及其有关部门应当采取多种形式，加强对有关安全生产的法律、法规和安全生产知识的宣传，增强全社会的安全生产意识。"第十二条规定：有关协会组织依照法律、行政法规和章程，为生产经营单位提供安全生产方面的信息、培训等服务……《安全生产法》还对生产经营单位的主要负责人、安全生产管理机构以及安全生产管理人员等规定了相应的组织制定实施本单位安全生产教育和培训计划的法定职责。

《安全生产法》第二十五条规定："生产经营单位应当对从业人员进行安全生产教育和培训，保证从业人员具备必要的安全生产知识，熟悉有关的安全生产规章制度和安全操作规程，掌握本岗位的安全操作技能，了解事故应急处理措施，知悉自身在安全生产方面的权利和义务。未经安全生产教育和培训合格的从业人员，不得上岗作业。"在《建筑法》、《建设工程安全生产管理条例》中也有类似内容的规定。

但在实际中，一些施工单位并没有认真履行或落实上述法律法规的有关规定，这种现象的成因是多方面的。但为了节省教育培训费用；在经营理念上还未牢固树立以人为本、安全第一的思想；针对农民工的实际特点与需要，还未建立健全富有效率的培训教育体系、组织、教材、教学方法等问题，当属几个比较主要的原因。同时，国家也应进一步加大对生产经营单位开展教育培训的资金、服务等方面的支持。

【案例 8-3】脚手架坍塌倾覆事故频发背后的原因

据有关报道，2013 年 11 月，某市一县城酒店及附属商业用房建筑工地，发生一起高大模板脚手架支撑系统坍塌事故，造成7人死亡，5人受伤。2014年1月，某市辖区一在建工地发生脚手架倒塌事故，5名工人从7层楼处坠落，均当场身亡。2014年6月，某地一乡镇合金厂发生脚手架倾覆事故，造成9名民工被埋压，2人死亡。2014年11月，某县一道路景观改造项目搭设的脚手架发生垮塌，造成7人员受伤。同月，某地一发电公司卸煤沟工地发生脚手架坍塌事故，造成14名工人被埋压，其中7人遇难。2014年12月，某附中工地发生脚手架坍塌事故，造成10人死亡、4人受伤。同月，在某地一商厦工程中，外墙脚手架发生倾覆，造成7人受伤。2015年1月，某地空港物流园工地发生脚手架坍塌事故，造成14人被掩埋（被埋人员最后悉数获救）。2015年2月，某地职教园区一在建工地突然发生脚手架坍塌事故，造成多人被困，其中2人死亡。2015年3月，某市一在建厂房工地发生脚手架坍塌事故，造成3人死亡，10人受伤。2015年4月，某市一医药高新区发生脚手架坍塌事故，现场造成2人死亡，6人受伤。同月，某市建材市场商业楼工程，在浇筑顶棚混凝土过程中，发生模板脚手架支撑体系坍塌事故，造成5人死亡、4人受伤。还在4月，某市一演艺中心建筑工地脚手架坍塌，造成4人死亡，1人重伤。

上述触目惊心的惨痛案例，其发生的原因是多方面的。但主要的应该包括：

一是没有严格把好脚手架材料进场验收关。

《建设工程安全生产管理条例》中规定，出租单位应当对出租的机械设备和施工机具及配件的安全性能进行检测，在签订租赁协议时，应当出具检测合格证明。禁止出租检测不合格的机械设备和施工机具及配件；施工单位采购、租赁的安全防护用具、机械设备、施工机具及配件，应当具有生产（制造）许可证、产品合格证，并在进入施工现场前进行查验。

目前施工单位使用脚手架主要是靠租赁，有些施工单位为了节省租赁费用，降低了对脚手架的质量要求，造成一些壁厚不足的架管、不能有效紧固的扣件、螺栓螺母等进入施工工地。而脚手架出租公司理应承担的出厂检查安全责任也未全面落实。在这种情况下，脚手架各构件先天存在力学缺陷，极易引发坍塌倾覆等事故的发生。

二是编制危险性较大的脚手架搭设专项施工方案制度未落实。

《建设工程安全生产管理条例》第二十六条规定，施工单位应当在施工组织设计中编制安全技术措施和施工现场临时用电方案，对下列达到一定规模的危险性较大的分部分项工程编制专项施工方案，并附具安全验算结果，经施工单位技术负责人、总监理工程师签字后实施，由专职安全生产管理人员进行现场监督：①基坑支护与降水工程；②土方开挖工程；③模板工程；④起重吊装工程；⑤脚手架工程；⑥拆除、爆破工程；⑦国务院建设行政主管部门或者其他有关部门规定的其他危险性较大的工程。

《危险性较大的分部分项工程安全管理办法》中规定，专项方案应当由施工单位技术部门组织本单位施工技术、安全、质量等部门的专业技术人员进行审核。经审核合格的，由施工单位技术负责人签字。不需专家论证的专项方案，经施工单位审核合格后报监理单位，由项目总监理工程师审核签字。超过一定规模的危险性较大的分部分项工程专项方案应当由施工单位组织召开专家论证会。

结合该案例所列举的具体事故，相当一部分都是因为没有结合工程实际，认真计算并考虑施工中可能发生的各种荷载情况下，草率粗糙或仅凭经验编制了脚手架专项方案，最后导致了惨剧的发生。更有甚者，有些施工单位根本就没有编制专项方案，对脚手架专业分包人仅凭经验搭设的行为不问不管。有些施工单位虽然编制了专项方案，但是在施工阶段，没有专职安全生产管理人员进行现场监督方案的落实执行情况,以至于造成方案内容在执行上的严重偏差。

三是部分脚手架搭设人员缺乏专业化培训教育。

有些工人长期靠工程实践经验来重复其搭设作业,对安全法规、相关工程理论知识学习很不够。这就造成脚手架搭拆施工人员的安全生产意识还不够清晰到位,其对脚手架安全施工系统而科学的专业化把握还很不充分,进而不能预见到施工的安全风险重点及关键,并作出有针对性的应对。

【案例 8-4】一例升降机坠落造成施工重大事故的调查报告

2012 年,某市旅游风景区住宅楼 C 区 7-1 号楼建筑工地,发生一起施工升降机坠落造成 19 人死亡的重大建筑施工事故,直接经济损失约 1800 万元。

事故调查组按照"科学严谨、依法依规、实事求是、注重实效"和"四不放过"的原则,认真开展了事故调查工作。事故调查组聘请 7 名专家参与现场勘察取证、技术分析等工作,并委托某大学和事故发生省特种设备检验检测研究院对事故施工升降机进行技术分析和鉴定。事故调查组通过现场勘察、调查取证、综合分析,查明了事故发生的经过、直接原因、间接原因、人员伤亡情况及直接经济损失,认定了事故性质和责任,提出了对事故责任单位和责任人的处理意见及事故防范措施与整改建议。

在事故调查报告中,认定该事故发生的直接原因是:事故发生时,事故施工升降机导轨架第 66 和 67 节标准节连接处的 4 个连接螺栓只有左侧两个螺栓有效连接,而右侧(受力边)两个螺栓连接失效无法受力。在此工况下,事故升降机左侧吊笼超过备案额定承载人数(12 人),承载 19 人和约 245 公斤物件,上升到第 66 节标准节上部(33 楼顶部)接近平台位置时,产生的倾翻力矩大于对重体、导轨架等固有的平衡力矩,造成事故施工升降机左侧吊笼顷刻倾翻,并连同 67-70 节标准节坠落地面。

在事故调查报告中,认定该事故发生的间接原因主要包括:①中标工程的某公司管理混乱,将施工总承包一级资质出借给其他单位和个人承接工程,对工地现场施工和施工升降机安装使用的安全生产检查和隐患排查流于形式,未能及时发现和整改事故施工升降机存在的重大安全隐患。②C 区施工项目部现场负责人及大部分安全员不具备岗位执业资格;安全生产管理制度不健全、不落实,在开工项目无《建设工程规划许可证》、《建筑工程施工许可证》、《中标通知书》和《开工通知书》的情况下,违规进场施工,且施工过程中忽视安全管理,现场管理混乱,并存在非法转包;未依照《某市建筑起重机械备案登记与监督管理实施办法》,对施工升降机加节进行申报和验收,并擅自使用;联系购买并使用伪造的施工升降机"建筑施工特种作业操作资格证";对施工人员私自操作施工升降机的行为,批评教育不够,制止管控不力;未能及时发现和整改事故施工升降机存在的重大安全隐患。③C 区 7-1 楼施工升降机的设备产权及安装、维护单位。安全生产主体责任不落实,安全生产管理制度不健全、不落实,安全培训教育不到位,企业主要负责人、项目主要负责人、专职安全生产管理人员和特种作业人员等安全意识薄弱;公司内部管理混乱,起重机械安装、维护制度不健全、不落实,施工升降机加节和附着安装不规范,安装、维护记录不全不实;安排不具备岗位执业资格的员工负责施工升降机维修保养;未依照《某市建筑起重机械备案登记与监督管理实施办法》,对施工升降机加节进行验收和使用管理。④建设管理单位。该公司不具备工程建设管理资质,在工程无《建设工程规划许可证》、《建筑工程施工许可证》和未履行相关招投标程序的情况下，违规组织施工、监理单位进场开工。未经规划部门许可和放、验红线，擅自要求施工方以前期勘测的三个测量控制点作为依据，进行放线施工；在《建筑规划方案》之外违规多建一栋两单元住宅用房；在施工过程中违规组织虚假招投标活动。未落实企业安全生产主体责任，安全生产责任制不落实，未与项目管理部签订安全生产责任书；安全生产管理制度不健全、不落实，未建立安全隐患排查整治制度。该建设单位项目管理部只注重工程进度，忽视安全管理，对项目施工和施工升降机安装使用安全生产检查和隐患排查流于形式，未能及时发现和督促整改事故施工升降机存在的重大安全隐患。⑤监理单位。该公司安全生产主体责任不落实，未与分公司、监理部签订安全生产责任书，安全生产管理制度不健全，落实不到位；公司内部管理混乱，对分公司管理、指导不到位，未督促分公司建立健全安全生产管理制度；对工程《监理规划》和《监理细则》审查不到位；该监理公司使用非公司某人员的资格证书，在投标时将某人作为项目总监，但未安排其实际参与项目投标和监理活动。该项目监理部负责人（总监代表）和部分监理人员不具备岗位执业资格；安全管理制度不健全、不落实，在项目无《建设工程规划许可证》、《建筑工程施工许可证》和未取得《中标通知书》的情况下，违规进场监理；未依照《某市建筑起重机械备案登记与监督管理实施办法》，督促相关单位对施工升降机进行加节验收和使用管理，自己也未参加验收。

除上述外，事故调查报告对事故发生地的市建设主管部门、城管执法部门、旅游风景区管委会城乡工作办事处、旅游风景区管委会等单位应承担的事故责任进行了界定。还对事故有关责任人员和单位提出了移送司法机关，给予党纪、政纪处分，对相关单位和人员作出行政处罚等处理建议。

在事故调查报告中，提出了事故防范和整改措施建议。包括：①深入贯彻落实科学发展观，牢固树立以人为本、安全发展的理念。充分认识加强建筑安全生产工作的极端重要性，始终坚持把安全放在第一的位置，以人为本，绝不能重速度而轻安全。②切实落实建筑业企业安全生产主体责任。要强化企业安全生产责任制的落实，将安全生产责任落实到岗位，落实到个人，用制度管人、管事；要强化对起重机械设备安装、使用和拆除全过程安全管理；强化对起重机械设备安装、使用和拆除等危险性较大项目的监理。各参建单位、特别是建筑机械设备经营单位要严格落实有关建筑施工起重机械设备安装、使用和拆除规定。严格落实特种作业持证上岗规定，严禁无证操作。③切实落实工程建设安全生产监管责任。人民政府及有关行业管理部门要严格落实安全生产监管责任。④切实加强安全教育培训工作。加强对建筑从业人员和安全监管人员的安全教育与培训，扎实提高建筑从业人员和安全监管人员安全意识；要落实"三级安全教育"，注重岗前安全培训，做好施工过程安全交底，开展经常性安全教育培训；要重点加强对起重机械、脚手架、高空作业以及现场监理、安全员等关键设备、岗位和人员的监督检查，严格实行特种作业人员必须经培训考核合格，持证上岗制度。⑤切实加强建设工程管理工作。要加强建设工程行政审批工作的管理。要进一步规范行政审批行为，对建设工程用地、规划、报建等行政许可事项，严格按照国家有关规定和要求办理，杜绝未批先建，违建不管的非法违法建设行为。

（摘编自国家安全生产监督管理总局网站之事故调查处理专栏）

复习思考题

1. 何谓建设工程安全生产管理?
2. 《安全生产法》规定的安全生产管理制度主要包括哪些?
3. 安全生产行政监督管理的主要职权包括哪些?
4. 建设单位的安全生产责任主要包括哪些内容?
5. 勘察、设计单位的安全生产责任主要包括哪些内容?
6. 施工单位的安全生产责任主要包括哪些内容?
7. 监理单位的安全生产责任主要包括哪些内容?
8. 何谓专项施工方案,专项施工方案编制应当包括哪些内容?
9. 实施安全生产责任制度的意义有哪些?
10. 简述加强农民工安全生产教育培训的意义、重点和方法。
11. 何谓应急救援预案?实施该制度的意义有哪些?
12. 房屋市政工程生产安全事故分为几个等级?其划分标准是什么?
13. 安全生产事故报告应包括哪些主要内容?

第9章 建设工程质量管理法律法规

9.1 概　　述

9.1.1 质量概念

国际标准化组织(ISO)2005年颁布的ISO9000:2005《质量管理体系—基础和术语》对质量的定义是：一组固有特性满足要求的程度。

"固有"就是指在某事或某物本来就有的，尤其是那种永久的特性。对产品来说，例如混凝土的化学成分、强度、凝结时间就是固有特性，而价格和交货期限则是赋予特性。对质量管理体系来说，固有特性就是实现质量方针和质量目标的能力。对过程而言，固有特性就是过程将输入转化为输出的能力。质量是满足要求的程度，要求包括明示的、隐含的和必须履行的需求或期望。

质量概念本身是一个综合性的概念，因为固有特性经常是一组不同特性的有机综合。质量概念不是静态的，是动态发展的。因为，满足要求的程度是不断变化演进的。质量概念不仅针对产品，即过程的结果。同时，它也针对过程和体系或者它们的组合。例如，包括某项活动的工作质量或某个过程的工作质量，还可以是指企业的信誉、质量管理体系的有效性等。

9.1.2 质量管理概念及原则

质量管理是指在质量方面指挥和控制组织的协调的活动。这一活动通常包括制定质量方针和质量目标以及质量策划、质量控制、质量保证和质量改进。质量管理是企业(项目)围绕着使产品质量能满足不断更新的质量要求，而开展的策划、组织、计划、实施、检查和监督、审核等所有管理活动的总和。它是企业(项目)各级职能部门领导的职责，而由企业最高领导(或项目经理)负全责，应调动与质量有关的所有人员的积极性，共同做好本职工作，才能完成质量管理的任务。

质量管理的原则一般包含：以顾客为关注焦点；领导作用；全员参与；过程方法；管理的系统方法；持续改进；基于事实的决策方法；与供方互利的关系等。

9.1.3 建设工程质量管理概述

建设工程质量有广义和狭义之分。广义上的建设工程质量不仅包括工程的实体质量，还包括形成工程实体的服务质量和过程工作质量。狭义上的建设工程质量强调工程实体质量，它是指在国家现行的有关法律、法规、技术标准、设计文件和合同中，对工程的安全、适用、经济、美观等特性的综合要求。

影响建设工程质量的因素很多，如决策、设计、材料、机械、地形、地质、水文、气象、施工工艺、操作方法、技术措施、人员素质、管理制度等。就建设工程质量工序过程管理而言,一般涉及五个方面因素,即人、材料、机械、施工方法和环境。

建设工程质量的优劣直接关系到国民经济的发展和人民生命财产的安全,因此,加强建设工程质量的管理是一个十分重要的问题。根据我国法律法规的有关规定,对建设工程质量进行管理的体系,主要包括纵向管理和横向管理两个方面。

纵向管理是国家对建设工程质量所进行的监督管理,它具体由建设行政主管部门及其授权机构实施,这种管理贯穿在工程建设的全过程和各个环节之中,它既对工程建设从可行性研究、规划方案、土地管理、施工图审查、环保、消防等方面进行监督管理,又对工程建设的主体从资质认定和审查,施工质量检测、验证和奖惩等方面进行监督管理,还对工程建设中各种活动如工程建设招投标、工程施工、验收、维修等进行监督管理。

横向管理主要包括两个方面,一是工程承包单位,如勘察单位、设计单位、施工单位自身所进行的质量管理。二是建设单位对所建工程的管理。它可成立相应的机构和人员,对所建工程的质量进行监督管理,也可委托社会监理单位对工程建设的质量进行质量管理。

9.2 建设工程质量监督管理法律规定

首先需要注意的是,本书所讲的建设工程质量"监督管理",专指行政监督管理。是指行政主体基于行政职权依法对行政相对人,是否遵守法律、行政法规和执行行政决定等情况进行的行政许可审批、行政检查、行政处罚及行政强制措施等行政管理及执法活动。

9.2.1 立法沿革简介

1984年国务院发布了《关于改革建筑业和基本建设管理体制若干问题的暂行规定》(已失效),其中提出"对一般民用项目,在地方政府领导下,按城市建立有权威的工程质量监督机构,根据有关法规和技术标准,对本地区的工程质量进行监督检查"。此后,各地区及有关部门都相继成立了质量监督机构,具体实施建设工程质量监督管理。1998年开始实施的《中华人民共和国建筑法》第六条规定:"国务院建设行政主管部门对全国的建筑活动实施统一监督管理。" 2000年1月30日,《建设工程质量管理条例》的颁布实施标志着建设工程质量监督工作法制化建设进入到一个新的时期。《建设工程质量管理条例》第七章"监督管理"的第四十三条明确规定"国家实行建设工程质量监督管理制度"。实践证明,工程质量监督制度的实行,为确保工程质量,提高质量水平,杜绝重大质量事故提供了强有力的法律武器。2003年建设部又颁布了《工程质量监督工作导则》(已失效),对建设工程质量监督工作中的术语、一般规定、责任主体和有关机构质量行为的监督、工程实体质量监督、工程竣工验收监督、工程质量监督报告、工程质量监督档案和信息管理等内容做出了较为具体的规定。

为了加强房屋建筑和市政基础设施工程质量的监督,保护人民生命和财产安全,规范住房和城乡建设主管部门及工程质量监督机构的质量监督行为,根据《中华人民共和国建筑法》、《建设工程质量管理条例》等有关法律、行政法规,住建部在2010年8月1日公布了《房屋建筑和市政基础设施工程质量监督管理规定》。该规定的实施对进一步完善建设工程质量监督管理法规体系，明确监督机构法律地位和执法属性，改进监督方式，加强监督队伍建设等深层次问题，发挥了重要作用。

9.2.2 法律规定主要内容

《房屋建筑和市政基础设施工程质量监督管理规定》（以下简称《质量监督管理规定》）经 2010 年第 58 次住房和城乡建设部常务会议审议通过，自 2010 年 9 月 1 日起施行。《质量监督管理规定》旨在切实规范和加强政府对工程质量应有的监管职能，全面推进和加强工程质量监督的各项工作，促进工程质量总体水平的不断提升。

《质量监督管理规定》第三条规定："国务院住房和城乡建设主管部门负责全国房屋建筑和市政基础设施工程质量监督管理工作。县级以上地方人民政府建设主管部门负责本行政区域内工程质量监督管理工作。工程质量监督管理的具体工作可以由县级以上地方人民政府建设主管部门委托所属的工程质量监督机构实施。"工程质量监督机构虽然是受政府委托实施质量监督，但履行的是行政管理职能，本质上仍然属于行政执法机构。

《质量监督管理规定》第四条规定："本规定所称工程质量监督管理，是指主管部门依据有关法律法规和工程建设强制性标准，对工程实体质量和工程建设、勘察、设计、施工、监理单位(以下简称工程质量责任主体)和质量检测等单位的工程质量行为实施监督；本规定所称工程实体质量监督，是指主管部门对涉及工程主体结构安全、主要使用功能的工程实体质量情况实施监督；本规定所称工程质量行为监督，是指主管部门对工程质量责任主体和质量检测等单位履行法定质量责任和义务的情况实施监督。"该条款不仅明确了质量监督管理的依据，还进一步强调了监督的内容不仅针对工程实体质量，还包括相关参建单位和质量检测单位的工程质量行为。

《质量监督管理规定》第五条和第六条，对工程质量监督管理的具体任务和工作程序进行了较详细的规定。工程质量监督管理应当包含的工作内容有：执行法律法规和工程建设强制性标准的情况；抽查涉及工程主体结构安全和主要使用功能的工程实体质量；抽查工程质量责任主体和质量检测等单位的工程质量行为；抽查主要建筑材料、建筑构配件的质量；对工程竣工验收进行监督；组织或者参与工程质量事故的调查处理；定期对本地区工程质量状况进行统计分析；依法对违法违规行为实施处罚。实施工程质量监督的程序一般为：(一)受理建设单位办理质量监督手续；(二)制定工作计划并组织实施；(三)对工程实体质量、工程质量责任主体和质量检测等单位的工程质量行为进行抽查、抽测；(四)监督工作竣工验收，重点对验收的组织形式、程序等是否符合有关规定进行监督；(五)形成工程质量监督报告；(六)建立工程质量监督档案。需要注意的是，对建设单位未办理质量监督手续的，工程质量监督机构仍有权对其进行质量监督，并进行相应处罚。

《质量监督管理规定》第九条规定："县级以上地方人民政府建设主管部门应当根据本地区的工程质量状况，逐步建立工程质量信用档案。"第十条规定："县级以上地方人民政府建设主管部门应当将工程质量监督中发现的涉及主体结构安全和主要使用功能的工程质量问题及整改情况，及时向社会公布。"这两条规定明确了工程质量监督管理的信用档案制度和质量问题公布制度，对促进各方质量责任主体加强质量管理责任意识具有重大作用。

9.3 施工图审查管理法律规定

9.3.1 施工图审查概念

施工图审查,是指施工图审查机构按照有关法律、法规,对施工图涉及公共利益、公众安全和工程建设强制性标准的内容进行的审查。这一概念明确了施工图审查的主体、依据和重点内容。

《中华人民共和国建筑法》第五十八条规定:"建筑施工企业必须按照工程设计图纸和施工技术标准施工,不得偷工减料。工程设计的修改由原设计单位负责,建筑施工企业不得擅自修改工程设计。"通过这一条款说明,施工活动的主要依据之一就是设计施工图,施工图的质量直接影响着施工过程质量以及最终形成的工程质量。联系到施工图设计的技术复杂性,从业人员技术能力的参差不齐以及可能发生的违规行为,国家实施施工图设计文件(含勘察文件)审查制度。通过该制度的实施,提高施工图设计质量,并进而保证施工依据的规范性、完整性和正确性。

2000年实施的《建设工程质量管理条例》第十一条规定:"建设单位应当将施工图设计文件报县级以上人民政府建设行政主管部门或者其他有关部门审查。施工图设计文件审查的具体办法,由国务院建设行政主管部门会同国务院其他有关部门制定。施工图设计文件未经审查批准的,不得使用。" 2000年,建设部发布的《建筑工程施工图设计文件审查暂行办法》进一步强调,施工图审查是政府主管部门对建筑工程勘察设计质量监督管理的重要环节,是基本建设必不可少的程序,工程建设有关各方必须认真贯彻执行。

2013年,经住建部第95次部常务会议审议通过了《房屋建筑和市政基础设施工程施工图设计文件审查管理办法》。

9.3.2 法律规定主要内容

为了加强对房屋建筑工程、市政基础设施工程施工图设计文件审查的管理,提高工程勘察设计质量,根据《建设工程质量管理条例》、《建设工程勘察设计管理条例》等行政法规,住建部制定了《房屋建筑和市政基础设施工程施工图设计文件审查管理办法》(以下简称为《施工图设计文件审查管理办法》),已于2013年8月1日起施行。

《施工图设计文件审查管理办法》第三条规定:"国家实施施工图设计文件(含勘察文件)审查制度",使审查制度成为建设工程质量管理的一项法律制度。第三条还规定:"施工图未经审查合格的,不得使用。从事房屋建筑工程、市政基础设施工程施工、监理等活动,以及实施对房屋建筑和市政基础设施工程质量安全监督管理,应当以审查合格的施工图为依据。"

《施工图设计文件审查管理办法》第四条规定:"国务院住房城乡建设主管部门负责对全国的施工图审查工作实施指导、监督。县级以上地方人民政府住房城乡建设主管部门负责对本行政区域内的施工图审查工作实施监督管理。" 第五条规定:"省、自治区、直辖市人民政府住房城乡建设主管部门应当按照本办法规定的审查机构条件,结合本行政区域内的建设规模,确定相应数量的审查机构。审查机构是专门从事施工图审查业务,不以营利为目的的独立法人。"

《施工图设计文件审查管理办法》第九条明确了建设单位送审施工图的法定义务,同时规定建设单位不得明示或者暗示审查机构违反法律法规和工程建设强制性标准进行施工图审查，不得压缩合理审查周期、压低合理审查费用。这一规定对保障施工图审查机构独立、科学地开展业务工作，保证施工图审查质量具有重要作用。

《施工图设计文件审查管理办法》第十条要求建设单位对向审查机构提交的资料的真实性负责。这些资料包括：作为勘察、设计依据的政府有关部门的批准文件及附件，全套施工图和其他应当提交的材料。

按照《施工图设计文件审查管理办法》第十一条的规定，审查机构应当对施工图审查下列内容：（一）是否符合工程建设强制性标准；（二）地基基础和主体结构的安全性；（三）是否符合民用建筑节能强制性标准，对执行绿色建筑标准的项目，还应当审查是否符合绿色建筑标准；（四）勘察设计企业和注册执业人员以及相关人员是否按规定在施工图上加盖相应的图章和签字；（五）法律、法规、规章规定必须审查的其他内容。

审查机构对施工图进行审查后，应当根据不同情况分别作出处理，《施工图设计文件审查管理办法》对此作了专门规定。对审查合格的，审查机构应当向建设单位出具审查合格书，并在全套施工图上加盖审查专用章。审查合格书应当有各专业的审查人员签字，经法定代表人签发，并加盖审查机构公章。审查机构应当在出具审查合格书后5个工作日内，将审查情况报工程所在地县级以上地方人民政府住房城乡建设主管部门备案；对审查不合格的，审查机构应当将施工图退建设单位并出具审查意见告知书，说明不合格原因。同时，应当将审查意见告知书及审查中发现的建设单位、勘察设计企业和注册执业人员违反法律、法规和工程建设强制性标准的问题，报工程所在地县级以上地方人民政府住房城乡建设主管部门。施工图退建设单位后，建设单位应当要求原勘察设计企业进行修改，并将修改后的施工图送原审查机构复审。

《施工图设计文件审查管理办法》第十八条规定："按规定应当进行审查的施工图，未经审查合格的，住房城乡建设主管部门不得颁发施工许可证。"这条规定通过将施工图审查制度作为施工许可制度的前置条件之一，突出了施工图审查制度的严肃性和重要性。

《施工图设计文件审查管理办法》第十九条要求县级以上人民政府住房城乡建设主管部门应当加强对审查机构的监督检查，并规定了检查的主要内容包括：（一）是否符合规定的条件；（二）是否超出范围从事施工图审查；（三）是否使用不符合条件的审查人员；（四）是否按规定的内容进行审查；（五）是否按规定上报审查过程中发现的违法违规行为；（六）是否按规定填写审查意见告知书；（七）是否按规定在审查合格书和施工图上签字盖章；（八）是否建立健全审查机构内部管理制度；（九）审查人员是否按规定参加继续教育。通过对审查机构的政府监督检查职能的规定，加强了对建设工程质量管理，特别是施工图设计文件审查质量的政府监督管理。

9.4 建设工程质量标准化管理

9.4.1 法律法规依据

1989年4月1日起实施的《中华人民共和国标准化法》中规定：建设工程的设计、施工方法和安全要求，有关工业生产、工程建设和环境保护的技术术语、符号、代号和制图方法等，应当制定标准。《中华人民共和国标准化法实施条例》中进一步规定：建设工程的勘察、设计、施工、验收的技术要求和方法,应当制定标准。《中华人民共和国建筑法》第三条规定:"建筑活动应当确保建筑工程质量和安全,符合国家的建筑工程安全标准。"

《建设工程质量管理条例》第十九条规定:"勘察、设计单位必须按照工程建设强制性标准进行勘察、设计,并对其勘察、设计的质量负责。"第二十八条规定:"施工单位必须按照工程设计图纸和施工技术标准施工,不得擅自修改工程设计,不得偷工减料。"第三十六条规定:"工程监理单位应当依照法律、法规以及有关技术标准、设计文件和建设工程承包合同,代表建设单位对施工质量实施监理,并对施工质量承担监理责任。"第四十七条规定:"县级以上地方人民政府建设行政主管部门和其他有关部门应当加强对有关建设工程质量的法律、法规和强制性标准执行情况的监督检查。"此外,《建设工程质量管理条例》还对未执行工程建设强制性标准的相关主体的法律责任作出了明确规定。

为加强工程建设强制性标准实施的监督工作,保证建设工程质量,保障人民的生命、财产安全,维护社会公共利益,根据《中华人民共和国标准化法》、《中华人民共和国标准化法实施条例》和《建设工程质量管理条例》等法律法规,建设部在2000年8月25日发布了《实施工程建设强制性标准监督规定》(经2015年住建部关于修改《市政公用设施抗灾设防管理规定》等部门规章的决定修订)。《实施工程建设强制性标准监督规定》明确:国务院建设行政主管部门负责全国实施工程建设强制性标准的监督管理工作。国务院有关行政主管部门按照国务院的职能分工负责实施工程建设强制性标准的监督管理工作。县级以上地方人民政府建设行政主管部门负责本行政区域内实施工程建设强制性标准的监督管理工作。

为加强工程建设标准解释工作的管理,规范工程建设标准解释工作,根据《标准化法》、《标准化法实施条例》和《实施工程建设强制性标准监督规定》等有关规定,住建部在2014年5月5日公布了《工程建设标准解释管理办法》。该办法对规范标准解释的权力主体、工作程序以及解释内容等,具有较强的现实作用。

《中华人民共和国标准化法》第十三条规定:"标准实施后,制定标准的部门应当根据科学技术的发展和经济建设的需要适时进行复审,以确认现行标准继续有效或者予以修订、废止。"《中华人民共和国建筑法》第五十二条中规定:"有关建筑工程安全的国家标准不能适应确保建筑安全的要求时,应当及时修订。"因此,建设工程标准是发展变化的。

9.4.2 标准分级分类的法律规定

《中华人民共和国标准化法》第六条规定:"对需要在全国范围内统一的技术要求,应当制定国家标准。国家标准由国务院标准化行政主管部门制定。对没有国家标准而又需要在全国某个行业范围内统一的技术要求,可以制定行业标准。行业标准由国务院有关行政主管部门制定,并报国务院标准化行政主管部门备案,在公布国家标准之后,该项行业标准即行废止。对没有国家标准和行业标准而又需要在省、自治区、直辖市范围内统一的工业产品的安全、卫生要求,可以制定地方标准。地方标准由省、自治区、直辖市标准化行政主管部门制定,并报国务院标准化行政主管部门和国务院有关行政主管部门备案,在公布国家标准或者行业标准之后,该项地方标准即行废止。

企业生产的产品没有国家标准和行业标准的,应当制定企业标准,作为组织生产的依据。企业的产品标准须报当地政府标准化行政主管部门和有关行政主管部门备案。已有国家标准或者行业标准的,国家鼓励企业制定严于国家标准或者行业标准的企业标准,在企业内部适用。"

依据《标准化法》的规定,我国的标准可分为国家标准、行业标准、地方标准和企业标准四级标准。

《中华人民共和国标准化法》第七条规定:"国家标准、行业标准分为强制性标准和推荐性标准。保障人体健康,人身、财产安全的标准和法律、行政法规规定强制执行的标准是强制性标准,其他标准是推荐性标准。"第十四条规定: 强制性标准,必须执行。推荐性标准,国家鼓励企业自愿采用。《中华人民共和国标准化法实施条例》第十八条规定:工程建设的质量、安全、卫生标准及国家需要控制的其他工程建设标准,属于强制性标准。并进一步明确,强制性标准以外的标准是推荐性标准。

2000年3月22日,国家质量技术监督局发布了《关于强制性标准实行条文强制的若干规定》,其中第二条对强制性标准的形式作了分类,即强制性标准可分为全文强制和条文强制两种形式。其中标准的全部技术内容需要强制时,为全文强制形式;标准中部分技术内容需要强制时,为条文强制形式。

《实施工程建设强制性标准监督规定》第三条规定:"本规定所称工程建设强制性标准是指直接涉及工程质量、安全、卫生及环境保护等方面的工程建设标准强制性条文。"

9.4.3 工程建设标准强制性条文

2000年4月20日,建设部在关于发布《工程建设标准强制性条文》(房屋建筑部分)的通知中指出:《强制性条文》包括城乡规划、城市建设、房屋建筑、工业建筑、水利工程、电力工程、信息工程、水运工程、公路工程、铁道工程、石油和化工建设工程、矿山工程、人防工程、广播电影电视工程和民航机场工程等部分。《强制性条文》的内容,是工程建设现行国家和行业标准中直接涉及人民生命财产安全、人身健康、环境保护和其他公众利益,同时考虑了提高经济效益和社会效益等方面的要求。列入《强制性条文》的所有条文都必须严格执行。

《中华人民共和国标准化法》第十四条规定:"强制性标准,必须执行。"因此,执行工程建设标准强制性条文是法定义务,而不予执行或违反工程建设标准强制性条文的行为,就是违法行为。

随着2000年版《工程建设标准强制性条文》(房屋建筑部分)的发布实施,建设工程质量标准化管理进入一个新的时期。之后,建设部为落实推进各方工程建设标准强制性条文的执行,又出台了《实施工程建设强制性标准监督规定》,加强了对强制性标准执行的行政监督管理。

经过十余年的工程建设强制性标准制定、修订工作的不断积累,到目前为止,2000年建设部在关于发布《工程建设标准强制性条文》(房屋建筑部分)的通知中,所规划的十五项不同工程建设部分的强制性条文均已发布。同时,有的部分还进行了适时的修订,版本不断更新。例如,《工程建设标准强制性条文》(房屋建筑部分)等。

虽然,我国工程建设标准化工作仍存在一些问题需要破解。例如,强制性条文体系的有机构建仍需加强,强制性条文与技术法规协同建设不足等。但总体而言,工程建设强制性标准的制定与实施工作已经取得了丰硕的成果。

9.5 建设工程质量管理各方主体的法律义务责任

9.5.1 建设单位质量管理法律义务责任

建设单位(国外称业主)是投资建设工程,并对工程项目享有所有权的主体。

建设单位与施工单位、勘察设计单位以及监理单位等,一般通过各种建设工程合同发生关系。建设单位能否平等对待合同相对人,能否按合同诚信地履行自己的义务,都会影响到合同相对人,进而影响到他们的工作质量。目前,我国建筑行业竞争十分激烈,属于买方市场,使得工程建设中建设单位的行为缺乏约束,大量工程在建设单位恣意干涉下,以违背正常建设的方式建成,造成建设工程质量事故时有发生。鉴于此,有关法律、行政法规以及地方性法规、部门规章等,对建设单位的质量责任和义务做出了明确规定。其主要义务责任包括:

1. 依法招标发包工程

《建筑法》第十七条规定:"发包单位及其工作人员在建筑工程发包中不得收受贿赂、回扣或者索取其他好处。"第十九条规定:"建筑工程依法实行招标发包,对不适于招标发包的可以直接发包。"第二十一条规定:"建筑工程招标的开标、评标、定标由建设单位依法组织实施,并接受有关行政主管部门的监督。"第二十四条规定:建筑工程的发包单位不得将应当由一个承包单位完成的建筑工程肢解成若干部分发包给几个承包单位。《建设工程质量管理条例》第七条规定:"建设单位应当将工程发包给具有相应资质等级的单位。"第十条规定:"建设工程发包单位不得迫使承包方以低于成本的价格竞标,不得任意压缩合理工期。"此外,《中华人民共和国招标投标法》、《中华人民共和国招标投标法实施条例》、《房屋建筑和市政基础设施工程施工招标投标管理办法》等法律法规,对建设单位在招标发包工程中的义务与责任还进行了相关规定。

2015年3月6日,住建部发布了《建设单位项目负责人质量安全责任八项规定(试行)》。其中规定:建设单位项目负责人应当依法组织发包,不得将工程发包给个人或不具有相应资质等级的单位;不得将一个单位工程的施工分解成若干部分发包给不同的施工总承包或专业承包单位;不得将施工合同范围内的单位工程或分部分项工程又另行发包;不得违反合同约定,通过各种形式要求承包单位选择指定的分包单位。建设单位项目负责人发现承包单位有转包、违法分包及挂靠等违法行为的,应当及时向住房城乡建设主管部门报告;建设单位项目负责人在组织发包时应当提出合理的造价和工期要求,不得迫使承包单位以低于成本的价格竞标,不得与承包单位签订"阴阳合同",不得拖欠勘察设计、工程监理费用和工程款,不得任意压缩合理工期。确需压缩工期的,应当组织专家予以论证,并采取保证建筑工程质量安全的相应措施,支付相应的费用。

2. 送审施工图进行审查

《建设工程质量管理条例》第十一条规定:建设单位应当将施工图设计文件报县级以上人民政府建设行政主管部门或者其他有关部门审查。施工图设计文件未经审查批准的,不得使用。

3. 申请施工许可及接受质量监督

《建筑法》第七条规定:"建筑工程开工前,建设单位应当按照国家有关规定向工程所在地县级以上人民政府建设行政主管部门申请领取施工许可证;但是,国务院建设行政主管部门确定的限额以下的小型工程除外。"第八条对建设单位申请领取施工许可证应当具备的条件作出规定,主要包括:已经办理该建筑工程用地批准手续;在城市规划区的建筑工程,已经取得规划许可证;需要拆迁的,其拆迁进度符合施工要求;已经确定建筑施工企业;有满足施工需要的施工图纸及技术资料;有保证工程质量和安全的具体措施;建设资金已经落实等。

《建设工程质量管理条例》第四十三条规定:"国家实行建设工程质量监督管理制度。"《房屋建筑和市政基础设施工程质量监督管理规定》第六条明确了建设单位办理质量监督手续的法定义务。

4. 委托监理

《建设工程质量管理条例》对强制实行监理的建筑工程范围予以明确,《建筑法》、《建设工程质量管理条例》等法律法规规定,建设单位应委托具有相应资质等级的工程监理单位进行监理。也可以委托具有工程监理相应资质等级并与被监理工程的施工承包单位没有隶属关系或其他利害关系的该工程的设计单位进行监理。

5. 遵守法律及质量标准

《建筑法》第五十四条规定:"建设单位不得以任何理由,要求建筑设计单位或者建筑施工企业在工程设计或者施工作业中,违反法律、行政法规和建筑工程质量、安全标准,降低工程质量。"《建设工程质量管理条例》第十条规定:"建设单位不得明示或者暗示设计单位或者施工单位违反工程建设强制性标准,降低建设工程质量。"第十四条规定:"按照合同约定,由建设单位采购建筑材料、建筑构配件和设备的,建设单位应当保证建筑材料、建筑构配件和设备符合设计文件和合同要求。建设单位不得明示或者暗示施工单位使用不合格的建筑材料、建筑构配件和设备。"

6. 提供必要的工程原始资料及现场工作条件

《建设工程质量管理条例》第九条规定:"建设单位必须向有关的勘察、设计、施工、工程监理等单位提供与建设工程有关的原始资料。原始资料必须真实、准确、齐全"。《建设工程勘察质量管理办法》(2007年)规定,建设单位应当为勘察工作提供必要的现场工作条件。

7. 不得滥用招标及合同权利

《建设工程质量管理条例》第十条规定:"建设工程发包单位不得迫使承包方以低于成本的价格竞标,不得任意压缩合理工期。"《建筑法》第二十五条规定:"按照合同约定,建筑材料、建筑构配件和设备由工程承包单位采购的,发包单位不得指定承包单位购入用于工程的建筑材料、建筑构配件和设备或者指定生产厂、供应商。"《建设工程勘察质量管理办法》(2007年)第五条规定:"建设单位应当严格执行国家收费标准,不得迫使工程勘察企业以低于成本的价格承揽任务。"

8. 组织竣工验收及归档移送竣工资料

《合同法》第二百七十九条规定建设工程竣工后,发包人应及时进行验收。《建设工程质量管理条例》第十六条规定:"建设单位收到建设工程竣工报告后,应当组织设计、施工、工程监理等有关单位进行竣工验收。"《建设工程质量管理条例》第四十九条还规定,建设单位将建设工程竣工验收报告和规划、公安消防、环保等部门出具的认可文件或者准许使用文件,报建设行政主管部门或者其他有关部门备案的义务。

《建设单位项目负责人质量安全责任八项规定(试行)》规定,建设单位项目负责人应当严格按照国家有关档案管理的规定,及时收集、整理建设项目各环节的文件资料,建立、健全建设项目档案和建筑工程各方主体项目负责人质量终身责任信息档案,并在建筑工程竣工验收后,及时向住房城乡建设主管部门或者其他有关部门移交建设项目档案及各方主体项目负责人的质量终身责任信息档案。

9. 按合同约定支付工程价款

《中华人民共和国合同法》对建设工程合同的定义是,承包人进行工程建设,发包人支付价款的合同。

《建筑法》第十八条规定:"建筑工程造价应当按照国家有关规定,由发包单位与承包单位在合同中约定。公开招标发包的,其造价的约定,须遵守招标投标法律的规定。发包单位应当按照合同的约定,及时拨付工程款项。"

向勘察设计单位、施工单位等支付工程价款是建设单位最重要的合同义务,它不但关乎勘察设计单位、施工单位的经济利益,还通过成本费用和质量管理之间的工程规律,对这些单位的质量管理行为、投入等产生深层次的重大影响。许多工程质量事故与建设单位恶意拖欠支付工程价款的行为,都存在着直接或间接的关系。

需要注意的是,上述建设单位的一些质量义务,在一定条件下,也可视为或转化为建设单位的权利。

9.5.2 工程勘察设计单位质量管理法律义务责任

1. 遵守企业及从业人员资质资格管理制度

《建筑法》第十三条规定:"从事建筑活动的建筑施工企业、勘察单位、设计单位和工程监理单位,按照其拥有的注册资本、专业技术人员、技术装备和已完成的建筑工程业绩等资质条件,划分为不同的资质等级,经资质审查合格,取得相应等级的资质证书后,方可在其资质等级许可的范围内从事建筑活动。" 第十四条规定:"从事建筑活动的专业技术人员,应当依法取得相应的执业资格证书,并在执业资格证书许可的范围内从事建筑活动。"《建设工程质量管理条例》第十八条规定:"禁止勘察、设计单位超越其资质等级许可的范围或者以其他勘察、设计单位的名义承揽工程。禁止勘察、设计单位允许其他单位或者个人以本单位的名义承揽工程。勘察、设计单位不得转包或者违法分包所承揽的工程。"

2. 依据法律法规及工程标准等进行执业

《建筑法》第五十六条规定:"建筑工程的勘察、设计单位必须对其勘察、设计的质量负责。勘察、设计文件应当符合有关法律、行政法规的规定和建筑工程质量、安全标准、建筑工程勘察、设计技术规范以及合同的约定。"《建设工程勘察设计管理条例》第五条规定:"建设工程勘察、设计单位必须依法进行建设工程勘察、设计,严格执行工程建设强制性标准,并对建设工程勘察、设计的质量负责。"

《建筑工程勘察单位项目负责人质量安全责任七项规定(试行)》规定(2015年3月6日住建部发布),勘察项目负责人应当依据有关法律法规、工程建设强制性标准和勘察合同(包括勘察任务委托书),组织编写勘察纲要,就相关要求向勘察人员交底,组织开展工程勘察工作。《建筑工程设计单位项目负责人质量安全责任七项规定(试行)》(2015年3月6日住建部发布)规定,设计项目负责人应当依据有关法律法规、项目批准文件、城乡规划、工程建设强制性标准、设计深度要求、设计合同(包括设计任务书)和工程勘察成果文件,就相关要求向设计人员交底,组织开展建筑工程设计工作。

3. 提供技术配合及服务

《建设工程质量管理条例》第二十三条规定了设计单位应当就审查合格的施工图设计文件向施工单位作出详细说明的技术交底义务。第二十四条规定了设计单位应当参与建设工程质量事故分析,并对因设计造成的质量事故,提出相应的技术处理方案的技术服务配合义务。《建设工程勘察设计管理条例》规定,建设工程勘察、设计单位应当及时解决施工中出现的勘察、设计问题。

《建筑工程勘察单位项目负责人质量安全责任七项规定(试行)》规定,勘察项目负责人应当对勘察后期服务工作负责,组织相关勘察人员及时解决工程设计和施工中与勘察工作有关的问题;组织参与施工验槽;组织勘察人员参加工程竣工验收,验收合格后在相关验收文件上签字;组织勘察人员参与相关工程质量安全事故分析,并对因勘察原因造成的质量安全事故,提出与勘察工作有关的技术处理措施。《建筑工程设计单位项目负责人质量安全责任七项规定(试行)》规定,设计项目负责人应当组织设计人员解决施工中出现的设计问题;设计项目负责人应当组织设计人员参加建筑工程竣工验收,验收合格后在相关验收文件上签字。

4. 设计单位不得滥用设计权

《建筑法》第五十七条规定:"建筑设计单位对设计文件选用的建筑材料、建筑构配件和设备,不得指定生产厂、供应商。"

5. 及时进行有关工程资料归档

《建筑工程勘察单位项目负责人质量安全责任七项规定(试行)》、《建筑工程设计单位项目负责人质量安全责任七项规定(试行)》规定,勘察项目负责人应当对勘察资料的归档工作负责,组织相关勘察人员将全部资料分类编目,装订成册,归档保存;设计项目负责人组织相关人员及时将设计资料归档保存。

9.5.3 施工单位质量管理法律义务责任

1. 遵守企业及从业人员资质资格管理制度

《建筑法》、《建设工程质量管理条例》等法律法规规定,施工单位必须在其资质等级许可的范围内承揽工程施工任务,不得超越本单位资质等级许可的业务范围或以其他施工单位的名义承揽工程。禁止施工单位允许其他单位或个人以本单位的名义承揽工程。施工单位也不得将自己承包的工程再进行转包或非法分包。住建部在 2014 年还下发了《建筑工程施工转包违法分包等违法行为认定查处管理办法(试行)》,对促进施工单位遵守建筑业企业资质管理法律制度起到了积极作用。

2014 年 8 月 25 日,住建部发布的《建筑施工项目经理质量安全责任十项规定(试行)》中规定,建筑施工项目经理必须按规定取得相应执业资格和安全生产考核合格证书;合同约定的项目经理必须在岗履职,不得违反规定同时在两个及两个以上的工程项目担任项目经理。

2. 建立并执行施工质量管理制度规程

《建筑法》、《建设工程质量管理条例》等法律法规规定，施工单位应当建立质量责任制，要确定工程项目的项目经理、技术负责人和施工管理负责人。建设工程实行总承包的，总承包单位与分包单位对分包工程的质量承担连带责任制度。

施工单位必须建立、健全施工质量的检验制度，严格工序管理，作好隐蔽工程的质量检查和记录。施工单位必须按照工程设计要求、施工技术标准和合同约定，对建筑材料、建筑构配件和设备进行检验，检验应当有书面记录和专人签字；未经检验或者检验不合格的，不得使用。

施工单位还应当建立、健全质量教育培训制度，加强对职工的质量教育培训，未经教育培训或考核不合格的人员，不得上岗作业。

《建筑施工项目经理质量安全责任十项规定（试行）》规定：项目经理必须对工程项目施工质量安全负全责，负责建立质量安全管理体系，负责配备专职质量、安全等施工现场管理人员，负责落实质量安全责任制、质量安全管理规章制度和操作规程；项目经理负责组织编制施工组织设计，负责组织制定质量安全技术措施，负责组织编制、论证和实施危险性较大分部分项工程专项施工方案；负责组织质量安全技术交底；项目经理必须组织对进入现场的建筑材料、构配件、设备、预拌混凝土等进行检验，未经检验或检验不合格，不得使用；必须组织对涉及结构安全的试块、试件以及有关材料进行取样检测，送检试样不得弄虚作假，不得篡改或者伪造检测报告，不得明示或暗示检测机构出具虚假检测报告；项目经理必须组织做好隐蔽工程的验收工作，参加地基基础、主体结构等分部工程的验收，参加单位工程和工程竣工验收；必须在验收文件上签字，不得签署虚假文件；项目经理必须在起重机械安装、拆卸，模板支架搭设等危险性较大分部分项工程施工期间现场带班；必须组织起重机械、模板支架等使用前验收，未经验收或验收不合格，不得使用；必须组织起重机械使用过程日常检查，不得使用安全保护装置失效的起重机械；项目经理必须定期组织质量安全隐患排查，及时消除质量安全隐患；项目经理必须组织对施工现场作业人员进行岗前质量安全教育，组织审核建筑施工特种作业人员操作资格证书，未经质量安全教育和无证人员不得上岗；项目经理必须按规定报告质量安全事故，立即启动应急预案，保护事故现场，开展应急救援。

3. 依据技术规范标准按图施工

《建设工程质量管理条例》规定，施工单位必须按照工程设计图纸和施工技术标准施工，不得擅自修改工程设计，不得偷工减料。施工单位在施工过程中发现设计文件和图纸有差错的，应当及时提出意见和建议。

4. 进行工程返修及保修

《建筑法》、《建设工程质量管理条例》等法律法规规定，施工单位对施工中出现质量问题的建设工程或者竣工验收不合格的建设工程，应当负责返修。国家实行建筑工程质量保修制度，原建设部在2000年6月30日发布了《房屋建筑工程质量保修办法》，规定房屋建筑工程质量保修，是指对房屋建筑工程竣工验收后在保修期限内出现的质量缺陷，予以修复。房屋建筑工程在保修范围和保修期限内出现质量缺陷，施工单位应当履行保修义务。

9.5.4 监理单位质量管理法律义务责任

1. 遵守资质等级管理制度

工程监理单位应在其资质等级许可的范围内承担工程监理业务，不得超越本单位资质等级许可的范围或以其他工程监理单位的名义承担工程监理业务。禁止工程监理单位允许其他单位或个人以本单位的名义承担工程监理业务。工程监理单位也不得将自己承担的工程监理业务进行转让。

2. 独立、公正、科学地执业

工程监理单位与被监理工程的施工承包单位以及建筑材料、建筑构配件和设备供应单位有隶属关系或其他利害关系的，不得承担该项建设工程的监理业务。工程监理单位与承包单位串通，为承包单位谋取非法利益，给建设单位造成损失的，应当与承包单位承担连带赔偿责任。

3. 依据法律、工程标准及合同等进行监理

建筑工程监理应当依照法律、行政法规及有关的技术标准、设计文件和建筑工程承包合同，对承包单位在施工质量、建设工期和建设资金使用等方面，代表建设单位实施监督，并对施工质量承担监理责任。

4. 按法定工作方式进行监理

监理工程师应当按照工程监理规范的要求，采取旁站、巡视和平行检验等形式，对建设工程实施监理。

总之，建设单位、勘察、设计、施工及监理等单位，是任何一个建设工程项目质量管理的最关键的五方责任主体。除了这五方质量管理责任主体，建筑材料、构配件生产及设备供应单位，建筑机械、模板、脚手架等租赁公司，以及检测检验单位等，也都对建设工程质量负有相应的责任。

9.5.5 项目负责人质量责任终身追究法律制度

虽然《建筑法》、《建设工程质量管理条例》、《建设工程勘察设计管理条例》等法律、行政法规，对建设工程参与各方主体的质量责任做出了相关规定。但是，却没有明确建立质量责任终身追究法律制度。

2014年8月25日，为贯彻《建筑法》、《建设工程质量管理条例》，强化工程质量终身责任落实，住建部出台了《建筑工程五方责任主体项目负责人质量终身责任追究暂行办法》（以下简称《暂行办法》）。该办法对深化建设工程质量管理方的质量责任，完善建设工程质量责任制度的建设，推进建筑业质量管理内涵式发展，提高建设工程质量水平，促进社会经济可持续发展等，均具有重要作用。

《暂行办法》明确：建筑工程五方责任主体项目负责人是指承担建筑工程项目建设的建设单位项目负责人、勘察单位项目负责人、设计单位项目负责人、施工单位项目经理、监理单位总监理工程师。暂行办法同时要求，建筑工程开工建设前，建设、勘察、设计、施工、监理单位法定代表人应当签署授权书，明确本单位项目负责人。

《暂行办法》规定：建筑工程五方责任主体项目负责人质量终身责任，是指参与新建、

扩建、改建的建筑工程项目负责人按照国家法律法规和有关规定，在工程设计使用年限内对工程质量承担相应责任。其中，建设单位项目负责人对工程质量承担全面责任，不得违法发包、肢解发包，不得以任何理由要求勘察、设计、施工、监理单位违反法律法规和工程建设标准，降低工程质量，其违法违规或不当行为造成工程质量事故或质量问题应当承担责任；勘察、设计单位项目负责人应当保证勘察设计文件符合法律法规和工程建设强制性标准的要求，对因勘察、设计导致的工程质量事故或质量问题承担责任；施工单位项目经理应当按照经审查合格的施工图设计文件和施工技术标准进行施工，对因施工导致的工程质量事故或质量问题承担责任；监理单位总监理工程师应当按照法律法规、有关技术标准、设计文件和工程承包合同进行监理，对施工质量承担监理责任。

《暂行办法》第六条规定，县级以上地方人民政府住房城乡建设主管部门，应当依法追究项目负责人的质量终身责任的情形包括：（一）发生工程质量事故；（二）发生投诉、举报、群体性事件、媒体报道并造成恶劣社会影响的严重工程质量问题；（三）由于勘察、设计或施工原因造成尚在设计使用年限内的建筑工程不能正常使用；（四）存在其他需追究责任的违法违规行为。

《暂行办法》明确规定，工程质量终身责任实行书面承诺和竣工后永久性标牌等制度；项目负责人应当在办理工程质量监督手续前签署工程质量终身责任承诺书，连同法定代表人授权书，报工程质量监督机构备案。项目负责人如有更换的，应当按规定办理变更程序，重新签署工程质量终身责任承诺书，连同法定代表人授权书，报工程质量监督机构备案；建筑工程竣工验收合格后，建设单位应当在建筑物明显部位设置永久性标牌，载明建设、勘察、设计、施工、监理单位名称和项目负责人姓名。

《暂行办法》重视质量终身责任信息档案的管理价值，规定建设单位应当建立建筑工程各方主体项目负责人质量终身责任信息档案，工程竣工验收合格后移交城建档案管理部门，并明确项目负责人质量终身责任信息档案应包括的内容。其具体为：（一）建设、勘察、设计、施工、监理单位项目负责人姓名，身份证号码，执业资格，所在单位，变更情况等；（二）建设、勘察、设计、施工、监理单位项目负责人签署的工程质量终身责任承诺书；（三）法定代表人授权书。

《暂行办法》对发生本办法第六条所列情形之一的五方责任主体项目负责人，还规定了各自的责任追究及处罚内容。

其中，对建设单位项目负责人按以下方式进行责任追究：（一）项目负责人为国家公职人员的，将其违法违规行为告知其上级主管部门及纪检监察部门，并建议对项目负责人给予相应的行政、纪律处分；（二）构成犯罪的，移送司法机关依法追究刑事责任；（三）处单位罚款数额5%以上10%以下的罚款；（四）向社会公布曝光。

对勘察单位项目负责人、设计单位项目负责人按以下方式进行责任追究：（一）项目负责人为注册建筑师、勘察设计注册工程师的，责令停止执业1年；造成重大质量事故的，吊销执业资格证书，5年以内不予注册；情节特别恶劣的，终身不予注册。（二）构成犯罪的，移送司法机关依法追究刑事责任。（三）处单位罚款数额5%以上10%以下的罚款。（四）向社会公布曝光。

对施工单位项目经理按以下方式进行责任追究：（一）项目经理为相关注册执业人员的，责令停止执业1年；造成重大质量事故的，吊销执业资格证书，5年以内不予注册；情节特别恶劣的，终身不予注册。(二)构成犯罪的，移送司法机关依法追究刑事责任。(三)处单位罚款数额5%以上10%以下的罚款。(四)向社会公布曝光。

对监理单位总监理工程师按以下方式进行责任追究：(一)责令停止注册监理工程师执业1年；造成重大质量事故的，吊销执业资格证书，5年以内不予注册；情节特别恶劣的，终身不予注册。(二)构成犯罪的，移送司法机关依法追究刑事责任。(三)处单位罚款数额5%以上10%以下的罚款。(四)向社会公布曝光。

《暂行办法》强调责任追究制度与信用记录公示制度的联动执法，规定住房城乡建设主管部门应当及时公布项目负责人质量责任追究情况，将其违法违规等不良行为及处罚结果记入个人信用档案，给予信用惩戒；鼓励住房城乡建设主管部门向社会公开项目负责人终身质量责任承诺等质量责任信息。

《暂行办法》为进一步落实建筑工程各方主体项目负责人质量责任追究的终身性，特别规定：项目负责人因调动工作等原因离开原单位后，被发现在原单位工作期间违反国家法律法规、工程建设标准及有关规定，造成所负责项目发生工程质量事故或严重质量问题的，仍应按本办法相关规定依法追究相应责任；项目负责人已退休的，被发现在工作期间违反国家法律法规、工程建设标准及有关规定，造成所负责项目发生工程质量事故或严重质量问题的，仍应按本办法相关规定依法追究相应责任，且不得返聘从事相关技术工作；项目负责人为国家公职人员的，根据其承担责任依法应当给予降级、撤职、开除处分的，按照规定相应降低或取消其享受的待遇；工程质量事故或严重质量问题相关责任单位已被撤销、注销、吊销营业执照或者宣告破产的，仍应按本办法相关规定依法追究项目负责人的责任。

9.6 建设工程质量保修法律制度

9.6.1 工程质量保修书

《建筑法》第六十二条规定："建筑工程实行质量保修制度。"《建设工程质量管理条例》第三十九条规定："建设工程承包单位在向建设单位提交工程竣工验收报告时，应当向建设单位出具质量保修书。质量保修书中应当明确建设工程的保修范围、保修期限和保修责任等。"

原建设部根据《中华人民共和国建筑法》和《建设工程质量管理条例》，发布了《房屋建筑工程质量保修办法》，其中第六条规定："建设单位和施工单位应当在工程质量保修书中约定保修范围、保修期限和保修责任等，双方约定的保修范围、保修期限必须符合国家有关规定。"

9.6.2 保修范围及期限

保修期，是指承包人按照合同约定对工程承担保修责任的期限。

《建设工程质量管理条例》第四十条规定了在正常使用条件下，建设工程的最低保修期限为：(一)基础设施工程、房屋建筑的地基基础工程和主体结构工程，为设计文件规定的该工程的合理使用年限；(二)屋面防水工程、有防水要求的卫生间、房间和外墙面的防渗漏，为5年；(三)供热与供冷系统，为2个采暖期、供冷期；(四)电气管线、给排水管道、设备安装和装修工程,为2年。 其他项目的保修期限由发包方与承包方约定。

建设工程的保修期,自竣工验收合格之日起计算。2005年1月1日起实施的《最高人民法院关于审理建设工程施工合同纠纷案件适用法律问题的解释》,对竣工日期的认定提供了更具实践性的法律判断。

为了理顺质量保修期及其连带的质量保证金退付期限的问题,国家标准《建设工程工程量清单计价规范》(GB50500—2013)规定了"缺陷责任期"术语的概念,即指承包人对已交付使用的合同工程承担合同约定的缺陷修复责任的期限。同时,又规定"质量保证金"的概念为,承包双方在工程合同中约定,从应付合同价款中预留,用以保证承包人在缺陷责任期内履行缺陷修复义务的金额。

9.6.3 保修义务及责任

建设工程在保修范围和保修期限内发生质量问题的,施工单位应当履行保修义务,并对造成的损失承担赔偿责任。

《房屋建筑工程质量保修办法》明确规定,房屋建筑工程在保修期限内出现质量缺陷,建设单位或者房屋建筑所有人应当向施工单位发出保修通知。施工单位接到保修通知后,应当到现场核查情况,在保修书约定的时间内予以保修。发生涉及结构安全或者严重影响使用功能的紧急抢修事故,施工单位接到保修通知后,应当立即到达现场抢修。

发生涉及结构安全的质量缺陷,建设单位或者房屋建筑所有人应当立即向当地建设行政主管部门报告,采取安全防范措施;由原设计单位或者具有相应资质等级的设计单位提出保修方案,施工单位实施保修,原工程质量监督机构负责监督。

施工单位不按工程质量保修书约定保修的,建设单位可以另行委托其他单位保修,由原施工单位承担相应责任。

9.7 案例分析

【案例9-1】对瘦身钢筋流入建筑市场的分析

据有关报道,在过去的几年间,我国有些省市的建筑市场上出现了"瘦身"钢筋。所谓"瘦身"钢筋是指在对盘圆钢筋调直冷拉时,施加超过国家钢筋加工规范标准的拉伸力,造成加工钢筋最终实际拉伸率超过规范限定的拉伸控制率标准的钢筋。钢筋作为建筑结构建造的主材,其本身的质量状态对整个建筑物的质量安全而言,具有十分重要的保障作用。"瘦身"钢筋人为地违反规范标准增加了钢筋的拉伸长度,改变了钢筋的合理力学性能,对建筑物的安全性、抗震性具有实质性的削弱作用,对广大人民群众生命、财产安全构成了重大威胁。加工、交易、使用"瘦身"钢筋的行为不仅是一种恶劣的偷工减料行为,更是一种严重的违法行为。

通过有关媒体记者暗访,"瘦身"钢筋流入建筑市场,被用在建筑物结构施工上的秘密被披露。某地一位承揽钢筋来料加工的企业工作人员告诉记者,他们厂"瘦身"钢筋的年接单生产量在上千吨。仅以直径规格10毫米的钢筋每米的规定重量是0.617公斤,也就是1吨钢筋应该是1620米,而从10毫米拉到9毫米,一吨钢筋变成整整2000米;中间"长出"

的 380 米钢筋，按规格 9 毫米计，重达 190 公斤；按每吨钢材 4000 元算，190 公斤钢筋价值 760 元。违规拉细的每个"0.1 毫米"中，都隐含着巨大的利润。而且，这些"瘦身"钢筋的加工厂一般在揽活时，并不向供货单位收取加工费，反而要支付给供货单位一定的回扣费。在这一交易过程中，供货单位例如房地产开发商，显然节约了一笔不菲的钢筋冷拉加工费用。而承揽钢筋来料加工的企业，虽然支付了回扣，但相比自己超限冷拉得到的剩余长度钢筋所变现的实际价款(将超拉所得余出钢筋部分加工后销售到建筑市场的获利)，还有相当剩余利润。记者还了解到，对瘦身钢筋的问题，工地上的监理工程师也知道，但是在房地产开发商或是施工单位的公关下，也就签字成了合格钢筋。

我国《建筑法》第五十八条规定："建筑施工企业必须按照工程设计图纸和施工技术标准施工，不得偷工减料。"第五十九条规定："建筑施工企业必须按照工程设计要求、施工技术标准和合同的约定，对建筑材料、建筑构配件和设备进行检验，不合格的不得使用。"从法律的规定看，明确清晰，不存在立法漏洞或模糊问题。《建筑法》第三十二条还规定："工程监理人员认为工程施工不符合工程设计要求、施工技术标准和合同约定的，有权要求建筑施工企业改正。"显然，《建筑法》明确赋予了监理工程师对工程施工质量(包括建筑材料质量)的法定检查权、要求改正权。

"瘦身"钢筋的出现，可以给我们带来很多严肃的话题。这其中有一个极为重要的话题，就是如何加强建设工程各方主体的诚实信用建设。因为，诚实信用的职业道德是建设工程质量得到保证的最基本条件之一。

【案例 9-2】工程地质勘察错误导致的工程质量事故

某住宅小区建成后一年，一条主干道发生沿道路纵向大面积塌陷，沉陷最大值达 15 厘米。建设单位通知施工单位到场维修(该工程质保期为两年)，施工单位到现场检查后，认为该质量事故不是由于施工原因造成的。其主要理由为，由他们建造的小区近 3 公里道路都未发生此类质量事故，且当时施工时质量控制标准同一，故不同意进行维修。

建设单位遂提出，通过开挖以及补勘等方式搞清事故原因。如果责任在施工单位，则由其无偿维修，并且要承担开挖及补勘费用。施工单位表示同意，但提出上述工作开展时，他们要派人到场进行查看。后经开挖、取样试验等，发现施工单位施工的路基、路面质量可靠。故建设单位又委托一家新的地勘单位(不是原地勘单位)进行了补勘，发现在主干道沉陷路面区域下 4 米处有一高压缩性的淤泥层，该淤泥层在原地勘报告中未见反映。后经建设单位联系原地勘单位仔细调查，并查看原地勘单位有关工作记录资料后，发现该区域工程地质原地勘报告确定为高承载力的砾石土。其确定的过程不是通过实地勘察，而是采用了附近区域的地勘资料。建设单位遂向原地勘单位提出了赔偿要求，原地勘单位最终进行了赔偿。

《建筑法》第五十六条规定："建筑工程的勘察设计单位必须对其勘察、设计的质量负责。"《建设工程勘察设计管理条例》第二十六条规定："编制建设工程勘察文件，应当真实、准确，满足建设工程规划、选址、设计、岩土治理和施工的需要。"本案例中的原工程地质勘察单位因自身原因，提供了与场地土质实际承载力、压缩变形等参数不符的地勘报告，最终导致了工程质量事故的发生。从相关建设法律法规的规定看，勘察单位没有切实负起其应负的对勘察文件保证真实、准确的法定义务。故而，承担相应的赔偿责任就成为其应尽的义务。

【案例 9-3】 设计质量不能仅满足于对规范标准的执行

某学生高层公寓楼的电梯前室通向楼梯间的疏散防火门门宽设计为 1.2 米，且为双扇等宽平开门，开启方向朝向楼梯间。该设计如果依据应遵守的强制性条文及规范标准来审查，并无设计错误。

在高层公寓楼交付使用后，学校有关部门在组织学生进行消防应急预案演练过程中发现，开启后朝向楼梯间楼梯踏步方向的半扇门（门宽 60 厘米），严重挤占楼梯踏步的宽度，导致学生人流下楼逃逸时，不能快速有序地通过。同时，在楼梯间平台区域容易形成人流拥堵，进而造成踩踏事故。针对这一情况，有关部门向学校基建后勤管理部门提出，能否把楼梯间的防火门改成不等宽的母子门（一扇 90 厘米，另一扇 30 厘米，且 30 厘米的子门开向楼梯间楼梯踏步方向）。经和设计单位沟通后，设计单位进行了关于防火门的设计变更。

《建筑法》第五十八条规定："工程设计的修改由原设计单位负责，建筑施工企业不得擅自修改工程设计。"《建设工程勘察设计管理条例》第二十八条规定："建设单位、施工单位、监理单位不得修改建设工程勘察、设计文件；确需修改建设工程勘察、设计文件的，应当由原建设工程勘察、设计单位修改。"法律法规明确规定了原设计单位具有设计修改权，其他建设工程参建方只有设计修改建议权。当然，《建设工程勘察设计管理条例》第二十八条第二款还规定："施工单位、监理单位发现建设工程勘察、设计文件不符合工程建设强制性标准、合同约定的质量要求的，应当报告建设单位，建设单位有权要求建设工程勘察、设计单位对建设工程勘察、设计文件进行补充、修改。"此时，原设计单位进行设计修改，不仅是其应有之权利，更是其应负之义务和责任。

在本案例中，依据工程设计的有关标准，特别是强制性标准，对防火门的设计进行审查，可以发现设计并无错误。但是，在学生进行消防应急预案演练过程中暴露的问题也属客观不足。《建设工程勘察设计管理条例》第一条规定："为了加强对建设工程勘察、设计活动的管理，保证建设工程勘察、设计质量，保护人民生命和财产安全，制定本条例。"此法条明确了该条例的立法目的，指出设计的最终追求和质量观应贯彻以人为本的理念。在《建设工程勘察设计管理条例》第二条中，对本条例所称"建设工程设计"的概念进行了解释界定。其内涵表达是指"根据建设工程的要求，对建设工程所需的技术、经济、资源、环境等条件进行综合分析、论证，编制建设工程设计文件的活动"。"建设工程的要求"实质上是人对安全、适用、经济、便利、可持续发展等的综合要求，而设计工作不应只止步、满足于对强制性标准的执行，因为它还需要对"建设工程所需的技术、经济、资源、环境等条件进行综合分析、论证"，以更好地通过设计来提升"以人为本"的设计价值。

【案例 9-4】 某住宅小区房屋大面积渗漏引发的业主退房事件

某住宅小区，共有 28 栋 32 层的高层住宅楼。在工程整体竣工后，广大业主开始进行室内装修。其后不久，进入梅雨季节，交工房屋的防水质量问题被暴露了出来。其主要表现在：多间顶层房屋顶棚渗漏雨水严重，有些已形成线流；部分山墙、房间窗台、飘窗处出现渗漏，造成已装修的住宅墙面有霉变及水渍等。

业主委员会向开发商提出整体返修屋面防水，重新对山墙、窗台、飘窗处进行防水施工。同时，对渗漏造成的部分业主的内装修损失进行适当赔偿。

开发商考虑到维修费用较大，仅对屋面局部和部分山墙、窗台、飘窗处进行了简单的防水处理。之后，随着连续降雨，渗漏问题又有所增加。部分业主经研究，决定向开发商提出退房并赔偿有关损失的要求。若不能答应，则决心向法院起诉。

建设工程质量问题事关广大人民群众的切实利益，《建筑法》第一条明确的立法目的中就包括了"保证建筑工程的质量和安全"。为了加强对建设工程质量的管理，提高建设工程质量水平，国务院依据《建筑法》专门颁布了《建设工程质量管理条例》，重点强调了各方质量管理责任主体的法定质量责任和义务。

2014年9月，住建部在关于印发《工程质量治理两年行动方案》的通知中，提出当前工程质量治理的重点工作任务包括，全面落实五方主体项目负责人质量终身责任；严厉打击建筑施工转包违法分包行为；健全工程质量监督、监理机制；大力推动建筑产业现代化；加快建筑市场诚信体系建设；切实提高从业人员素质等。

随着我国对建设工程质量的日益重视，在各方面的共同努力下，建设工程质量水平，特别是新建建筑的主体结构安全性、可靠性以及抗震性能等，较之以前有不断提高的趋势。但是，有一类质量问题截至目前仍未得到有效普遍的解决，这就是业内人士所称的"质量通病问题"。

所谓建设工程质量通病，一般是指在工程中经常发生的、普遍存在的一些工程质量问题。一方面，这些质量问题一般不直接涉及主体结构安全性。另一方面，由于其量大面广，严重影响到建筑物的日常正常使用或舒适美观等。例如，屋面渗漏、墙面渗漏、填充墙体裂缝、门窗五金件容易损坏、罩面粉刷平整度不够、飘窗渗水、上下水管道渗漏等。

在本案例中，住宅楼顶棚、墙面等漏水，虽然不会直接影响到建筑物的安全性，但其对住户的日常生活影响之大当属显而易见。一些施工单位，开发商以质量通病为借口，降低对建设工程质量的严格要求，从经济关系的角度看，这种行为的实质就是让广大住户为他们的恶劣行为、甚至是违法行为埋单。要使我国的建设工程质量管理水平再上新台阶，对质量通病的彻底全面治理应为其中一个重要课题。

正因上述分析及需要，故国家通过立法在不断规范质量保修的诸多方面事项。例如《建筑法》第六十二条规定："建筑工程实行质量保修制度。"第六十三条规定："任何单位和个人对建筑工程的质量事故、质量缺陷都有权向建设行政主管部门或者其他有关部门进行检举、控告、投诉。"《建设工程质量管理条例》第四十条规定了在正常使用条件下，建设工程有关分部分项的最低保修期限。并在第四十一条中强调："建设工程在保修范围和保修期限内发生质量问题的，施工单位应当履行保修义务，并对造成的损失承担赔偿责任。"《房屋建筑工程质量保修办法》第六条规定："建设单位和施工单位应当在工程质量保修书中约定保修范围、保修期限和保修责任等，双方约定的保修范围、保修期限必须符合国家有关规定。"

需要注意的是，建设工程质量管理是一个全过程的、系统的管理活动。在我们强调质量保修重要性的同时，更应重视在建筑物竣工交付之前，对建设工程勘察、设计、施工等环节的质量控制，力争更少的质量缺陷、瑕疵和所谓的质量通病等质量问题产生、积累以至遗留到工程交付后阶段。

【案例9-5】汶川地震房屋倒塌灾情折射出的我国建设工程质量管理的立法不足

2018年5月12日14时28分，我国发生了一场举世震惊的大地震。震中位于四川省阿坝藏族羌族自治州汶川县境内，距离四川省省会成都市西北偏西方向90千米处。此次地震面波震级达 8.0Ms、矩震级达 8.3Mw，破坏地区超过 10 万平方公里。

地震造成遇难、失踪人数近 9 万人，造成的直接经济损失高达 8000 余亿元人民币。据有关报道，在本次地震造成的财产损失中，房屋的损失很大。更令人高度关注的是，死伤失踪人员主要分布在震区的广大乡村，其中相当一部分是因为自建民居倒塌挤压掩埋致死的。简言之，大量农村自建老旧民居在汶川大地震中几乎不堪一击是一个不争的事实。

诚然，农村自建民居质量，特别是抗震性能的低下，是多方面原因综合形成的。例如，建造的经济投入有限，施工匠人的技能普遍不足等。但是以法律思维和视角审视，就不能不承认我国在农村民居质量管理立法建设方面存在着一定缺失。以《建筑法》为例，其附则部分第八十三条中规定："抢险救灾及其他临时性房屋建筑和农民自建低层住宅的建筑活动，不适用本法。"

随着我国愈加重视城乡统筹协调发展，更加强调以人为本和依法治国理念，我们应该加紧对农村自建民居建设，特别是其质量安全管理方面的立法建设。可喜的是，国家正抓紧这方面的工作。从筹措资金、危房改造、专项科研攻关、到出台农村民居设计、施工相关规范标准，以至到颁布新的法律法规。我们有理由相信，汶川地震的惨痛经历一定会转化为我国农村民居质量管理法制化建设的强大动力。

复习思考题

1. 建设工程质量概念是什么？影响建设工程质量的因素包括哪些？
2. 何谓工程质量监督管理？其工作内容主要包括哪些？
3. 何谓施工图审查？其审查内容主要包括什么？
4. 简述我国的标准体系构成。
5. 何谓工程建设标准强制性条文？
6. 建设单位质量管理法律义务责任主要包括哪些内容？
7. 工程勘察设计单位质量管理法律义务责任主要包括哪些内容？
8. 施工单位质量管理法律义务责任主要包括哪些内容？
9. 监理单位质量管理法律义务责任主要包括哪些内容？
10. 建筑工程质量管理包括哪几方责任主体？
11. 建筑工程项目负责人质量终身责任制主要包括哪些内容？
12. 《建设工程质量管理条例》对最低保修期限是如何规定的？

第 10 章 建设工程施工合同管理法律法规

10.1 建设工程合同概述

10.1.1 建设工程合同概念

《建筑法》第十五条规定:"建筑工程的发包单位与承包单位应当依法订立书面合同,明确双方的权利和义务。发包单位和承包单位应当全面履行合同约定的义务。不按照合同约定履行义务的,依法承担违约责任。"

在市场经济背景下,建筑业的发展与建设工程合同的交易密切相关。没有数量众多的各种建设工程合同的订约、履行,就没有建筑业发展的载体和内容。

《合同法》专设第十六章"建设工程合同",其中第二百六十九条规定:"建设工程合同是承包人进行工程建设,发包人支付价款的合同"。同时,还进一步明确,"建设工程合同包括工程勘察、设计、施工合同"。

《合同法》"建设工程合同"一章的第二百七十六条规定:"建设工程实行监理的,发包人应当与监理人采用书面形式订立委托监理合同。发包人与监理人的权利和义务以及法律责任,应当依照本法委托合同以及其他有关法律、行政法规的规定。"

《合同法》作为我国合同管理法律法规的基本法,将建设工程合同以一类记名合同作专门一章规范,反映了立法者对建筑业在市场经济背景下实施合同管理重要性的认识。同时,明确建设工程合同包括勘察、设计、施工合同,说明这三种合同是依法规范的重点。

10.1.2 建设工程合同种类

《合同法》虽然明确了建设工程合同的三个具体种类,但是,结合建设工程组织实施的全过程来看,建设工程合同化管理所涉及的合同种类却并不限于这三种合同。

在项目前期,勘察设计单位依据勘察、设计合同提交勘察设计成果文件后,建设单位一般都会委托招标代理公司,进行招标文件、工程量清单的编制,这就需要在建设单位和招标代理公司之间签订招标代理合同。在工程施工期间,建设单位还可能要与地基检测公司、沉降观测公司等签订地基检测、沉降观测合同等。在建设工程的实施过程中,施工单位为完成工程,必须采购有关建筑材料或工程设备,这就需要施工单位依据施工合同的要求,进一步与相关材料、设备供应商进行采购招标,并签订采购合同。有些情况下,建设单位会直接向施工单位提供建筑材料,或是直接分包某些专业工程,例如电梯采购安装工程等。这时,建设单位就会与材料供应商或是工程承包商签订相应的采购或专业工程分包合同。在建设工程竣工后,在一些情况下,建设单位还需要委托工程造价公司,对施工单位报送的竣工结算价进行审核,这时就需要签订造价审核合同。

需要注意的是,按照《合同法》的记名合同分类,上述一些合同可归于委托合同(《合同法》第二十一章"委托合同")之类。例如,招标委托代理合同。而有些合同可纳入买卖合同(《合同法》第九章"买卖合同")之类。例如,材料采购合同。

在建设工程实施合同管理当中,可能涉及到的《合同法》记名合同种类还有租赁合同、借款合同、承揽合同、运输合同、技术转让合同、仓储合同等。

10.1.3 各种建设工程合同的关系

建设工程实施涉及的合同种类较多,它们虽在合同主体、客体、内容等三要素上互有区别,但又相互联系。

结合建设工程技术流程的规律可知,勘察合同的标的(勘察成果)是设计合同的标的(设计文件)的基础。而勘察成果与设计文件又服务于施工合同的物化行为结果的形成。没有施工合同缔约、履约的需要,勘察、设计合同就成为不必要。勘察、设计合同的成果对施工合同的作用主要体现在以下几个方面:为施工合同缔约前,特别是招投标文件的编制,例如确定工程招标范围、技术标准、工程量清单以及材料列表提供依据基础;作为施工合同的主要组成部分之一(设计文件)。因此,勘察、设计合同是施工合同的前提基础,设计合同的履行状态的成果,即设计文件的质量与交付时间直接影响施工合同的缔约与履行质量。反之,一个建设工程项目若不通过施工合同加以物质化实施,则其前期缔约的勘察设计合同则无必要存在,或属浪费型工作。同时,需要注意的是,施工过程所遇的现实条件,有时会令符合设计标准的设计文件(当然更多的情况下,是设计文件本身存在缺陷或遗漏),无法通过施工加以实现。从这个角度,施工合同对设计合同也存在一定影响。

对于监理合同而言,基于委托代理制度,监理工程师通过提供智力与专业知识,代理建设单位进行项目管理的部分或全部职能,完成对施工合同物化行为过程及成果的控制。建设单位与监理单位之间存在委托合同关系,而施工单位与监理方并无合同关系。监理工程师的监理依据主要包括:工程建设文件;有关的法律法规及技术标准、规范;监理合同与勘察、设计以及施工合同等。因此,没有工程施工管理的需要,建设单位不会签订监理合同。施工合同既是监理合同履行的依据之一,也是监理合同的监理人进行管控的对象。

从理论上,通过对监理合同的履行,建设单位一般会获得更好的施工合同履行效果,因为监理工程师的专业能力可以更好地发现并控制施工单位的不良行为。反言之,当监理工程师因自身能力不足,特别是职业道德缺失而不能很好地履行自身义务时,建设单位遭受因施工单位对施工合同的不良履行而带来的风险即可增加。

建筑材料采购合同的标的将通过施工单位的施工行为转化为施工合同标的的一部分。从某种意义上,施工合同的施工行为就是把各种建筑材料(包括通过建设单位采购或施工单位自行采购)集成为建筑物的过程。因此,建筑材料采购合同是施工合同实现顺利履行的基础。而同时,施工合同也对材料采购合同的主要内容提出限制与要求。因为,任何一份材料采购合同的履行必须满足施工合同对建筑材料供应数量、质量、规格以及供应时间的要求。简言之,施工合同是材料采购合同缔约的目的与理由。相对于勘察、设计合同,从合同的标的角度,建筑材料采购合同是施工合同的物质基础之一,而勘察、设计合同是施工合同的智力基础之一。

而就设计合同与建筑材料采购合同的关系。可以设想,如果设计本身存在错误,按照错误设计采购的建筑材料,孤立地看,材料在一定标准下是合格的,但是从施工合同的合格标准看,错误的设计下涉及的采购显然是不合格的,因为采购的标准首先出了问题。因此,就设计合同与材料采购合同关系而言,前者是后者的基础。

除上述之外，如果进一步分析建设工程实施中涉及的其他合同之间的关系，会发现所有这些合同都存在着直接或间接的关系。建设工程的各种合同是联系在一起的一张网，而各种合同就是这张网上的每个结点。因此，对建设工程任何一个具体合同的分析，都必须持联系的观点。

因为本书在第 6 章、第 7 章已经安排了建设工程勘察设计合同、监理合同等法律法规内容，所以，本章主要介绍施工合同的有关法律法规。

10.2 建设工程施工合同概念及特点

10.2.1 建设工程施工特点

建设工程施工的特点是决定施工合同特点的主要因素之一。

建设工程施工活动及管理的特点主要包括：

(1)施工活动具有单件性。每一个施工活动都具有个别性和一次性。

(2)施工活动涉及人工劳动力、施工机械设备、建筑材料、施工工艺方法、施工环境等多个因素，工序过程具有界面性、关联性和系统性，其技术逻辑关系较复杂，具有网络化特征。施工质量验收不是一次性的，每道工序、材料每个检验批、不同工种之间均存在自检、交接检、抽样检验等多个不同内容、方法和标准的验收。大量分部分项工程的质量，需要发包人、承包人各自履行其义务，并加以协调才能保证。

(3)建(构)筑物竣工产品的形成需较长时间，经常数年，风险及不确定因素多。

(4)施工管理过程环节多，发包人、承包人需经常进行沟通，并商定、确定有关事实、指令、要求、诉求等信息。因沟通与商定直接与当事人的利益相关，加之信息不对称的存在，故沟通经常伴随着博弈。

(5)非工厂化封闭生产，露天作业、高空作业、交叉作业是施工活动的常态，导致施工安全风险较大、事故率较高。

(6)施工活动对现场周边环境会造成一定的负外部效应(例如噪声、扬尘、地下水污染，降水引起的附近建筑物的下沉等)。

(7)一线工人基本是农民工，职业素养、技能、安全意识有待提高，同时拖欠其工资会造成社会不稳定。

(8)施工质量安全、建筑环保节能以及按时支付农民工工资等问题，为国家高度关注之事项。

10.2.2 建设工程施工合同概念

《合同法》将建设工程合同的概念界定为，承包人进行工程建设，发包人支付价款的合同。同时，还进一步明确建设工程合同包括工程勘察、设计、施工合同。

因此，建设工程施工合同的概念可以界定为，在承包人和发包人之间订立的，承包人进行工程建设施工，发包人支付工程价款的建设工程合同。

《合同法》第二百七十五条规定："施工合同的内容包括工程范围、建设工期、中间交工工程的开工和竣工时间、工程质量、工程造价、技术资料交付时间、材料和设备供应责任、拨款和结算、竣工验收、质量保修范围和质量保证期、双方相互协作等条款。"

《建设工程施工合同(示范文本)》(GF—2013—0201)中规定施工合同，是指根据法律规定和合同当事人约定具有约束力的文件，构成合同的文件包括合同协议书、中标通知书(如果有)、投标函及其附录(如果有)、专用合同条款及其附件、通用合同条款、技术标准和要求、图纸、已标价工程量清单或预算书以及其他合同文件。同时，《建设工程施工合同(示范文本)》强调，组成合同的各项文件应互相解释，互为说明。

在 FIDIC(国际咨询工程师联合会名称的法文缩写)推出的《FIDIC 施工合同条件(1999 年第 1 版)》中规定：合同系指合同协议书、中标函、投标函、本条件(指通用条件与专用条件)、规范要求、图纸、资料表以及合同协议书或中标函中列出的添加文件(如果有)。同时，《FIDIC 施工合同条件(1999 年第 1 版)》还指出：构成合同的文件要认为是互作说明的。

因此，施工合同不单指合同协议书或专用条款等，本质上，施工合同是一个包含了多个不同构成文件的系统概念。

10.2.3 建设工程施工合同及其管理特点

建设工程施工合同与其他类型的合同相比较，其特点主要包括：

(1)施工合同因其标的的特殊性，故其订约履行受国家法律法规高度约束。合同的主体责任呈现出较多的强制性，从而部分排除了当事人的缔约自由。

(2)合同订立需要法律知识和工程专业知识两大知识体系的支撑，将法律规范和技术规范有机结合，并通过合理的逻辑、简明准确的文字进行清晰、简练、严密的合同语言表达难度较大。同时，施工合同由一组不同属性的文件共同系统构成，故施工合同的订立经常存在合同漏洞。而合同漏洞的填补易于引发合同双方主体的博弈，进而造成合同纠纷。

(3)施工合同为要式合同(《合同法》第二百七十条规定，建设工程合同应当采用书面形式)，合同主体之间信息联络应以书面化的文件加以传递、确认、回复与存档。

(4)施工合同的履约实际条件与订约时的合同预期履行条件之间，经常发生偏差变化，履行状态受合同当事人以外的因素影响较多。即合同履行面临的风险或不确定因素多，除施工合同主体自身原因外，合同依然不能完全受履约人的控制。

(5)施工合同履行过程伴随着双方主体若干次权利与义务的不断交换构成，不是一次性的及时结清合同。加之合同标的涉及的资金数额巨大(有的施工合同价款可达几十亿以上)、履约周期较长，因此合同双方的诚信，成为合同能否顺利履行的一个关键。

(6)施工合同经常发生变更。建设工程施工合同涉及的工程技术与合同法律技术均较为复杂，加之需要约定的内容事项数量繁多且履约时间较长，这就增加了合同双方在缔约时对未来的履行条件以及可能的变化做出全面而准确预估的难度，进而使得履约很难或不能按照原有缔约条款继续执行，故而必须变更合同。

(7)施工合同的履行需要大量的农民工参与，这个现实使得施工合同管理连带着较为广泛的社会责任和事务。

10.3 建设工程施工合同缔约及履行

10.3.1 建设工程施工合同缔约履行原则

《合同法》第三条规定："合同当事人的法律地位平等，一方不得将自己的意志强加给另一方。"第四条规定:"当事人依法享有自愿订立合同的权利,任何单位和个人不得非法干预。"第五条规定:"当事人应当遵循公平原则确定各方的权利和义务。"第六条规定:"当事人行使权利、履行义务应当遵循诚实信用原则"。第七条规定:"当事人订立、履行合同,应当遵守法律、行政法规,尊重社会公德,不得扰乱社会经济秩序,损害社会公共利益。"

因此,平等原则、自愿原则、公平原则、诚实信用原则、遵守法律及公序良俗原则等,也是建设工程施工合同缔约及履行的原则。

需要注意的是,上述合同原则本应在施工合同缔约、履行中得到贯彻。但是,在现实中,一些合同当事人并未对其进行严格遵循。

在我国,建设单位在建筑市场交易中一般均处于强势地位。这是因为施工单位数量众多,同质化的过度竞争以及固定资产投资相对稀缺的经济生活实际所形成的。这种经济基础的特点使得建设单位与施工单位,在法律地位上的平等性受到现实威胁,进而施工单位自愿的合同意思自治也受到辖制。建设单位强迫施工单位订立黑白合同,不合理的要求施工单位提前竣工,不按照合同约定进行工程款支付等违法违约行为的发生,是合同平等原则、自愿原则、公平原则等未得实际落实的常见例证。

诚实信用原则作为合同原则中的帝王条款,在建设工程施工合同的缔约与履行中发挥着十分重要的作用。

合同的缔约是为了合同的履约,但是履约的条件与情况不可能在缔约时就由合同事无巨细地作出全面安排。为了实现合同目标,诚实信用原则至为重要。因为它要求合同当事人不得以合同没有约定为借口,而拒绝履行以一个善意、诚实人本应也能够完成的相关合同义务。

同时,合同属于当事人自创的规范,源自当事人的意思,在于满足不同的利益。加上表达这些意思所用的语言文字未臻精确,因而在合同订立或履行过程中对其意义、内容或适用范围,难免发生疑义,这使得合同解释在实践中非常必要和普遍,而诚实信用原则正是合同解释的一个重要依据。

在我国,建设单位和施工单位违背诚实信用原则的行为时有发生。例如,建设单位恶意拖欠工程款支付;施工单位的挂靠、借用他人资质投标并签订合同;违法违约进行工程分包转包;偷工减料;高估虚报工程结算价款;恶意拖欠分包商或农民工工资等行为。因此,加强建筑业市场各方主体的信用建设是一个现实而重要的课题。

在 2009 年最高人民法院关于适用《中华人民共和国合同法》若干问题的解释(二)中规定,合同成立以后客观情况发生了当事人在订立合同时无法预见的、非不可抗力造成的不属于商业风险的重大变化,继续履行合同对于一方当事人明显不公平或者不能实现合同目的,当事人请求人民法院变更或者解除合同的,人民法院应当根据公平原则,并结合案件的实际情况确定是否变更或者解除。

解释(二)的上述规定,其实质是认可情势变更原则在合同变更及解除适用上的作用。在施工合同履行过程中,因经济形势的变化导致的建筑材料价格在短期内剧烈涨跌的情况,在一定条件下,即可归于情势变更之列。

需要注意的是,该原则在具体适用中,应结合具体案件及情势加以个别化的分析,以避免对情势变更原则适用的随意扩大。

10.3.2 建设工程施工合同示范文本

1. 概念

《合同法》第十二条中规定:"当事人可以参照各类合同的示范文本订立合同。"

为了提高建设工程施工合同的订约规范性和履行效率,减少施工合同纠纷,提高建设工程质量安全,针对我国建设工程施工合同管理仍较为薄弱的实际,国家有关行政主管部门组织制定了《建设工程施工合同(示范文本)》。

建设工程施工合同(示范文本),是指国家有关行政主管部门组织制定、推广,并鼓励相关当事人在订立建设工程施工合同时,优先采用或参考的具有普遍示范性的合同文本。

2. 版本变迁

1991年12月14日,建设部、国家工商行政管理局印发了《建设工程施工合同(示范文本)》的通知。1991年版本的《建设工程施工合同》(GF—91—0201),是我国推进建筑业法制化管理以及施工合同规范化管理的一个重要起点。

1999年,建设部、国家工商行政管理局根据《中华人民共和国建筑法》、《中华人民共和国合同法》等法律,在总结1991年版本施工合同示范文本推行经验及借鉴国际上一些通行的施工合同文本的基础上,对《建设工程施工合同》(GF—91—0201)进行了修订。新发布的《建设工程施工合同(示范文本)》(GF—1999—0201)提升了我国施工合同管理的水平。

自1999年版本实施以来,我国建筑业及建设工程施工合同管理随着社会经济的整体发展,一些新的情况、问题不断出现,一些新的任务和要求也亟待解决。

例如,在国家经济发展模式向集约化转变的同时,建筑业企业的生产管理方式,包括合同管理方式仍显粗放;政府对建筑业赋予了更多的节能、环保、保障人权的责任;施工合同订约、履约的规范程度不足,合同各方主体的信用水平依然不高,施工合同纠纷较多;建筑业吸纳的农民工人数巨大,农民工工资清欠已经成为和维稳相关的大事。

同时,自1999年版本实施以来,我国新出台的与施工合同管理相关的建设法律法规,以及工程技术标准、规范的数量较多。从立法的体系化角度审视,这些现行有效的新的法律法规、技术标准与1999年版本的部分内容已发生偏差、冲突等问题。

另外,随着合同当事人的合同意识、维权意识的提升,对施工合同的规范性、公平性、实践性的要求越来越高。

基于上述情况,2013年住建部、国家工商行政管理总局联合组织了对《建设工程施工合同(示范文本)》(GF—1999—0201)的修订,修订后的《建设工程施工合同(示范文本)》(GF—2013—0201)版本于2013年7月1日推广实施。

3. 《建设工程施工合同(示范文本)》内容结构

《建设工程施工合同(示范文本)》由合同协议书、通用合同条款和专用合同条款三部分组成。

合同协议书共计十三条,主要包括:工程概况、合同工期、质量标准、签约合同价与合同价格形式、项目经理、合同文件构成、承诺、词语含义、签订时间、签订地点、补充协议、合同生效以及合同份数等重要内容,集中约定了合同当事人基本的合同权利及义务。

通用合同条款是合同当事人根据《中华人民共和国建筑法》、《中华人民共和国合同法》

等法律法规的规定，就工程建设的实施及相关事项，对合同当事人的权利义务作出的原则性、通用性约定。

通用合同条款共计二十条，具体条款分别为：一般约定、发包人、承包人、监理人、工程质量、安全文明施工与环境保护、工期和进度、材料与设备、试验与检验、变更、价格调整、合同价格、计量与支付、验收和工程试车、竣工结算、缺陷责任与保修、违约、不可抗力、保险、索赔和争议解决。前述条款安排既考虑了现行法律法规对工程建设的有关要求，也考虑了建设工程施工管理的特殊需要。

专用合同条款是对通用合同条款原则性约定的细化、完善、补充、修改或另行约定的条款。合同当事人可以根据不同建设工程的特点及具体情况，通过双方的谈判、协商对相应的专用合同条款进行修改补充。在使用专用合同条款时，应注意以下事项：①专用合同条款的编号应与相应的通用合同条款的编号一致；②合同当事人可以通过对专用合同条款的修改，满足具体建设工程的特殊要求，避免直接修改通用合同条款；③在专用合同条款中有横道线的地方，合同当事人可针对相应的通用合同条款进行细化、完善、补充、修改或另行约定；④如无细化、完善、补充、修改或另行约定，则填写"无"或划"/"。

例如，《建设工程施工合同(示范文本)》通用合同条款的1.10.1条款"出入现场的权利"规定："除专用合同条款另有约定外，发包人应根据施工需要，负责取得出入施工现场所需的批准手续和全部权利，以及取得因施工所需修建道路、桥梁以及其他基础设施的权利，并承担相关手续费用和建设费用。承包人应协助发包人办理修建场内外道路、桥梁以及其他基础设施的手续。承包人应在订立合同前查勘施工现场，并根据工程规模及技术参数合理预见工程施工所需的进出施工现场的方式、手段、路径等。因承包人未合理预见所增加的费用和(或)延误的工期由承包人承担。"

《建设工程施工合同(示范文本)》专用合同条款1.10.1条款"出入现场的权利"则为："关于出入现场的权利的约定：_____"。

在一份具体的施工合同缔约中，专用合同条款1.10.1条款的内容可以结合工程项目实际等，进一步予以补充、修改或完善。例如，合同双方可以在专用合同条款中约定，承包人负责取得出入施工现场所需的批准手续和全部权利，以及取得因施工所需修建道路、桥梁以及其他基础设施的权利，并承担相关手续费用和建设费用。当然，专用合同条款1.10.1也可能继续沿用其对应的通用条款内容。此时，在该专用合同条款有横道线的地方则填写"无"或划"/"。

需要注意的是，专用合同条款内容不是固定不变的，因为每一个建设工程项目是单件性的。因此，在合法、平等的前提下，专用合同条款的内容应紧密结合工程的实际，并贯彻公平分配合同双方权利与风险的缔约思想。

10.3.3 施工合同主体双方的权利及义务

施工合同的主体，是指在施工合同法律关系之中，享有合同权利，并同时承担合同义务的当事人。施工合同的主体双方一般包括建设单位(发包人)与施工单位(承包人)。

1. 建设单位(发包人)的合同义务

依据《建设工程施工合同(示范文本)》(GF—2013—0201)的有关规定，建设单位(发包人)的合同义务主要包括：

(1)应遵守法律，并办理法律规定由其办理的许可、批准或备案，包括但不限于建设用地规划许可证、建设工程规划许可证、建设工程施工许可证、施工所需临时用水、临时用电、中断道路交通、临时占用土地等许可和批准；

(2)应在专用合同条款中明确其派驻施工现场的发包人代表的姓名、职务、联系方式及授权范围等事项；

(3)应要求在施工现场的发包人人员遵守法律及有关安全、质量、环境保护、文明施工等规定，并保障承包人免于承受因发包人人员未遵守上述要求给承包人造成的损失和责任；

(4)除专用合同条款另有约定外，发包人应最迟于开工日期7天前向承包人移交施工现场；

(5)除专用合同条款另有约定外，发包人应负责提供施工所需要的条件；

(6)应当在移交施工现场前向承包人提供施工现场及工程施工所必需的毗邻区域内供水、排水、供电、供气、供热、通信、广播电视等地下管线资料，气象和水文观测资料，地质勘察资料，相邻建筑物、构筑物和地下工程等有关基础资料，并对所提供资料的真实性、准确性和完整性负责；

(7)除专用合同条款另有约定外，发包人应在收到承包人要求提供资金来源证明的书面通知后28天内，向承包人提供能够按照合同约定支付合同价款的相应资金来源证明；

(8)发包人应按合同约定向承包人及时支付合同价款；

(9)发包人应按合同约定及时组织竣工验收；

(10)工程实行监理的，发包人和承包人应在专用合同条款中明确监理人的监理内容及监理权限等事项；

需要注意的是，上述建设单位的合同义务中的部分义务，可能通过合同的专用条款约定转移给施工单位承担。这种情况下，建设单位一般会通过相应工程价款的增加调整完成其自身义务的转移。同时，这种义务的转移不得违背法律的有关规定。

2. 施工单位(承包人)的合同义务

依据《建设工程施工合同(示范文本)》(GF—2013—0201)的有关规定，施工单位(承包人)的合同义务主要包括：

(1)办理法律规定应由承包人办理的许可和批准，并将办理结果书面报送发包人留存。

(2)按法律规定和合同约定完成工程，并在保修期内承担保修义务。

(3)按法律规定和合同约定采取施工安全和环境保护措施，办理工伤保险，确保工程及人员、材料、设备和设施的安全。

(4)按合同约定的工作内容和施工进度要求，编制施工组织设计和施工措施计划，并对所有施工作业和施工方法的完备性和安全可靠性负责。

(5)在进行合同约定的各项工作时，不得侵害发包人与他人使用公用道路、水源、市政管网等公共设施的权利，避免对邻近的公共设施产生干扰。承包人占用或使用他人的施工场地，影响他人作业或生活的，应承担相应责任。

(6)按照"环境保护"通用合同条款的约定负责施工场地及其周边环境与生态的保护工作。

(7)按照"安全文明施工"通用合同条款约定采取施工安全措施，确保工程及其人员、材料、设备和设施的安全，防止因工程施工造成的人身伤害和财产损失。

(8)将发包人按合同约定支付的各项价款专用于合同工程，且应及时支付其雇用人员工资,并及时向分包人支付合同价款。

(9)按照法律规定和合同约定编制竣工资料,完成竣工资料立卷及归档,并按专用合同条款约定的竣工资料的套数、内容、时间等要求移交发包人。

需要注意的是,上述施工单位的合同义务内容主要限于承包人的一般性的合同义务。在一份实际的施工合同中,施工单位的义务可以在上述一般性义务基础之上进行细化、添加。同时,因工程项目所具有的单件性产生的个别化要求,也经常导致施工单位的合同义务需要增加新的内容。

上述建设单位、施工单位的合同义务,即为其合同相对人的合同权利。

10.3.4 施工合同变更

1. 概述

合同变更,是指合同当事人约定的合同内容发生变化和更改,即权利和义务变化的民事法律行为。广义的合同变更还包括合同主体的变更。

《合同法》第七十七条规定:"当事人协商一致,可以变更合同。"

施工合同在履行过程中,进行合同变更是比较经常而普遍的。其变更基本可分为两类。一类是合同标的的变更,例如,将铺地砖变更为铺贴石材。土方开挖合同标的是黄土,而实际开挖遇到的是砾石等。另一类是合同标的数量的变更,例如,开挖土方量合同原定为5000方,在实际开挖过程中,因实际地貌的客观影响,实际开挖量增加为7000方等。

合同变更过程中,一般都会引发合同价格的重新调整。此时,合同双方会通过谈判达成新的合同价格(有些情况下,还可能引发合同工期的调整),如果不能,则会形成合同争议与纠纷。

2. 变更范围

在《建设工程施工合同(示范文本)》(GF—2013—0201)通用合同条款的"10.1 变更的范围"中规定:

除专用合同条款另有约定外,合同履行过程中发生以下情形的,应按照本条约定进行变更:
(1)增加或减少合同中任何工作,或追加额外的工作;
(2)取消合同中任何工作,但转由他人实施的工作除外;
(3)改变合同中任何工作的质量标准或其他特性;
(4)改变工程的基线、标高、位置和尺寸;
(5)改变工程的时间安排或实施顺序。

3. 变更估价原则

《合同法》第六十一条规定:"合同生效后,当事人就质量、价款或者报酬、履行地点等内容没有约定或者约定不明确的,可以协议补充;不能达成补充协议的,按照合同有关条款或者交易习惯确定。"

上述"当事人就质量、价款或者报酬、履行地点等内容没有约定或者约定不明确的"的情况,经常会引发合同变更。

《合同法》第六十二条规定,当事人就有关合同内容约定不明确,依照本法第六十一条的规定仍不能确定的,价款或者报酬不明确的,按照订立合同时履行地的市场价格履行;依法应当执行政府定价或者政府指导价的,按照规定履行。

《建设工程施工合同(示范文本)》(GF—2013—0201)通用合同条款"10.4.1 变更估价原则"中规定:"除专用合同条款另有约定外,变更估价按照本款约定处理:①已标价工程量清单或预算书有相同项目的,按照相同项目单价认定;②已标价工程量清单或预算书中无相同项目,但有类似项目的,参照类似项目的单价认定;③变更导致实际完成的变更工程量与已标价工程量清单或预算书中列明的该项目工程量的变化幅度超过 15%的,或已标价工程量清单或预算书中无相同项目及类似项目单价的,按照合理的成本与利润构成的原则,由合同当事人按照第 4.4 款(商定或确定)确定变更工作的单价。"

《建设工程施工合同(示范文本)》(GF—2013—0201)通用合同条款"4.4 商定或确定"中规定:"合同当事人进行商定或确定时,总监理工程师应当会同合同当事人尽量通过协商达成一致,不能达成一致的,由总监理工程师按照合同约定审慎做出公正的确定。总监理工程师应将确定以书面形式通知发包人和承包人,并附详细依据。合同当事人对总监理工程师的确定没有异议的,按照总监理工程师的确定执行。任何一方合同当事人有异议,按照第 20 条(争议解决)约定处理。争议解决前,合同当事人暂按总监理工程师的确定执行;争议解决后,争议解决的结果与总监理工程师的确定不一致的,按照争议解决的结果执行,由此造成的损失由责任人承担。"

10.4 建设工程施工合同争议纠纷处理

10.4.1 施工合同争议纠纷概念

施工合同争议纠纷,是指合同双方当事人对施工合同缔约、履行的有关事项产生了不同认识、评价或要求,而引发的各自意思表达之间的矛盾或冲突。

施工合同的争议纠纷,主要是针对有无合同效力、工程质量是否合格以及工程价款应付款额等方面的争议。

10.4.2 施工合同争议纠纷法定处理方式

《合同法》第一百二十八条规定:"当事人可以通过和解或者调解解决合同争议。当事人不愿和解、调解或者和解、调解不成的,可以根据仲裁协议向仲裁机构申请仲裁。涉外合同的当事人可以根据仲裁协议向中国仲裁机构或者其他仲裁机构申请仲裁。当事人没有订立仲裁协议或者仲裁协议无效的,可以向人民法院起诉。当事人应当履行发生法律效力的判决、仲裁裁决、调解书;拒不履行的,对方可以请求人民法院执行。"

根据《合同法》第一百二十八条的规定内容,施工合同的争议纠纷可以通过和解、调解、仲裁或诉讼等四种方式加以处理。

一般而言,通过和解、调解对施工合同争议纠纷进行处理解决,显然是比较合理而富有效率的方式。《建设工程施工合同(示范文本)》(GF—2013—0201)通用合同条款"20.1 和解"中规定:"合同当事人可以就争议自行和解,自行和解达成协议的经双方签字并盖章后作为合同补充文件,双方均应遵照执行。""20.2 调解"中规定:"合同当事人可以就争议请求建设行政主管部门、行业协会或其他第三方进行调解,调解达成协议的,经双方签字并盖章后作为合同补充文件，双方均应遵照执行。"

值得注意的是，《建设工程施工合同(示范文本)》推荐了一种"争议评审"的争议解决方式。其解决争议的方法路径主要是：①确定争议评审小组。合同当事人可以共同选择一名或三名争议评审员，组成争议评审小组。选择一名争议评审员的，由合同当事人共同确定；选择三名争议评审员的，各自选定一名，第三名成员为首席争议评审员，由合同当事人共同确定或由合同当事人委托已选定的争议评审员共同确定，或由专用合同条款约定的评审机构指定第三名首席争议评审员。②争议评审小组的决定。合同当事人可在任何时间将与合同有关的任何争议共同提请争议评审小组进行评审。争议评审小组应秉持客观、公正原则，充分听取合同当事人的意见，依据相关法律、规范、标准、案例经验及商业惯例等，自收到争议评审申请报告后 14 天内作出书面决定，并说明理由。合同当事人可以在专用合同条款中对本项事项另行约定。③争议评审小组作出的书面决定经合同当事人签字确认后，对双方具有约束力，双方应遵照执行。任何一方当事人不接受争议评审小组决定或不履行争议评审小组决定的，双方可选择采用其他争议解决方式。虽然"争议评审方法"借鉴了合同纠纷仲裁的一些做法，但其本质上仍属于调解的方式。

虽然和解、调解等解决施工合同争议的方式具有独特的优势，但是有些纠纷涉及施工合同双方主体的重大利益和关切，加之一方或双方当事人认为和解、调解，将会造成自己利益的重大损失或其合同相对人获利显失公平时，就会通过申请仲裁或向法院起诉的方式来解决合同争议纠纷。

根据《仲裁法》(2009 年修正)的有关规定，当事人采用仲裁方式解决纠纷，应当双方自愿，达成仲裁协议。没有仲裁协议，一方申请仲裁的，仲裁委员会不予受理；当事人达成仲裁协议，一方向人民法院起诉的，人民法院不予受理，但仲裁协议无效的除外；仲裁协议包括合同中订立的仲裁条款和以其他书面方式在纠纷发生前或者纠纷发生后达成的请求仲裁的协议；仲裁协议应当具有下列内容：①请求仲裁的意思表示；②仲裁事项；③选定的仲裁委员会。

随着我国市场经济法制化建设的不断深入，合同当事人的合同维权意识、寻求司法保护的意识都在较快提高。近些年来，我国建设工程合同纠纷民事诉讼案件数量有较大增加。例如，根据 2015 年最高人民法院发布的《人民法院工作年度报告(2014)》(白皮书)中的有关数据，2014 年建设工程合同纠纷案件结案数量同比增加 17.68%，仅次于信用卡纠纷，而高于借款合同纠纷、保险合同纠纷、居间合同纠纷等其他合同纠纷案件的结案数量同比增长率。这既说明合同当事人的法律意识的增强，也说明因为建设工程合同纠纷(主要是施工合同纠纷)经常伴随的当事人之间的利益矛盾及冲突的尖锐性，使得诉讼成为解决施工合同争议纠纷的一个重要方式，而当事人的这种选择又与民事诉讼所独有的公权性、强制性等特点密切相关。

10.4.3 审理施工合同纠纷案件的司法解释

1. 审理施工合同纠纷案件司法解释出台背景

人民法院进行司法审判必须坚持以事实为根据、以法律为准绳，对施工合同纠纷案件的审理判决概莫能外。

人民法院审理施工合同纠纷案件的法律依据主要包括：《民事诉讼法》、《民法通则》、《合同法》、《建筑法》、《招标投标法》、《产品质量法》、《标准化法》等。

结合我国各级人民法院对建设工程施工合同纠纷案件的审理情况来看，案件审理期限较长、审判人员的工程专业知识相对不足、案件审理所需的法律规定依据还不充分等情况，较为严重地影响着人民法院司法的公正性、统一性和审判的效率。这种情况的存在，一方面对公平保护施工合同各方当事人的合法权益，维护建筑市场的正常秩序，促进建筑行业的健康发展不利。另一方面，大量的施工合同纠纷都与工程款项的支付数额、时间等有着直接或间接的关联，加之我国建设工程的施工一线劳动力主要是农民工，且数量巨大。因此，施工合同纠纷若不能合理及时地得到处理，则容易连锁引发拖欠农民工工资等重大社会问题。

基于上述情况，为了促进人民法院更加公正、规范、有效地开展施工合同纠纷案件的审理工作，2004年10月27日，最高人民法院发布了《关于审理建设工程施工合同纠纷案件适用法律问题的解释》（以下简称《解释》），该司法解释自2005年1月1日起施行。

2. 审理施工合同纠纷案件的司法解释内容

《解释》对无效合同认定条件、无效合同处理、工程垫资、合同解除条件、实际竣工日期确认、设计变更导致的工程价款纠纷、发包人收到结算报告后逾期不答复、拖欠工程价款是否计息、"黑白合同"、实际施工人讨薪起诉等审判实务中较常见而重大的问题，进行了有针对性的较为详细的司法解释。其主要内容包括：

(1) 关于认定施工合同无效的解释条文

《解释》第一条中规定，建设工程施工合同具有下列情形之一的，认定无效：（一）承包人未取得建筑施工企业资质或者超越资质等级的；（二）没有资质的实际施工人借用有资质的建筑施工企业名义的；（三）建设工程必须进行招标而未招标或者中标无效的。

《解释》第四条中规定，承包人非法转包、违法分包建设工程或者没有资质的实际施工人借用有资质的建筑施工企业名义与他人签订建设工程施工合同的行为无效。

《解释》对建设工程施工合同无效情形的认定，既结合了建筑业治理的难点重点问题，也符合《合同法》对合同无效认定的有关法律规定。

(2) 关于无效合同条件下承包人工程价款要求支付权的解释条文

《解释》第二条规定，建设工程施工合同无效，但建设工程经竣工验收合格，承包人请求参照合同约定支付工程价款的，应予支持。

《解释》第三条规定，建设工程施工合同无效，且建设工程经竣工验收不合格的，按照以下情形分别处理：（一）修复后的建设工程经竣工验收合格，发包人请求承包人承担修复费用的，应予支持；（二）修复后的建设工程经竣工验收不合格，承包人请求支付工程价款的，不予支持。因建设工程不合格造成的损失，发包人有过错的，也应承担相应的民事责任。

《解释》第十二条规定，发包人具有下列情形之一，造成建设工程质量缺陷，应当承担过错责任：（一）提供的设计有缺陷；（二）提供或者指定购买的建筑材料、建筑构配件、设备不符合强制性标准；（三）直接指定分包人分包专业工程。

总之，按照《解释》的规定，只要建设工程经过验收合格，即使确认合同无效，承包人也有权要求发包人按照合同约定结算支付工程价款。

(3)关于工程垫资及其利息的解释条文

《解释》第六条规定，当事人对垫资和垫资利息有约定，承包人请求按照约定返还垫资及其利息的，应予支持，但是约定的利息计算标准高于中国人民银行发布的同期同类贷款利率的部分除外。当事人对垫资没有约定的，按照工程欠款处理。当事人对垫资利息没有约定，承包人请求支付利息的，不予支持。

该条解释的出发点在于，对施工单位垫资承揽项目行为的合法性的认可。

(4)关于施工合同解除的解释条文

《解释》第八条规定，承包人具有下列情形之一，发包人请求解除建设工程施工合同的，应予支持：(一)明确表示或者以行为表明不履行合同主要义务的；(二)合同约定的期限内没有完工，且在发包人催告的合理期限内仍未完工的；(三)已经完成的建设工程质量不合格，并拒绝修复的；(四)将承包的建设工程非法转包、违法分包的。

《解释》第九条规定，发包人具有下列情形之一，致使承包人无法施工，且在催告的合理期限内仍未履行相应义务，承包人请求解除建设工程施工合同的，应予支持：(一)未按约定支付工程价款的；(二)提供的主要建筑材料、建筑构配件和设备不符合强制性标准的；(三)不履行合同约定的协助义务的。

《解释》第十条规定，建设工程施工合同解除后，已经完成的建设工程质量合格的，发包人应当按照约定支付相应的工程价款；已经完成的建设工程质量不合格的，参照本解释第三条规定处理。因一方违约导致合同解除的，违约方应当赔偿因此而给对方造成的损失。

《解释》规定的合同解除情形，考虑了合同发包人和承包人两个方面，比较全面公平。同时，解除合同的情形都属于合同双方对其最重要的合同义务履行不能的情况，使得合同解除不能任意为之，同时也传递了鼓励合同交易的思想。

(5)关于建设工程竣工日期及竣工结算的解释条文

《解释》第十四条规定，当事人对建设工程实际竣工日期有争议的，按照以下情形分别处理：(一)建设工程经竣工验收合格的，以竣工验收合格之日为竣工日期；(二)承包人已经提交竣工验收报告，发包人拖延验收的，以承包人提交验收报告之日为竣工日期；(三)建设工程未经竣工验收，发包人擅自使用的，以转移占有建设工程之日为竣工日期。

根据《建筑法》、《房屋建筑工程质量保修办法》等规定，房屋建筑工程保修期从工程竣工验收合格之日起计算。同时，除扣留的质量保修金以外的工程款项一般应在竣工结算后一定时间内予以支付，而竣工结算开始进行的前提又需要竣工验收合格。总之，竣工日期不仅是一个时间概念，还隐含着合同双方的其他经济性利益。

《解释》第二十条规定，当事人约定发包人收到竣工结算文件后，在约定期限内不予答复，视为认可竣工结算文件的，按照约定处理。承包人请求按照竣工结算文件结算工程价款的，应予支持。

需要注意的是，根据最高人民法院关于如何理解和适用《最高人民法院关于审理建设工程施工合同纠纷案件适用法律问题的解释》第二十条的复函内容，适用该司法解释(第二十条)的前提条件是当事人之间约定了发包人收到竣工结算文件后，在约定期限内不予答复，则视为认可竣工结算文件。承包人提交的竣工结算文件可以作为工程款结算的依据。

(6)关于欠付工程价款利息计付的解释条文

《解释》第十七条规定，当事人对欠付工程价款利息计付标准有约定的，按照约定处理；

没有约定的，按照中国人民银行发布的同期同类贷款利率计息。

《解释》第十八条规定，利息从应付工程价款之日计付。当事人对付款时间没有约定或者约定不明的，下列时间视为应付款时间：（一）建设工程已实际交付的，为交付之日；（二）建设工程没有交付的，为提交竣工结算文件之日；（三）建设工程未交付，工程价款也未结算的，为当事人起诉之日。

上述两条司法解释加重了发包人欠付工程价款的违约责任，意在促使发包人及时完成应尽的合同支付义务。

(7) 关于"黑白合同"的解释条文

《解释》第二十一条规定，当事人就同一建设工程另行订立的建设工程施工合同与经过备案的中标合同实质性内容不一致的，应当以备案的中标合同作为结算工程价款的根据。

发包人利用自身的市场强势地位，强迫承包人接受违背其内心真实意愿的情况并不少见。在施工合同签订阶段出现的"黑白合同"现象，就是这种违背合同平等自愿原则情况的具体表现之一。因此，第二十一条规定既具有针对性，又具有严肃性和可操作性。

(8) 关于实际施工人可以发包人为被告起诉的解释条文

《解释》第二十六条规定，实际施工人以转包人、违法分包人为被告起诉的，人民法院应当依法受理。实际施工人以发包人为被告主张权利的，人民法院可以追加转包人或者违法分包人为本案当事人。发包人只在欠付工程价款范围内对实际施工人承担责任。

承包人将建设工程非法转包、违法分包后，建设工程施工是由实际施工人履行的，而实际施工人如果不能得到工程款则直接会产生拖欠支付一线农民工工资的严重社会问题。因此，第二十六条规定明确赋予实际施工人向发包人主张欠付工程款的权利，有利于实现对从事建筑施工的广大农民工重大利益的保障。

按照第二十六条规定，发包人只在欠付工程价款范围内对实际施工人承担责任。换言之，如果发包人已经将工程价款全部支付给承包人的，发包人就不应当再承担支付工程价款的责任。

10.5 案例分析

【案例 10-1】拆除施工合同内容约定存在漏洞引发的合同纠纷

某民用砖混房屋拆除工程合同约定：拆除旧建筑后的青砖，若承包商将其运送至业主指定堆放地点后，业主的回收价格为每砖 0.50 元。

在拆除期间，承包商将大量的青砖外运，并没有交付业主，业主遂要求承包商不得外运。承包商因外运销售可获得每砖 0.57 元的收益，遂拒绝了业主的要求，并提出在合同中双方并未约定回收青砖数量的理由。

《合同法》第十二条规定：合同的内容由当事人约定，一般包括以下条款：（一）当事人的名称或者姓名和住所；（二）标的；（三）数量；（四）质量；（五）价款或者报酬；（六）履行期限、地点和方式；（七）违约责任；（八）解决争议的方法。结合该条规定，重新审视拆除合同，在合同履约数量方面存在漏洞。

在该例中，从业主的角度，显然合同的缔约本意是全部回收拆除后的完好青砖。但是，因合同表述的漏洞与模糊，使业主存在缔约目的不能完全实现的风险。

【案例 10-2】业主提供地下管线资料不全应承担的违约责任

某承包商进场后,准备开始基坑开挖施工。承包商按照施工合同专用条款之"承包商进场后5日内,业主提供场地及现场围墙外200米范围内的地下管线资料图纸及相关数据,并对其真实准确性负责"的约定,向业主索取相关资料。因业主方内部管理较为混乱,该施工场地及周边地下管线资料存档管理薄弱,业主找到的地下管线资料十分有限,并误认为这些资料就是全部。

在此背景下,经业主将上述资料移交给承包商后,承包商开始基坑开挖。随着拉土车辆的频繁进出,在车辆荷载反复的重压下,通行路面发生沉降并造成下方两根下水管的破裂,而业主提供的地下管线资料中并没有显示它们的存在。随着下水管的破裂,管内存水最终经基坑边坡渗流,进入到已开挖3米深的基坑,造成部分回填灰土垫层的破坏,并使得工程停工。之后,承包商向业主提出工期及相关费用索赔。

《建筑法》第四十条规定:"建设单位应当向建筑施工企业提供与施工现场相关的地下管线资料,建筑施工企业应当采取措施加以保护。"《建设工程质量管理条例》第九条规定:"建设单位必须向有关的勘察、设计、施工、工程监理等单位提供与建设工程有关的原始资料。原始资料必须真实、准确、齐全。"

结合该案例,在施工合同专用合同条款中已明确约定,"业主提供场地及现场围墙外200米范围内的地下管线资料图纸及相关数据,并对其真实准确性负责"。而《合同法》第八条规定:"依法成立的合同,对当事人具有法律约束力。当事人应当按照约定履行自己的义务,不得擅自变更或者解除合同。"第一百零七条规定:"当事人一方不履行合同义务或者履行合同义务不符合约定的,应当承担继续履行、采取补救措施或者赔偿损失等违约责任。"因此,承包商向业主提出的有关索赔不仅是合法的,也是合同赋予其应有的合同权利。

【案例 10-3】挂靠他人资质的施工单位是否有权获得工程款

无施工企业资质的D建筑公司非法挂靠于一家资质较高的Y建筑公司,以Y建筑公司名义承揽了一项工程,并与W建设单位签订了施工合同。但在施工过程中,由于D建筑公司的施工技术及管理能力都较差,造成了最终竣工工期的延误和较为严重的工程质量事故,也未通过工程竣工验收。W建设单位以此为由,不予支付剩余的工程款。D建筑公司以Y建筑公司名义将W告上了法庭。W建设单位经调查后,举证D建筑公司挂靠施工的真相,并主张与其签约的施工合同当属无效,并据此认为不再支付D建筑公司欠付工程款于法有据。

鉴于施工单位出借、挂靠资质引发的诉讼较多的实际,最高人民法院在其颁布的《最高人民法院关于审理建设工程施工合同纠纷案件适用法律问题的解释》第四条中规定:"承包人非法转包、违法分包建设工程或者没有资质的实际施工人借用有资质的建筑施工企业名义与他人签订建设工程施工合同的行为无效。"结合该案例,D建筑公司通过非法挂靠高资质承揽工程项目的行为,显然属于无效行为,其与W建设单位签订的施工合同也属无效合同。因此,W建设单位认为施工合同无效是正确的。

但是,W建设单位进而认为合同无效,就可以不再支付D建筑公司的欠付工程款,则需要加以分析。

《最高人民法院关于审理建设工程施工合同纠纷案件适用法律问题的解释》规定,"建设工程施工合同无效,但建设工程经竣工验收合格,承包人请求参照约定支付工程价款的,应予支持"，"建设工程施工合同无效，且建设工程经竣工验收不合格的，按照以下情形分别处理：（1）修复后的建设工程经竣工验收合格，发包人请求承包人承担修复费用的，应予支持；（2）修复后的建设工程经竣工验收不合格的，承包人请求支付工程价款的，不予支持"。

该案例中，D建筑公司施工的工程未通过竣工验收，如果D建筑公司能够对工程质量事故进行认真及时的修复，进而通过竣工验收达到合格标准，则W建设单位应支付剩余工程款项。当然，承包人应自行承担修复质量事故的全部费用。同时，在支付剩余工程款项前，W建设单位有权先对由D建筑公司造成的工期拖延按合同约定扣除相应的拖延工期违约金。

【案例10-4】因业主对承包商不公平的义务要求引发的合同争议

某工业园区第一个厂房建设工程项目，在业主招标文件上，写明已经接通水电到施工现场。在领取招标文件后，承包商在踏勘施工现场时发现，其实水电并没有引接至将来的施工区域。业主提供的箱式变压站以及给水接口距离施工现场至少两公里。考虑到现场不具备施工条件且接引工作量大，费用高，承包商遂向业主通过书面联系函提出相关施工条件不充分的问题。业主通过口头向承包商施压，让投标人进场后自行解决，如果还有什么问题待中标后再谈。在某承包商中标后，业主要求承包商必须马上开始施工，而承包商提出施工条件不具备，如果要进行水电接通的工作，业主必须向其支付相应费用30余万元，并且由此引发的工期拖延自己将不承担任何责任。为此，合同双方形成一个月左右的拉锯。最终，业主让步。

《合同法》第三条规定："合同当事人的法律地位平等，一方不得将自己的意志强加给另一方。"第六条规定："当事人行使权利、履行义务应当遵循诚实信用原则。"结合该案例实际，业主方试图违背招标文件中承诺的自身合同义务，显然是一种将自己的意志强加给另一方的违法行为。同时，也违背了合同诚实信用的原则。

【案例10-5】设计与施工合同履约的关系分析

某大型实验室项目，业主在缺乏部分设计文件的条件下进行了招标。业主如此行为的原因是：设计单位已告知业主，因该项目十分复杂，设计难度大，要全面出图还需要两个月左右。但是，业主已经接到实验室试验设备供应商，一家美国公司的来函，来函强调希望中方遵守之前双方达成的协议，在合同（中方和美方的设备采购安装合同）原定的时间提供满足美方进场安装的条件，否则按照合同，中方应支付美方延迟进场所造成的相关损失。实验室业主计算后，发现如果该项目不马上开始动工，十分可能造成美方进厂的延迟，因为设备安装需要的大型基础将无法提供。考虑到美方的高额罚款，业主遂决定在只有基坑开挖图的情况下，进行招标，后经招投标，某承包商中标。但因设计内容明显不足，双方签订了一份只有暂定价格的合同。

业主如果要通过招投标明确约定合同价格，就必须等待两个月后的全套设计图纸。两个月后再行招标的时候，业主显然会就合同价格与承包商达成确定的协议。但问题是，这种情况会造成业主因延迟开工而招致美方高额索赔，对业主而言，他认为这一交易成本过高。因此，现在就组织招标，现在就签合同，现在就让承包商进场成为其首选方案，虽然签订的是一份包含漏洞的合同，它既没有设计文件，也没有明确的合同价格。但是，业主依然设想，在承包商进场开挖基坑的过程，后续图纸会逐步提供，这样就可以缩短工期，以保证美方公司在原定的时间进场安装，自己也不会因索赔而遭受经济损失。至于合同价格，自然留到设计图纸齐全后再与承包商进行商议确定。

其后，承包商进场开始施工，在一个月后基坑开挖结束，但后续设备基础设计图纸仍未提供，承包商提出窝工损失赔偿，业主未予接受。等承包商拿到图纸后，又提出先前的索赔要求，并书面通知业主如果不接受，将放缓施工。考虑到若工期拖延造成的美方可能的索赔要多于承包商的索赔，业主遂答应承包商。与此同时，承包商开始与业主展开合同价格谈判。业主提出人工、材料、机械按照市场价格计价，承包商却提出在市场价上再加 8%。其理由是，经对图纸审查后，发现工程技术十分复杂，需投入大量的技术管理人员以及相应的材料试验费用，而且合同原定工期十分紧迫，必须连续进行夜间施工方可保证。业主考虑到美方的因素，加之市场调研后，发现该工程确实复杂，因为被询问的多家承包商估价偏差很大，无法向业主提供较合理的合同价格，遂同意承包商的加价要求。而实际上，因该承包商之前对此类工程已有成熟经验，即使业主按市场价支付，它也略有盈利。

从施工合同的组成文件角度，设计图纸的内容实质上也是施工合同内容的一个重要组成部分。正如《合同法》第二百七十五条规定："施工合同的内容包括工程范围、建设工期、中间交工工程的开工和竣工时间、工程质量、工程造价、技术资料交付时间、材料和设备供应责任、拨款和结算、竣工验收、质量保修范围和质量保证期、双方相互协作等条款。"而这一规定中涉及的工程范围、工程质量、工程造价等合同内容，都直接而又主要的受到设计图纸的决定。同时，其他的施工合同内容也与设计图纸存在着一定关系。

因此，《建设工程施工合同(示范文本)》进一步明确："本协议书与下列文件一起构成合同文件：(1)中标通知书(如果有)；(2)投标函及其附录(如果有)；(3)专用合同条款及其附件；(4)通用合同条款；(5)技术标准和要求；(6)图纸；(7)已标价工程量清单或预算书；(8)其他合同文件。在合同订立及履行过程中形成的与合同有关的文件均构成合同文件组成部分。"

从不同的建设工程合同关系角度，该案例说明了设计合同与施工合同存在着密切关系，也说明了设计对施工组织、工期保证、施工合同价格变更等合同履约多个方面的深刻影响。

【案例 10-6】业主违背合同信用招致的损失

某建设工程施工合同中约定："业主在收到承包商完整送达的工程竣工结算文件后三个月内，完成对竣工结算的审计并支付工程尾款(但扣除审定结算合同价的 5%作为质保金)。如果在三个月内不能完成竣工结算审计，除承包商引起的原因外，业主应以书面文件向承包商及时予以解释或说明，其送达该书面文件的时间不得超过承包商完整送达工程竣工结算文件后的四个月。否则，承包商有权按照报送的竣工结算文件中载明的结算工程价款，要求业主进行支付。"

当承包商向业主报送了完整的竣工结算资料后，多次询问并催促业主抓紧结算。业主虽然口头答应，但实际上并没有行动。因为业主认为拖欠工程款的事情在行业内很普遍，也很正常，只要给了，至于早晚，承包商不会有什么意见。况且现在工程已经竣工并交付使用，承包商也不会因拖欠工程款停工再影响到工程交工了。在竣工结算资料送达业主的半年后，承包商以书面联系函的方式，要求业主对结算尚未完成的原因做出解释。但业主基于上述认识，仍没有注意到合同中规定的向承包商进行书面解释及相关时间的严肃性。简言之，在业主看来，合同中承包商的义务是应该严格履行的义务，而自己的合同义务则富有弹性，其如何履行、何时履行仅凭自己而定。因此，仅通过电话向承包商作了简单的答复，表示马上就开始委托社会审计公司进行结算。

在业主准备委托社会审计公司进行该工程结算时，承包商因在另外一项目投资失败，即向业主要求支付一定数额的工程欠款以维持经营。但业主以结算审计结果未出，结算价款不确定为由拒绝支付，承包商遂向法院提起诉讼。在业主无法举证承包商对结算拖后负有责任的情况下，经法院审理，判决业主按承包商报送的结算价格，向承包商在 10 日内支付除质保金外的全部合同尾款。

一般情况下，承包商报送的结算价格经业主审核、双方定案后，都会有所减少。因此，按照法院的判决，业主将向承包商支付更多的合同价。显然，业主本可以保有的利益受到损失。

《合同法》第六条规定："当事人行使权利、履行义务应当遵循诚实信用原则。"在该案例中，业主方显然有违法律规定，其失信行为招致的自身经济利益损失，当属咎由自取。

复习思考题

1. 何谓建设工程合同？包括哪几种类型？
2. 简述各种建设工程合同的关系。
3. 建设工程施工合同及其管理有什么特点？
4. 建设工程施工合同缔约履行原则包括哪些？
5. 简述《建设工程施工合同（示范文本）》的内容结构。
6. 示范文本的通用合同条款与专用合同条款的关系是什么？
7. 示范文本中规定的建设单位的合同义务主要包括哪些？
8. 示范文本中规定的施工单位的合同义务主要包括哪些？
9. 施工合同履行过程中引发合同变更的情形条件主要包括哪些？
10. 施工合同争议纠纷法定处理方式包括哪些？
11. 简述最高人民法院颁布审理施工合同纠纷案件有关司法解释的意义。

第 11 章　建设工程环境保护法律法规

11.1　概　　述

11.1.1　环境保护概述

1. 环境保护概念及意义

环境，是指影响人类生存和发展的各种天然的和经过人工改造的自然因素的总体，包括大气、水、海洋、土地、矿藏、森林、草原、湿地、野生生物、自然遗迹、人文遗迹、自然保护区、风景名胜区、城市和乡村等。

环境保护，是指人类防治环境污染，减少破坏自然资源，合理节约利用自然资源和保护生态的行为活动。环境保护的责任是国家、政府、各种组织和广大民众共同的责任。

环境保护事关我国经济建设，尤其与农业、渔业、林业、畜牧业以及旅游业关系密切。环境保护与人民群众生活质量安全、生命健康权益的落实息息相关。环境保护是人类可持续性发展的重要基础，是我国建设生态文明的重要抓手。

1983 年 12 月 31 日，在第二次全国环境保护大会上提出将环境保护作为我国的一项基本国策。2015 年 1 月 1 日开始施行的《中华人民共和国环境保护法》第四条规定："保护环境是国家的基本国策"，以立法再次强调了环境保护的极端重要性。

党的十八大报告中提出，建设生态文明，是关系人民福祉、关乎民族未来的长远大计。面对资源约束趋紧、环境污染严重、生态系统退化的严峻形势，必须树立尊重自然、顺应自然、保护自然的生态文明理念，把生态文明建设放在突出地位，融入经济建设、政治建设、文化建设、社会建设各方面和全过程，努力建设美丽中国，实现中华民族永续发展。坚持节约资源和保护环境的基本国策，坚持节约优先、保护优先、自然恢复为主的方针，着力推进绿色发展、循环发展、低碳发展，形成节约资源和保护环境的空间格局、产业结构、生产方式、生活方式，从源头上扭转生态环境恶化趋势，为人民创造良好生产生活环境，为全球生态安全作出贡献。

2013 年 5 月 24 日，习近平总书记在中央政治局第六次集体学习时指出："生态环境保护是功在当代、利在千秋的事业。要清醒认识保护生态环境、治理环境污染的紧迫性和艰巨性，清醒认识加强生态文明建设的重要性和必要性，以对人民群众、对子孙后代高度负责的态度和责任，为人民创造良好生产生活环境。"

2. 目前我国环境保护存在的主要问题

一是唯 GDP 的政绩观尚未得到根本扭转，一些地方片面追求经济增长，重经济发展、轻环境保护，甚至不惜以牺牲环境为代价换取经济增长，环境保护仍处于经济社会发展的薄弱环节。

二是经济发展和城镇化建设进程中的环境压力日趋强化。我国粗放工业模式尚未根本改变，产业结构重型化特征明显。我国已成为世界上能源、钢铁、水泥等消耗量最大的国家之一,主要矿产资源对外依存度逐年提高。消费结构快速升级,不可持续的消费行为日益盛行。如果不提高城镇化的质量,势必带来更大的环境压力和生态风险。

三是经济全球化带来的环境压力进一步加大。我国已成为世界第二大经济体,国际社会要求我国承担更多环境责任的压力日益加大。我国对外产品出口承担了巨大的生态环境逆差。

四是环境管理体制不顺、能力支撑不足和法制不健全问题比较突出。一些制约环保事业发展的体制问题依然存在,环保队伍薄弱的状况尚未根本改变,环保监管力量与日益繁重的环保任务尚不完全适应。

11.1.2 环境保护立法体系概述

在我国的根本大法《宪法》中,已将环境保护事项纳入其规范之中。

例如,第九条规定:"国家保障自然资源的合理利用,保护珍贵的动物和植物。禁止任何组织或者个人用任何手段侵占或者破坏自然资源。"第二十二条第二款规定"国家保护名胜古迹、珍贵文物和其他重要历史文化遗产。"第二十六条规定:"国家保护和改善生活环境和生态环境,防治污染和其他公害。"等随着我国对环境保护事业的日益重视和强调,作为我国环境保护基本法的《环境保护法》自1979年开始实施以来,已几经废止、修订的变迁。2014年4月24日,第十二届全国人民代表大会常务委员会第八次会议修订通过了新的《环境保护法》,并于2015年1月1日起开始施行。

我国还颁布实施了环境保护方面若干单行法律。例如,《环境噪声污染防治法》(1997年实施)、《大气污染防治法》(2000年修订)、《水法》(2002年修订)、《环境影响评价法》(2003年实施)、《水污染防治法》(2008年修订)、《清洁生产促进法》(2012年修正)、《固体废物污染环境防治法》(2015年修正)等。

除了法律层面的立法外,我国还制定了环境保护方面的一系列的行政法规。例如,《水污染防治法实施细则》、《防治海洋工程建设项目污染损害海洋环境管理条例》、《建设项目环境保护管理条例》、《全国污染源普查条例》、《危险废物经营许可证管理办法》、《城镇排水与污水处理条例》等。

环境保护部等有关部委也出台了众多的部门规章及部门规范性文件。例如,《环境保护行政处罚办法》、《建设项目竣工环境保护验收管理办法》、《全国环境监测管理条例》、《建设项目环境影响评价文件分级审批规定》、《建设项目环境影响评价资质管理办法》、《建设项目环境影响评价行为准则与廉政规定》等。在环境保护法律、行政法规、部门规章立法建设之外,各地方有立法权的人大以解决带有本地区特点的环境问题为目标,也制定了大量的地方性法规。

目前,我国的环境保护立法体系已基本形成。

11.1.3 《环境保护法》概述

1. 立法沿革

1973年,国务院召开了第一次全国环境保护会议,并制定了中国第一部关于环境保护的法规性文件——《关于保护和改善环境的若干规定》。1979年,根据中华人民共和国宪法第十一条关于"国家保护环境和自然资源,防治污染和其他公害"的规定,我国首次制定了综合性的环境保护基本法——《中华人民共和国环境保护法》（试行）。《环境保护法》（试行）第二条规定："中华人民共和国环境保护法的任务，是保证在社会主义现代化建设中，合理地利用自然环境，防治环境污染和生态破坏，为人民造成清洁适宜的生活和劳动环境，保护人民健康，促进经济发展。"第四条规定："环境保护工作的方针是：全面规划，合理布局，综合利用，化害为利，依靠群众，大家动手，保护环境，造福人民。"

1989年12月26日，经第七届全国人民代表大会常务委员会第十一次会议通过后正式出台了《环境保护法》，并同时废止了1979年实施的《环境保护法》（试行）。

随着我国社会经济的快速发展，各方对环境保护的要求越来越高，1989年颁布的《环境保护法》在立法理念、保护制度、责任监督、惩处力度等诸多方面，已暴露出不少与实际需要不相适应的问题。在此背景下，2014年4月24日，第十二届全国人民代表大会常务委员会第八次会议审议通过了修订后的《环境保护法》，新修订的《环境保护法》已于2015年1月1日起实施。

本次修订后的环境保护法更新了环境保护理念，完善了环境保护基本制度，强化了政府和企业的环保责任，明确了公民的环保义务，加强了农村污染防治工作，加大了对企业常见的突出环境违法的处罚力度，规定了公众对环境保护的知情权、参与权、监督权，为公众有序参与环境保护提供了法治渠道。

2. 立法内容

新修订的《环境保护法》分总则、监督管理、保护和改善环境、防治污染和其他公害、信息公开和公众参与、法律责任、附则等七章，共计七十条。

新修订的《环境保护法》提出的立法任务和目的是，保护和改善环境，防治污染和其他公害，保障公众健康，推进生态文明建设，促进经济社会可持续发展。强调经济社会发展与环境保护相协调。其中，生态文明概念的提出是这次立法修订在立法理念上的一个突破。本次立法修订在法律上明确了保护环境是国家的基本国策，并确定每年6月5日为"环境日"。

新修订的《环境保护法》明确，国家建立、健全环境监测制度，建立环境资源承载能力监测预警机制；国家采取财政、税收、价格、政府采购等方面的政策和措施，鼓励和支持环境保护技术装备、资源综合利用和环境服务等环境保护产业的发展；国家实行环境保护目标责任制和考核评价制度。

提出国家在重点生态功能区、生态环境敏感区和脆弱区等区域划定生态保护红线，实行严格保护；国家建立、健全生态保护补偿制度；国家加强对大气、水、土壤等的保护，建立和完善相应的调查、监测、评估和修复制度。

强调国家促进清洁生产和资源循环利用；实行重点污染物排放总量控制制度；国家依照法律规定实行排污许可管理制度；县级以上人民政府应当建立环境污染公共监测预警机制，组织制定预警方案；国家鼓励投保环境污染责任保险。

指出公民、法人和其他组织依法享有获取环境信息、参与和监督环境保护的权利。各级人民政府环境保护主管部门和其他负有环境保护监督管理职责的部门，应当依法公开环境信息、完善公众参与程序，为公民、法人和其他组织参与和监督环境保护提供便利；对依法应当编制环境影响报告书的建设项目，建设单位应当在编制时向可能受影响的公众说明情况，充分征求意见。

这次修订还有一个亮点，就是法律的强制力和惩罚力度空前加大。例如，授权县级以上人民政府环境保护主管部门和其他负有环境保护监督管理职责的部门，可以查封、扣押造成污染物排放的设施、设备；明确对污染环境、破坏生态，损害社会公共利益的行为，符合一定条件的社会组织可以向人民法院提起诉讼；特别是，企业事业单位和其他生产经营者违法排放污染物，受到罚款处罚，被责令改正，拒不改正的，依法作出处罚决定的行政机关可以自责令改正之日的次日起，按照原处罚数额按日连续处罚。

11.2　建设项目环境污染的形成及影响作用

11.2.1　建设项目环境污染的形成

建设项目的环境保护问题，主要包括两个方面的任务。一是节约资源、降低能耗；二是防治建设项目的环境污染。这两个方面的问题内容有所区别，但又互为关联。

需要说明的是，本书第 12 章主要是从建筑节能角度展开的，而本章则主要围绕建设项目污染防治的法律制度、法律规定等内容展开。

建设项目的环境污染形成可分为三个部分。一是建设项目本身的投资目的和形成功能所附带的环境污染问题。例如，火电厂项目存在着大气污染治理的问题，而化工、造纸、电镀、印染等建设项目一般都存在着水污染治理的任务。这一类环境污染问题一般发生在项目竣工，投入生产使用之后。二是兴建项目需要投入的各种建筑材料、设备等，在进入施工现场前的生产加工阶段，所形成的破坏环境或污染环境的问题。例如，生产实心黏土砖对土壤生态的破坏影响。三是建设项目施工阶段所形成的环境污染问题。例如，土方开挖造成的大气污染。

部分工业型建设项目能耗巨大，在投产后又产生影响环境的重大污染，环境保护的任务十分紧迫。在施工阶段，建设项目形成的各种污染，特别是大气污染等，已引起国家的高度重视，且民众对此反映强烈。故而，《建筑法》第四条规定："国家扶持建筑业的发展，支持建筑科学技术研究，提高房屋建筑设计水平，鼓励节约能源和保护环境。"第五条规定："从事建筑活动应当遵守法律、法规，不得损害社会公共利益和他人的合法权益。"第四十一条规定："建筑施工企业应当遵守有关环境保护和安全生产的法律、法规的规定，采取控制和处理施工现场的各种粉尘、废气、废水、固体废物以及噪声、振动对环境的污染和危害的措施。"《建设工程安全生产管理条例》第三十条进一步规定："施工单位应当遵守有关环境保护法律、法规的规定，在施工现场采取措施，防止或者减少粉尘、废气、水、固体废物、噪声、振动和施工照明对人和环境的危害和污染；在城市市区内的建设工程，施工单位应当对施工现场实行封闭围挡。"

11.2.2　建设项目环境污染的影响作用

目前，在我国建筑施工中，常见的环境污染主要分为以下几类：噪音污染；大气污染；水污染；固体废物污染；光污染。

(1) 噪音污染

环境噪声，是指在工业生产、建筑施工、交通运输和社会生活中所产生的干扰周围生活环境的声音。环境噪声污染，是指所产生的环境噪声超过国家规定的环境噪声排放标准，并干扰他人正常生活、工作和学习的现象。

在建设项目施工中,噪声污染几乎贯穿于施工全过程。例如,桩基础的打桩、钻孔施工,重锤夯击处理基坑地基土等。在主体施工阶段,搭拆模板脚手架、加工钢筋、混凝土浇筑振捣、加工裁割装饰性块材等。因目前建设单位对施工工期一般均有较为急迫的要求,施工单位夜间施工的现象比较普遍。加之进行新建项目的施工,大多处在已有建筑物比较密集的市区,进而增加了噪声污染的负面影响效应。

超出人体正常生理、心理承受能力的噪声会影响睡眠和休息,造成人的听力、神经系统等受损。长时期或短时较强噪声可能威胁人的生命。同时,噪声污染对人的正常学习、生活、生产等都会形成不同程度的负面影响。

(2) 大气污染

按照国际标准化组织(ISO)的定义,大气污染是指由于人类活动或自然过程引起某些物质进入大气中,呈现出足够的浓度,达到足够的时间,并因此危害了人体的舒适、健康和福利或环境的现象。

建设项目施工过程中产生的各种粉尘、颗粒物、挥发物等,是城市大气污染的主要来源之一。在地基基础施工阶段,建设项目基本都存在开挖、回填土方的工作内容,有的大型项目的土方开挖量可达几十万方以上。开挖、回填土方时产生的大量扬尘,是施工过程中造成大气污染的主要原因。此外,钢筋、木模板加工,水泥、沙石料的运输、储存、使用,装饰性、防腐防火性等涂料现场粉刷以及焚烧建筑、生活垃圾等,都会造成大气污染。

大气污染对人体的呼吸系统、眼睛、心脏等会产生严重影响,造成儿童智力发展迟缓,增加人体患癌几率等。大气污染加速了全球增温,促进酸雨形成,破坏地球生态系统。大气污染形成的雾霾,严重影响民众的健康、生活和生产等。大气污染悬浮物中,直径小于或等于 2.5 微米的颗粒物称为细颗粒物(PM2.5),可以穿透肺泡进入血液循环系统,对人体生命健康危害极大。

(3) 水污染

水污染,是指水体因某种物质的介入,而导致其化学、物理、生物或者放射性等方面特性的改变,从而影响水的有效利用,危害人体健康或者破坏生态环境,造成水质恶化的现象。

在施工过程中,水污染的现象比较普遍。在桩基础钻孔灌注桩施工中,会产生大量的泥浆,排放管理不当会造成地下水的污染。现场施工的大量湿法作业,需要耗费水,同时也会形成水污染。例如,水磨石磨平处理过程中产生的大量石粉浆等。

水污染严重威胁人的饮用水质安全,直接关乎人的生命健康。水污染对农、林、渔、牧业等影响严重,同时加剧了生态特别是土壤生态的破坏,损害了人类持续发展的资源基础。

(4) 固体废物污染

固体废物,是指在生产、生活和其他活动中产生的丧失原有利用价值或者虽未丧失利用价值但被抛弃或者放弃的固态、半固态和置于容器中的气态的物品、物质以及法律、行政法规规定纳入固体废物管理的物品、物质。

建设项目施工中的固体废物污染,对拆除工程而言,主要来源于拆除建、构筑物形成的建筑垃圾或待回收利用的废弃物。对新建项目而言,主要是施工过程中产生的大量建筑材料废料,以及施工人员生活过程中产出的各种生活垃圾等。

固体废物随意堆放、倾倒,或虽通过填埋、焚烧等方式处理,但方法不当时,会造成对大气、土壤、水体等污染。同时,对人体健康生命安全构成严重威胁。

(5) 光污染

在建设项目施工过程中，夜间施工照明的强烈光照，钢筋、钢构件等施工时，电焊作业释放的电弧光等，均形成影响施工人员身体健康的污染源。若此类光照达到一定程度，将会进一步影响施工场地周边的生活、生产环境。

11.3 建设项目水污染防治

11.3.1 《水污染防治法》概述

为了防治水污染，保护和改善环境，保障饮用水安全，促进经济社会全面协调可持续发展，1984年11月1日起开始实施了我国第一部《水污染防治法》。1996年5月15日，根据第八届全国人民代表大会常务委员会第十九次会议《关于修改〈中华人民共和国水污染防治法〉的决定》，进行了第一次修订。2008年2月28日，中华人民共和国第十届全国人民代表大会常务委员会第三十二次会议第二次修订通过，修订后的《水污染防治法》自2008年6月1日起施行。

新修订的《水污染防治法》分八章，包括总则、水污染防治的标准和规划、水污染防治的监督管理、水污染防治措施、饮用水水源和其他特殊水体保护、水污染事故处置、法律责任、附则等，共计九十二条。

11.3.2 水污染防治法律制度

根据《水污染防治法》的规定，我国目前实施的水污染防治法律制度主要包括：

1. 环境保护目标责任制和考核评价制度

《水污染防治法》第五条规定："国家实行水环境保护目标责任制和考核评价制度，将水环境保护目标完成情况作为对地方人民政府及其负责人考核评价的内容。"

2. 水污染物排放标准管理制度

《水污染防治法》第十三条规定："国务院环境保护主管部门根据国家水环境质量标准和国家经济、技术条件，制定国家水污染物排放标准。"

3. 建设项目环境评价制度

《水污染防治法》第十七条规定："新建、改建、扩建直接或者间接向水体排放污染物的建设项目和其他水上设施，应当依法进行环境影响评价。"

4. 重点水污染物排放实施总量控制制度

《水污染防治法》第十八条规定："国家对重点水污染物排放实施总量控制制度。省、自治区、直辖市人民政府应当按照国务院的规定削减和控制本行政区域的重点水污染物排放总量，并将重点水污染物排放总量控制指标分解落实到市、县人民政府。市、县人民政府根据本行政区域重点水污染物排放总量控制指标的要求，将重点水污染物排放总量控制指标分解落实到排污单位。"

5. 排污许可制度

《水污染防治法》第二十条规定："国家实行排污许可制度。直接或者间接向水体排放工业废水和医疗污水以及其他按照规定应当取得排污许可证方可排放的废水、污水的企业事业单位，应当取得排污许可证；城镇污水集中处理设施的运营单位，也应当取得排污许可证。"

6. 排污费缴纳征收制度

《水污染防治法》第二十四条规定："直接向水体排放污染物的企业事业单位和个体工商户，应当按照排放水污染物的种类、数量和排污费征收标准缴纳排污费。"

除了以上制度，《水污染防治法》还规定了对严重污染水环境的落后工艺和设备实行淘汰制度，建立水环境质量监测和水污染物排放监测制度等。

11.3.3 建设项目水污染防治法律规定

《水污染防治法》没有专门设章规范建设项目的水污染防治事项。但若干法条的规定内容，适用于建设项目的水污染防治。其中主要包括：

国家鼓励、支持水污染防治的科学技术研究和先进适用技术的推广应用，加强水环境保护的宣传教育。

排放水污染物，不得超过国家或者地方规定的水污染物排放标准和重点水污染物排放总量控制指标。

新建、改建、扩建直接或者间接向水体排放污染物的建设项目和其他水上设施，应当依法进行环境影响评价。建设单位在江河、湖泊新建、改建、扩建排污口的，应当取得水行政主管部门或者流域管理机构同意；涉及通航、渔业水域的，环境保护主管部门在审批环境影响评价文件时，应当征求交通、渔业主管部门的意见。

建设项目的水污染防治设施，应当与主体工程同时设计、同时施工、同时投入使用。水污染防治设施应当经过环境保护主管部门验收，验收不合格的，该建设项目不得投入生产或者使用。

直接或间接向水体排放污染物的企事业单位和个体工商户，应当按照国务院环境保护主管部门的规定，向县级以上地方人民政府环境保护主管部门申报登记拥有的水污染物排放设施、处理设施和在正常作业条件下排放水污染物的种类、数量和浓度，并提供防治水污染方面的有关技术资料。

禁止向水体排放、倾倒工业废渣、城镇垃圾和其他废弃物。兴建地下工程设施或者进行地下勘探、采矿等活动，应当采取防护性措施，防止地下水污染。向城镇污水集中处理设施排放水污染物，应当符合国家或者地方规定的水污染物排放标准。

禁止在饮用水水源一级保护区内新建、改建、扩建与供水设施和保护水源无关的建设项目；已建成的与供水设施和保护水源无关的建设项目，由县级以上人民政府责令拆除或者关闭。禁止在饮用水水源二级保护区内新建、改建、扩建排放污染物的建设项目；已建成的排放污染物的建设项目，由县级以上人民政府责令拆除或者关闭。

禁止在饮用水水源准保护区内新建、扩建对水体污染严重的建设项目；改建建设项目，不得增加排污量。

可能发生水污染事故的企业事业单位，应当制定有关水污染事故的应急方案，做好应急准备，并定期进行演练。

11.4 建设工程固体废物污染防治

11.4.1 《固体废物污染防治法》概述

为了防治固体废物污染环境，保障人体健康，维护生态安全，促进经济社会可持续发展，1995年10月30日，第八届全国人大常委会第十六次会议通过了我国第一部《固体废物污染环境防治法》。该法于2004年12月29日，由第十届全国人民代表大会常务委员会第十三次会议修订通过。2013年6月29日，由第十二届全国人民代表大会常务委员会第三次会议进行了修正。2015年4月24日，通过第十二届全国人民代表大会常务委员会第十四次会议进行了新的修改，并开始实施。

2015年新修订的《固体废物污染环境防治法》共分六章，包括总则、固体废物污染环境防治的监督管理、固体废物污染环境的防治、危险废物污染环境防治的特别规定、法律责任、附则等，共计九十一条。

11.4.2 固体废物污染防治法律制度

根据《固体废物污染防治法》的规定，我国目前实施的固体废物污染防治法律制度主要包括：

(1)固体废物污染环境防治技术标准制度。

(2)固体废物污染环境监测制度。

(3)"三同时"制度。第十四条规定："建设项目的环境影响评价文件确定需要配套建设的固体废物污染环境防治设施，必须与主体工程同时设计、同时施工、同时投入使用。"

(4)工业固体废物申报登记制度。第三十二条规定："国家实行工业固体废物申报登记制度。产生工业固体废物的单位必须按照国务院环境保护行政主管部门的规定，向所在地县级以上地方人民政府环境保护行政主管部门提供工业固体废物的种类、产生量、流向、贮存、处置等有关资料。"

(5)国家危险废物名录制度。第五十一条规定："国务院环境保护行政主管部门应当会同国务院有关部门制定国家危险废物名录，规定统一的危险废物鉴别标准、鉴别方法和识别标志。"

11.4.3 建设项目固体废物污染防治法律规定

《固体废物污染防治法》没有专门设章规范建设项目的固体废物污染防治事项。但若干法条的规定内容，适用于建设项目的固体废物污染防治。其中主要包括：

国家对固体废物污染环境的防治，实行减少固体废物的产生量和危害性、充分合理利用固体废物和无害化处置固体废物的原则，促进清洁生产和循环经济发展。

国家对固体废物污染环境防治实行污染者依法负责的原则。

国家鼓励单位和个人购买、使用再生产品和可重复利用产品。

建设产生固体废物的项目以及建设贮存、利用、处置固体废物的项目，必须依法进行环境影响评价，并遵守国家有关建设项目环境保护管理的规定。

产生固体废物的单位和个人,应当采取措施,防止或者减少固体废物对环境的污染。

收集、储存、运输、利用、处置固体废物的单位和个人,必须采取防扬散、防流失、防渗漏或者其他防止污染环境的措施;不得擅自倾倒、堆放、丢弃、遗撒固体废物。

国务院经济综合宏观调控部门应当会同国务院有关部门组织研究、开发和推广减少工业固体废物产生量和危害性的生产工艺和设备,公布限期淘汰产生严重污染环境的工业固体废物的落后生产工艺、落后设备的名录。

产生工业固体废物的单位应当建立、健全污染环境防治责任制度,采取防治工业固体废物污染环境的措施。

企业事业单位应当合理选择和利用原材料、能源和其他资源,采用先进的生产工艺和设备,减少工业固体废物产生量,降低工业固体废物的危害性。

建设生活垃圾处置的设施、场所,必须符合国务院环境保护行政主管部门和国务院建设行政主管部门规定的环境保护和环境卫生标准。

工程施工单位应当及时清运工程施工过程中产生的固体废物,并按照环境卫生行政主管部门的规定进行利用或者处置。

从事城市新区开发、旧区改建和住宅小区开发建设的单位,以及机场、码头、车站、公园、商店等公共设施、场所的经营管理单位,应当按照国家有关环境卫生的规定,配套建设生活垃圾收集设施。

因发生事故或者其他突发性事件,造成危险废物严重污染环境的单位,必须立即采取措施消除或者减轻对环境的污染危害,及时通报可能受到污染危害的单位和居民,并向所在地县级以上地方人民政府环境保护行政主管部门和有关部门报告,接受调查处理。

11.5 建设项目大气污染防治

11.5.1 《大气污染防治法》概述

为防治大气污染,保护和改善生活环境和生态环境,保障人体健康,促进经济和社会的可持续发展,1987年9月5日,第六届全国人大常委会第二十二次会议通过了我国第一部《大气污染防治法》。后经1995年修改后,在2000年4月29日由第九届全国人民代表大会常务委员会第十五次会议再次修订通过,并于2000年9月1日起施行。

新修订的《大气污染防治法》共分七章,包括总则、大气污染防治的监督管理、防治燃煤产生的大气污染、防治机动车船排放污染、防治废气、尘和恶臭污染、法律责任、附则等,共计六十六条。

11.5.2 大气污染防治法律制度

根据《大气污染防治法》的规定,我国目前实施的大气污染防治法律制度主要包括:
(1)大气环境质量标准制度。
(2)大气污染物排放标准制度。
(3)大气污染环境影响评价制度。第十一条规定:"新建、扩建、改建向大气排放污染物的项目,必须遵守国家有关建设项目环境保护管理的规定。建设项目的环境影响报告书,必须对建设项目可能产生的大气污染和对生态环境的影响作出评价，规定防治措施，并按照规定的程序报环境保护行政主管部门审查批准。"

(4) 大气排污费缴纳征收制度。

(5) 对严重污染大气环境的落后生产工艺和严重污染大气环境的落后设备实行淘汰制度。

(6) 大气污染物排放总量控制制度。第十五条规定："有大气污染物总量控制任务的企业事业单位，必须按照核定的主要大气污染物排放总量和许可证规定的排放条件排放污染物。"

(7) 紧急突发大气污染事故通报报告制度。第二十条规定："单位因发生事故或者其他突然性事件，排放和泄漏有毒有害气体和放射性物质，造成或者可能造成大气污染事故、危害人体健康的，必须立即采取防治大气污染危害的应急措施，通报可能受到大气污染危害的单位和居民，并报告当地环境保护行政主管部门，接受调查处理。"

11.5.3 建设项目大气污染防治法律规定

《大气污染防治法》没有专门设章规范建设项目的大气污染防治事项。但若干法条的规定内容，适用于建设项目的大气污染防治。其中主要包括：

新建、扩建、改建向大气排放污染物的项目，必须遵守国家有关建设项目环境保护管理的规定。

建设项目投入生产或者使用之前，其大气污染防治设施必须经过环境保护行政主管部门验收，达不到国家有关建设项目环境保护管理规定的要求的建设项目，不得投入生产或者使用。

向大气排放污染物的单位，必须按照国务院环境保护行政主管部门的规定向所在地的环境保护行政主管部门申报拥有的污染物排放设施、处理设施和在正常作业条件下排放污染物的种类、数量、浓度，并提供防治大气污染方面的有关技术资料。

在国务院和省、自治区、直辖市人民政府划定的风景名胜区、自然保护区、文物保护单位附近地区和其他需要特别保护的区域内，不得建设污染环境的工业生产设施；建设其他设施，其污染物排放不得超过规定的排放标准。

企业应当优先采用能源利用效率高、污染物排放量少的清洁生产工艺，减少大气污染物的产生。

城市建设应当统筹规划，在燃煤供热地区，统一解决热源，发展集中供热。在集中供热管网覆盖的地区，不得新建燃煤供热锅炉。

新建、扩建排放二氧化硫的火电厂和其他大中型企业，超过规定的污染物排放标准或者总量控制指标的，必须建设配套脱硫、除尘装置或者采取其他控制二氧化硫排放、除尘的措施。

在人口集中地区和其他依法需要特殊保护的区域内，禁止焚烧沥青、油毡、橡胶、皮革、垃圾以及其他产生有毒有害烟尘和恶臭气体的物质。

运输、装卸、储存能够散发有毒有害气体或者粉尘物质的，必须采取密闭措施或者其他防护措施。

在城市市区进行建设施工或者从事其他产生扬尘污染活动的单位，必须按照当地环境保护的规定，采取防止扬尘污染的措施。

11.6 建设项目环境噪声污染防治

11.6.1 《环境噪声污染防治法》概述

为防治环境噪声污染，保护和改善生活环境，保障人体健康，促进经济和社会发展，1996年10月29日，由第八届全国人大常委会第二十次会议通过了《环境噪声污染防治法》，并于1997年3月1日起施行。

《环境噪声污染防治法》共分八章，包括总则、环境噪声污染防治的监督管理、工业噪声污染防治、建筑施工噪声污染防治、交通运输噪声污染防治、社会生活噪声污染防治、法律责任、附则等，共计六十四条。

11.6.2 环境噪声污染防治法律制度

根据《环境噪声污染防治法》的规定，我国目前实施的环境噪声污染防治法律制度主要包括：

(1)声环境质量标准分区控制制度。第十条规定："国务院环境保护行政主管部门分别不同的功能区制定国家声环境质量标准。"

(2)噪声污染环境影响评价制度。

(3)环境噪声污染防治设施"三同时"实施制度。

(4)超标噪声排污费缴纳制度。第十六条规定："产生环境噪声污染的单位，应当采取措施进行治理，并按照国家规定缴纳超标准排污费。"

(5)环境噪声污染严重的落后设备实行淘汰制度。

(6)偶发性强烈噪声生产公安机关审批制度。第十九条规定："在城市范围内从事生产活动确需排放偶发性强烈噪声的，必须事先向当地公安机关提出申请，经批准后方可进行。当地公安机关应当向社会公告。"

(7)环境噪声监测制度。

11.6.3 建设项目环境噪声污染防治法律规定

《环境噪声污染防治法》专门设第四章"建筑施工噪声污染防治"，反映出立法者对施工噪声污染影响的高度重视。此外，《环境噪声污染防治法》的其他若干法条的规定内容，也适用于建设项目的环境噪声污染防治。其中主要包括：

建设项目可能产生环境噪声污染的，建设单位必须提出环境影响报告书，规定环境噪声污染的防治措施，并按照国家规定的程序报环境保护行政主管部门批准。环境影响报告书中，应当有该建设项目所在地单位和居民的意见。

建设项目的环境噪声污染防治设施必须与主体工程同时设计、同时施工、同时投产使用。建设项目在投入生产或者使用之前，其环境噪声污染防治设施必须经原审批环境影响报告书的环境保护行政主管部门验收；达不到国家规定要求的，该建设项目不得投入生产或者使用。

产生环境噪声污染的企业事业单位，必须保持防治环境噪声污染的设施的正常使用；拆除或者闲置环境噪声污染防治设施的，必须事先报经所在地的县级以上地方人民政府环境保护行政主管部门批准。

对于在噪声敏感建筑物集中区域内造成严重环境噪声污染的企业事业单位,限期治理。

在城市市区范围内向周围生活环境排放建筑施工噪声的,应当符合国家规定的建筑施工场界环境噪声排放标准。

在城市市区范围内,建筑施工过程中使用机械设备,可能产生环境噪声污染的,施工单位必须在工程开工 15 日以前向工程所在地县级以上地方人民政府环境保护行政主管部门申报该工程的项目名称、施工场所和期限、可能产生的环境噪声值以及所采取的环境噪声污染防治措施的情况。

在城市市区噪声敏感建筑物集中区域内,禁止夜间进行产生环境噪声污染的建筑施工作业,但抢修、抢险作业和因生产工艺上要求或者特殊需要必须连续作业的除外。因特殊需要必须连续作业的,必须有县级以上人民政府或者其有关主管部门的证明。夜间作业,必须公告附近居民。

在已有的城市交通干线的两侧建设噪声敏感建筑物的,建设单位应当按照国家规定间隔一定距离,并采取减轻、避免交通噪声影响的措施。

11.7 案例分析

【案例 11-1】偷排施工废水污染环境

为应对即将到来的强降雨,某市市政执法人员巡查发现市区某街道雨水主干管内积有大量污泥,严重影响雨水排放。经查,在雨水井上有一非市政部门设置的排水口,沿着该支管方向倒查,发现这根管子由附近一家施工工地引出。经现场调查后,发现雨水井及主干管中的淤泥来自施工单位钻孔灌注桩施工时排放的泥浆沉积。

《水污染防治法》第二十二条规定:"向水体排放污染物的企事业单位和个体工商户,应当按照法律、行政法规和国务院环境保护主管部门的规定设置排污口;在江河、湖泊设置排污口的,还应当遵守国务院行政主管部门的规定。禁止私设暗管或者采取其他规避监管的方式排放水污染物。"本案中的施工单位私自设置排水口排放污染物,没有办理相应的审批手续,显然是一种违法行为。

《水污染防治法》第三十三条中规定:"禁止向水体排放、倾倒工业废渣、城镇垃圾和其他废弃物。"本案中的施工单位向雨水井中排放的施工废水中含有大量的淤泥等废弃物。

依据《水污染防治法》有关规定,市环保局应当责令停止违法行为,限期改正,限期拆除私自设置的排污口,并可对该施工单位处以罚款;逾期不采取治理措施的,环境保护主管部门可以指定有治理能力的单位代为治理,所需费用由违法者承担。

【案例 11-2】夜间桩基施工噪声污染

某高层住宅工地,采用锤击打桩法进行桩基施工。附近小区居民多次到工地要求施工单位缩短夜间施工时间,但施工单位置若罔闻,后小区居民通过电话向当地环保部门投诉。

环保部门接到投诉后,到施工现场进行了监测取证,发现工地夜间施工噪声已经超出《建筑施工场界噪声限值》,属超标排放。同时,该工程也未事先在环保部门申办有关手续。在施工单位接受询问调查中,其辩称施工工期很紧,建设单位已多次催促,他们进行连续的夜间施工也是迫不得已。

《环境噪声污染防治法》第十三条中规定:"建设项目可能产生环境噪声污染的,建设单位必须提出环境影响报告书,规定环境噪声污染的防治措施,并按照国家规定的程序报环境保护行政主管部门批准。环境影响报告书中,应当有该建设项目所在地单位和居民的意见。"结合本案例,显然建设单位没有按照法律规定履行其法定的申报及告知等责任义务。

《环境噪声污染防治法》第二十九条规定:"在城市市区范围内,建筑施工过程中使用机械设备,可能产生环境噪声污染的,施工单位必须在工程开工十五日以前向工程所在地县级以上地方人民政府环境保护行政主管部门申报该工程的项目名称、施工场所和期限、可能产生的环境噪声值以及所采取的环境噪声污染防治措施的情况。"结合本案例,显然施工单位没有按照法律规定履行其法定的申报责任义务。

《环境噪声污染防治法》第三十条规定:"在城市市区噪声敏感建筑物集中区域内,禁止夜间进行产生环境噪声污染的建筑施工作业,但抢修、抢险作业和因生产工艺上要求或者特殊需要必须连续作业的除外。因特殊需要必须连续作业的,必须有县级以上人民政府或者其有关主管部门的证明。前款规定的夜间作业,必须公告附近居民。""噪声敏感建筑物"是指医院、学校、机关、科研单位、住宅等需要保持安静的建筑物。本案例中,施工现场附近居民住宅为主的区域就属于"噪声敏感建筑物集中区域"。锤击施工桩基既不属于抢修、抢险作业,也不是因生产工艺上要求或者特殊需要必须连续作业的情形。因此,施工单位连续进行的夜间桩基施工显然属违法行为。

本案例中,某高层住宅施工单位在开工前未依法向当地环保部门进行申报,在夜间施工时,也未向附近的居民进行公告。甚至在附近居民多次强烈要求其停止违法施工时,仍我行我素,拒不改正。按照《环境噪声污染防治法》的有关规定,必将受到法律的惩处。

【案例11-3】某厂违反大气污染防治"三同时"制度引发的举报

某市环保局收到某A单位举报信,反映其附近某B厂热力中心排放大量黑烟,严重影响环境及A单位职工的日常生活。环保局到现场检查后,发现为了防止热力中心烟囱排放的烟尘污染,A单位高层住宅楼住户大都选择了长期不开窗的方法,以免有害烟尘大量进入室内,许多住家的窗户玻璃上积累了大量烟尘颗粒物,已严重遮蔽室外光照。经对B厂总务部门的相关人员询问调查后,发现该厂为节约资金,擅自要求热力中心施工单位在施工时,取消了相关脱硫除尘设施的建造。

《环境保护法》第四十一条规定:"建设项目中防治污染的设施,应当与主体工程同时设计、同时施工、同时投产使用。防治污染的设施应当符合经批准的环境影响评价文件的要求,不得擅自拆除或者闲置。"第四十二条规定:"排放污染物的企业事业单位和其他生产经营者,应当采取措施,防治在生产建设或者其他活动中产生的废气、废水、废渣、医疗废物、粉尘、恶臭气体、放射性物质以及噪声、振动、光辐射、电磁辐射等对环境的污染和危害。"

《大气污染防治法》第三十六条规定:"向大气排放粉尘的排污单位,必须采取除尘措施。严格限制向大气排放含有毒物质的废气和粉尘;确需排放的,必须经过净化处理,不超过规定的排放标准。"第十一条中规定:"建设项目投入生产或者使用之前,其大气污染防治设施必须经过环境保护行政主管部门验收,达不到国家有关建设项目环境保护管理规定的要求的建设项目,不得投入生产或者使用。"

在该案例中，B厂擅自要求施工单位取消相关脱硫除尘设施的建造，既违反了《建筑法》的有关规定，也严重违反了《环境保护法》、《大气污染防治法》等对大气污染防治必须实施"三同时"制度的有关法律规定。

复习思考题

1. 《环境保护法》的立法目的是什么？
2. 建设项目环境污染的影响作用有哪些？
3. 重点水污染物排放实施总量控制制度内涵是什么？
4. 简述建设项目固体废物污染防治的法律规定。
5. 建设项目大气污染防治的法律制度主要包括哪些内容？
6. 环境噪声与环境噪声污染有何区别？
7. 什么是环境保护设施"三同时"实施制度？

第 12 章 建筑节能法律法规

12.1 概 述

12.1.1 建筑节能概念

根据《中华人民共和国节约能源法》规定，节约能源(以下简称节能)是指加强用能管理，采取技术上可行、经济上合理以及环境和社会可以承受的措施，从能源生产到消费各个环节，降低消耗，减少损失和污染物排放、制止浪费，有效、合理地利用能源。该法律所称能源，是指煤炭、石油、天然气、生物质能和电力、热力以及其他直接或者通过加工、转换而取得有用能的各种资源。

建筑节能，是指建筑在选址、规划、设计、建造和使用过程中，通过采用节能型的建筑材料、产品和设备，执行建筑节能标准，加强建筑物所使用的节能设备的运行管理，合理设计建筑围护结构的热工性能，提高采暖、制冷、照明、通风、给排水和管道系统的运行效率，以及利用可再生能源，在保证建筑物使用功能和室内热环境质量的前提下，降低建筑能源消耗，合理、有效地利用能源。

12.1.2 建筑节能意义

中国是一个发展中大国，又是一个建筑大国，每年新建房屋面积超过所有发达国家每年建成建筑面积的总和。随着全面建成小康社会事业的逐步推进，建设事业迅猛发展，建筑能耗迅速增长，建筑能耗已占社会总能耗的 1/3 左右。我国人口众多，经济发展快，可以预见住房需求量将会在较长时间内维持高水平。因此，建筑节能对我国整体节能事业的影响将是重大和深远的。

建筑节能是关系到我国建设低碳经济、完成节能减排目标、保持经济可持续发展的重要环节之一，是执行节约能源保护环境的基本国策的一个重要举措，也是当前全球性的大趋势。积极推进建筑节能，有利于提高居民生活质量和改善工作环境，对保证国民经济持续稳定健康发展，建设资源节约型、环境友好型社会，提高生态文明水平，减少温室气体排放，缓解地球变暖趋势等均具有重大意义。

12.1.3 建筑节能立法状况

1980 年国家经济委员会、国家计划委员会关于加强节约能源工作的报告中指出：能源问题，已成为目前国民经济发展中的一个突出矛盾，必须主要靠合理利用和节约来解决，以节能求增产。1986 年国务院《节约能源管理暂行条例》(已失效)把建筑节能提到了重要位置。为贯彻国务院《节约能源管理暂行条例》，促进城市建设各行业企事业单位和用户单位合理利用能源，降低能源消耗，不断提高社会效益、经济效益和环境效益，1987 年城乡建设环境保护部发布了《城市建设节约能源管理实施细则》。为加强国家对节约能源的宏观管理，促进节能降耗,提高经济效益,保证国民经济的发展,根据国务院颁发的《节约能源管理暂行条例》的有关规定,1990年国家计划委员会又发布了《节约能源监测管理暂行规定》。在该暂行规定中明确:节能监测是指由政府授权的节能监测机构,依据国家有关节约能源的法规(或行业、地方的规定)和技术标准,对能源利用状况进行监督、检测以及对浪费能源的行为提出处理意见等执法活动的总称,该暂行规定标志着国家对节能工作监督管理模式的创新。

1997年11月发布的《中华人民共和国节约能源法》是我国节能工作法制化建设进程中的一个里程碑,它是我国节能立法体系建设的基石。《中华人民共和国节约能源法》对节能管理、合理使用能源、节能技术进步、法律责任等作了全面规定。自《中华人民共和国节约能源法》发布后,有关建筑节能管理、技术、材料、标准、审查、监督以及信息公示等方面的一大批地方性法规、部门规章以及部门规范性文件相继出台。其立法数量前所未有,其立法广度及深度明显加强,这其中比较重要的部门规章是建设部在2005年发布的《民用建筑节能管理规定》,对居住建筑和公共建筑的建筑节能进行了规范,明确强调新建民用建筑应当严格执行建筑节能标准要求,民用建筑工程扩建和改建时,应当对原建筑进行节能改造。在2005年,建设部和科学技术部还共同印发了《绿色建筑技术导则》,为推进我国的绿色建筑建设事业提供了较系统的方向性指导。

2007年建设部为达到节约施工中的资源消耗与减少施工对环境负面影响的目的,印发了《绿色施工导则》,随后又和财政部共同印发了《关于加强国家机关办公建筑和大型公共建筑节能管理工作的实施意见》,这两个部门规范性文件扩展了我国建筑节能法规调整的范围。2007年8月,为规范绿色建筑评价标识工作,引导绿色建筑健康发展,建设部印发了《绿色建筑评价标识管理办法》(试行)。

随着我国经济社会发展的实际变化,1997年公布的《中华人民共和国节约能源法》不适应性日益突出,已经不能满足我国节能工作的新要求。因此,2007年全国人民代表大会常务委员会第三十次会议对原《中华人民共和国节约能源法》修订通过并发布。修订后的《中华人民共和国节约能源法》已于2008年4月1日施行,它的施行是我国全面落实科学发展观的一项重大法律举措,是我国节约能源法制化建设的又一新的重大发展。这之后,国务院于2008年7月在第18次常务会议上通过了《民用建筑节能条例》,该条例已于2008年10月1日起施行。《民用建筑节能条例》的施行,是落实科学发展观的具体体现,是节约能源的重要措施,是节能减排领域里的重要依据。它将有利于构建资源节约型、环境友好型和以人为本的和谐社会,推进建筑节能事业的深入持续发展。在2008年10月1日起施行的《公共机构节能条例》当中,强调了公共机构新建建筑和既有建筑维修改造,应当严格执行国家有关建筑节能设计、施工、调试、竣工验收等方面的规定和标准。

2012年4月,财政部、住房和城乡建设部共同印发了《关于加快推动我国绿色建筑发展的实施意见》,提出要大力发展绿色建筑。2013年1月,国务院办公厅《关于转发发展改革委、住房城乡建设部绿色建筑行动方案的通知》中,充分肯定了"十一五"以来我国绿色建筑工作取得的明显成效。但也同时清醒地指出仍存在一些比较突出的问题。例如,城乡建设模式粗放,能源资源消耗高、利用效率低,重规模轻效率、重外观轻品质、重建设轻管理,建筑使用寿命远低于设计使用年限等。

12.2 民用建筑节能法律法规

12.2.1 民用建筑节能立法背景

房屋建筑按使用目的一般可分为民用建筑和工业建筑。民用建筑,是指居住建筑、国家机关办公建筑和商业、服务业、教育、卫生等其他公共建筑。

民用建筑的能源消耗,是指民用建筑在使用过程中的能源消耗。民用建筑节能,是指在保证民用建筑使用功能和室内热环境质量的前提下,降低其使用过程中能源消耗的活动。

有关统计数字显示,我国城乡既有建筑面积已超过 420 亿平方米,年竣工建筑面积超过 20 亿平方米,是世界上最大的建筑市场,但其中大部分为高耗能建筑,居住和公共建筑用能增长迅速。国际上发达国家的建筑能耗一般占全国总能耗的 33%左右。我国建筑能耗统按广义能耗统计,约占全国总能耗的 40%以上。目前我国每年新建房屋建筑面积平均约 20 亿平方米,其中,住宅面积约 5 到 6 亿平方米,公共建筑面积 3 亿平方米,工业建筑面积 1 亿平方米,我国民用建筑节能潜力巨大。

尽管我国的民用建筑节能工作起步较晚,但通过各级政府和全社会的共同努力,在保障新建建筑符合民用建筑节能标准和促进既有建筑节能改造方面,取得了较大的发展和进步,对实现我国节能优先的发展战略和建设节约型社会作出了积极贡献。同时,也出现了一些新的情况和问题:①新建建筑尚未全部达到民用建筑节能标准。根据原建设部对民用建筑节能标准实施情况的调查,全国按照民用建筑节能标准建造的民用建筑项目,2004 年仅为 20%,2007 年为 71%,仍有近 30%的新建建筑尚未达到民用建筑节能标准。②既有建筑节能改造举步维艰。由于既有建筑存在产权形式多样、结构形式复杂、改造标准不一、改造费用筹集困难等诸多因素,从全国来看,既有建筑节能改造进展缓慢。③公共建筑耗电量过大。大型公共建筑单位面积耗电量是普通公共建筑的 4 倍。④供热采暖系统运行效率低。目前,我国集中供热采暖综合利用效率大约为 45%~70%,远远低于发达国家的水平。⑤缺乏有效的民用建筑节能激励措施。目前,对民用建筑节能在补贴、金融、税收等方面的激励措施非常有限,民用建筑节能工作推进面临许多亟待解决的问题。

为了解决上述问题,迫切需要通过立法,确立相应的法律制度和措施,加强对民用建筑节能的管理,降低民用建筑使用过程中的能源消耗,提高能源利用效率。在 2008 年 4 月 1 日起施行的《中华人民共和国节约能源法》第三章"合理使用与节约能源"的第三节"建筑节能"中,虽然没有对民用建筑节能做专门规范,但其规范内容和调整范围显然适应民用建筑节能依法管理的需要。在《中华人民共和国节约能源法》上位法的基础上,国务院于 2008 年公布了《民用建筑节能条例》,并于 2008 年 10 月 1 日起施行。《民用建筑节能条例》的实施,标志着我国民用建筑节能依法管理进入到一个新的阶段。

12.2.2 新建建筑节能法律规定

加强对新建建筑的节能管理,对实现民用建筑节能源头化治理意义重大。为此,《民用建筑节能条例》专设了第二章"新建建筑节能",对新建建筑节能实施了比较全面的法律规定。

一是在规划许可阶段,要求城乡规划主管部门在进行规划审查时,应当就设计方案是否符合民用建筑节能强制性标准征求同级建设主管部门的意见；对于不符合民用建筑节能强制性标准的，不予颁发建设工程规划许可证。二是在设计阶段，要求新建建筑的施工图设计文件必须符合民用建筑节能强制性标准。施工图设计文件审查机构应当按照民用建筑节能强制性标准对施工图设计文件进行审查；经审查不符合民用建筑节能强制性标准的，建设主管部门不得颁发施工许可证。三是在建设阶段，建设单位不得要求设计单位、施工单位违反民用建筑节能强制性标准进行设计、施工；设计单位、施工单位、工程监理单位及其注册执业人员必须严格执行民用建筑节能强制性标准；工程监理单位对施工单位不执行民用建筑节能强制性标准的，有权要求其改正，并及时报告。四是在竣工验收阶段，建设单位应当将民用建筑是否符合民用建筑节能强制性标准作为查验的重要内容；对不符合民用建筑节能强制性标准的，不得出具竣工验收合格报告。五是在商品房销售阶段，要求房地产开发企业向购买人明示所售商品房的能源消耗指标、节能措施和保护要求、保温工程保修期等信息。六是在使用保修阶段，明确规定施工单位在保修范围和保修期内，对发生质量问题的保温工程负有保修义务，并对造成的损失依法承担赔偿责任。

建设单位、设计单位、施工单位、监理单位等建筑节能管理参与主体均应对新建建筑节能承担相应责任和法律义务。《民用建筑节能条例》规定：建设单位不得明示或者暗示设计单位、施工单位违反民用建筑节能强制性标准进行设计、施工，不得明示或者暗示施工单位使用不符合施工图设计要求的墙体材料、保温材料、门窗、采暖制冷系统和照明设备。按照合同约定由建设单位采购墙体材料、保温材料、门窗、采暖制冷系统和照明设备的，建设单位应当保证其符合施工图设计要求；建设单位组织竣工验收，应当对民用建筑是否符合民用建筑节能强制性标准进行查验。对不符合民用建筑节能强制性标准的，不得出具竣工验收合格报告；设计单位、施工单位、工程监理单位及其注册执业人员，应当按照民用建筑节能强制性标准进行设计、施工、监理；施工单位应当对进入施工现场的墙体材料、保温材料、门窗、采暖制冷系统和照明设备进行查验。不符合施工图设计要求的，不得使用；工程监理单位发现施工单位不按照民用建筑节能强制性标准施工的，应当要求施工单位改正；施工单位拒不改正的，工程监理单位应当及时报告建设单位，并向有关主管部门报告。未经监理工程师签字，墙体材料、保温材料、门窗、采暖制冷系统和照明设备不得在建筑上使用或者安装，施工单位不得进行下一道工序的施工；保温工程在保修范围和保修期内发生质量问题的，施工单位应当履行保修义务，并对造成的损失依法承担赔偿责任。

另外，《民用建筑节能条例》还规定：施工图设计审查机构应当按照民用建筑节能强制性标准对施工图设计进行审查；具备可再生能源利用条件的建筑，建设单位应当选择合适的可再生能源，用于采暖、制冷、照明和热水供应等；设计单位应当按照有关可再生能源利用的标准进行设计。建设可再生能源利用设施，应当与建筑主体工程同步设计、同步施工、同步验收；国家机关办公建筑和大型公共建筑的所有权人应当对建筑的能源利用效率进行测评和标识，并按照国家有关规定将测评结果予以公示，接受社会监督；房地产开发企业销售商品房，应当向购买人明示所售商品房的能源消耗指标、节能措施和保护要求、保温工程保修期等信息，并在商品房买卖合同和住宅质量保证书、住宅使用说明书中载明。

12.2.3 既有建筑节能法律规定

既有建筑节能的实现需要通过节能改造。既有建筑节能改造是指对不符合民用建筑节能强制性标准的既有建筑的围护结构、供热系统、采暖制冷系统、照明设备和热水供应设施等实施节能改造的活动。

我国地域宽广，其中严寒地区、寒冷地区以及夏热冬冷地区的部分城镇冬季都需要采暖，采暖燃煤对大气造成严重污染。与此同时，我国大部分地区夏季炎热，空调又日益普及，建筑空调能耗正在迅速增加。大量没有任何节能措施的既有建筑，其保温隔热性能差，设备系统效率低，导致采暖和制冷能耗浪费严重，并且向大气中排放大量二氧化碳等污染物，增加温室气体浓度，使人类的生活环境加剧恶化。因此，为达到节约能源、保护环境和提高人民生活质量的目的，对既有建筑有计划地进行节能改造，已成为我国当前紧迫而现实的重大问题。

针对我国既有建筑节能改造任务艰巨、改造费用筹集困难、改造进展缓慢等问题，《民用建筑节能条例》专设了第三章"既有建筑节能"，对既有建筑节能改造作了比较全面的法律规定。

一是确立了既有建筑节能改造的原则。明确既有建筑节能改造应当根据当地经济、社会发展水平和地理气候条件等实际情况，有计划、分步骤地实施分类改造。二是强化了对既有建筑节能改造的管理。要求县级以上地方人民政府建设主管部门应当对本行政区域内既有建筑的建设年代、结构形式、用能系统、能源消耗指标、寿命周期等组织调查统计和分析，制定既有建筑节能改造计划，明确节能改造的目标、范围和要求，报本级人民政府批准后组织实施。三是明确了既有建筑节能改造的标准和要求。实施既有建筑节能改造，应当符合民用建筑节能强制性标准，优先采用遮阳、改善通风等低成本改造措施。既有建筑围护结构的改造和供热系统的改造，应当同步进行。四是突出强调了对采暖制冷能耗的控制与计量。对实行集中供热的建筑进行节能改造，应当安装供热系统调控装置和用热计量装置；对公共建筑进行节能改造，还应当安装室内温度调控装置和用电分项计量装置。五是确立了既有建筑节能改造费用的负担方式。国家机关办公建筑的节能改造费用，由县级以上人民政府财政负担。居住建筑和教育、科学、文化、卫生、体育等公益事业使用的公共建筑的节能改造费用，由政府、建筑所有权人共同负担。同时，国家鼓励社会资金投资既有建筑节能改造。

12.2.4 用能系统运行节能法律规定

建筑用能系统运行过程中的节能是民用建筑节能的关键环节之一，《民用建筑节能条例》明确了建筑所有权人或者使用权人、供热单位等在建筑用能系统运行环节的节能管理义务。

《民用建筑节能条例》关于建筑用能系统运行节能作了以下法律规定：建筑所有权人或者使用权人应当保证建筑用能系统的正常运行，不得人为损坏建筑围护结构和用能系统。其中国家机关办公建筑和大型公共建筑的所有权人或者使用权人应当建立健全民用建筑节能管理制度和操作规程，对建筑用能系统进行监测、维护，并定期将分项用电量报县级以上地方人民政府建设主管部门；县级以上地方人民政府节能工作主管部门应当会同同级建设主管部门确定本行政区域内公共建筑重点用电单位及其年度用电限额。县级以上地方人民政府建设主管部门应当对本行政区域内国家机关办公建筑和公共建筑用电情况进行调查统计和评价分析。国家机关办公建筑和大型公共建筑采暖、制冷、照明的能源消耗情况应当依照法律、行政法规和国家其他有关规定向社会公布；供热单位应当建立健全相关制度，加强对专业技术人员的教育和培训。供热单位应当改进技术装备，实施计量管理，并对供热系统进行监测、维护，提高供热系统的效率，保证供热系统的运行符合民用建筑节能强制性标准；县级以上地方人民政府建设主管部门应当对本行政区域内供热单位的能源消耗情况进行调查统计和分析，并制定供热单位能源消耗指标；对超过能源消耗指标的，应当要求供热单位制定相应的改进措施，并监督实施。

12.3 建筑节能标准规范

12.3.1 标准规范的制定

建筑节能标准规范是建设节能建筑的基本技术依据，是实现建筑节能目标的基本要求。强制性的建筑节能标准规范实质上具有技术法规的性质，即使非强制性的建筑节能标准规范，也普遍地在设计、施工、运行管理等环节中被采用。通过设计、施工等各种合同的缔约履约，这些标准规范就与合同双方的法律关系发生了紧密联系。简言之，建筑节能标准规范和建筑节能法律规范关系密切。

根据《中华人民共和国标准化法》的规定：对建设工程的设计、施工方法和安全要求应当制定标准。随着建设工程质量概念的内涵外延的演变，建筑节能已成为建筑工程质量概念不可或缺的一个重要部分，建筑节能标准规范的制定和执行已成为推进我国建筑工程质量和建筑节能事业的重要基础。

1986年我国发布了第一个民用建筑节能设计标准，即《民用建筑节能设计标准》（采暖居住建筑部分）。之后随着节能法律法规的相继出台，国家和相关行业、地方制定了一系列建筑节能技术标准和规范。例如，《民用建筑热工设计规范》（GB50176—93）；《民用建筑节能设计标准》（采暖居住建筑部分）（JGJ 26—95）；《既有采暖居住建筑节能改造技术规程》（JGJ 129—2000）（J 68—2001）；《采暖居住建筑节能检验标准》（JGJ 132—2001）（J 85—2001）；《夏热冬冷地区居住建筑节能设计标准》（JGJ 134—2001）（J 116—2001）；《通风与空调工程施工质量验收规范》（GB 50243—2002）；《夏热冬暖地区居住建筑节能设计标准》（JGJ 75—2003）；《公共建筑节能设计标准》（GB 50189—2005）；《绿色建筑评价标准》（GB／T 50378—2006）；《建筑节能工程质量验收规范》（GB 50411—2007）；《民用建筑能耗数据采集标准》（JGJ/T 154—2007）；《建筑工程绿色施工评价标准》（GB／T 50640—2010）；《建筑工程绿色施工规范》（GB／T 50905—2014）；新修订的《绿色建筑评价标准》（GB/T50378—2014）等标准规范。

这些标准和规范既覆盖了节能设计和施工验收不同环节，又对新建建筑节能和既有节能改造分别作了规定。它们的制定标志着我国建筑节能标准化工作取得重大进展，建筑节能标准体系框架已基本形成。在建筑节能标准化建设不断深化的同时，建筑节能依法管理的技术基础日趋规范和坚实。

这些标准、规范的制定和实施已经对我国的建筑节能工作带来了明显的成效，以原建设部有关统计数据为例，仅2007年前十个月，因新建建筑执行节能标准就已形成500万吨标准煤的节能能力。同时，建筑节能标准实施中也存在一些不容忽视的问题：一是建筑节能标准的执行还存在不平衡，总的来说，执行建筑节能标准中，施工阶段比设计阶段差，中小城市比大城市差，经济欠发达地区比经济发达地区差。二是相关从业人员技术水平有待进一步提高，施工图设计和审查人员对部分节能设计的方法和概念等还没有深入掌握，对节能设计标准和节能设计软件掌握不够，建筑节能工程施工过程中，施工工艺不过关，导致节能设计的执行质量和效果出现折扣。三是建筑节能标准仍有较大提升空间。

12.3.2 对执行标准规范的行政监督管理

按照《民用建筑节能条例》的规定，国家民用建筑节能标准由国务院建设主管部门负责组织制定，并依照法定程序发布。国务院建设主管部门负责全国民用建筑节能的监督管理工作，县级以上地方人民政府建设主管部门负责本行政区域民用建筑节能的监督管理工作。

各级建设行政主管部门建筑节能标准监督管理工作的主要任务包括：要求城乡规划主管部门在进行规划审查时，应当就设计方案是否符合民用建筑节能强制性标准征求同级建设主管部门的意见；监督城市新建建筑是否严格执行了建筑节能设计标准的有关强制性规定；完善建筑节能工作领导小组的工作制度，形成协调配合、运行顺畅的工作机制；加大建筑节能宣传力度，增强公众的节能意识，逐步建立社会监督机制。建立监督举报制度，受理公众举报；积极进行城市既有建筑节能改造试点工作，研究相关政策措施和技术方案，为全面推进既有建筑节能改造积累经验；要求各地和有关单位要加强对设计、施工、监理等专业技术人员和管理人员的建筑节能知识与技术的培训，把建筑节能有关法律法规、标准规范和经核准的新技术、新材料、新工艺等作为注册建筑师、勘察设计注册工程师、监理工程师、建造师等各类执业注册人员继续教育的必修内容；采取有效措施加强建筑节能工作中设计、施工、监理和竣工验收、房屋销售核准等的监督管理；查验施工图设计审查机构出具的审查报告时，应查验对节能的审查情况，审查不合格的不得领发施工许可证。发现违反国家有关节能工程质量管理规定的，应责令建设单位改正。改正后责令其重新组织竣工验收，并且不得减免新型墙体材料专项基金；组织推进节能建筑性能测评工作，建立健全建筑节能统计报告制度，掌握分析建筑节能进展情况；加强经常性的建筑节能设计标准实施情况的监督检查，发现问题，及时纠正和处理，把建筑节能作为建筑工程质量检查的专项内容进行检查；对不执行或擅自降低建筑节能标准的单位，要依据有关法律法规和规章的规定进行处罚等。

12.4 绿色建筑与绿色施工

12.4.1 概述

1. 绿色建筑概念

绿色建筑是指在建筑的全寿命期内，最大限度地节约资源、保护环境和减少污染，为人们提供健康、适用和高效的使用空间，与自然和谐共生的建筑。

2. 绿色施工概念

绿色施工是指工程建设中，在保证质量、安全等基本要求的前提下，通过科学管理和技术进步，最大限度地节约资源与减少对环境负面影响的施工活动，实现"四节一环保"（节能、节地、节水、节材和环境保护）。

3. 绿色建筑与绿色施工的关系

绿色建筑和绿色施工都强调节约能源和保护环境的目的，都是建筑节能的重要组成部分，都强调利用科学管理、技术进步来达到节能和环保的目的，都是建筑节能领域中需要不断发展的新概念、新内容，都是社会可持续发展的需要。

绿色建筑是指具有节能、环保特点的建筑。绿色施工是指具有节约资源、减少环境污染的施工活动和行为。绿色建筑概念强调建筑全寿命周期管理，绿色施工则侧重于建筑施工阶段。绿色建筑追求建筑物与自然的共生，而绿色施工强调对自然要减少破坏和污染。绿色施工是绿色建筑的必然要求，而绿色建筑是绿色施工的重要目的。

12.4.2 《绿色建筑技术导则》简介

2005年10月27日，由建设部和科学技术部共同制定的《绿色建筑技术导则》开始实施，现行有效。

1. 制定背景及目的

推进绿色建筑是发展节能省地型住宅和公共建筑的具体实践。党的十六大报告指出我国要实现"可持续发展能力不断增强，生态环境得到改善，资源利用效率显著提高，促进人与自然的和谐，推动整个社会走上生产发展、生活富裕、生态良好的文明发展道路"。发展绿色建筑必须牢固树立和认真落实科学发展观，必须从建筑全寿命周期的角度，全面审视建筑活动对生态环境和住区环境的影响，采取综合措施，实现建筑业的可持续发展。为引导、促进和规范绿色建筑的发展，故制定《绿色建筑技术导则》。

2. 遵循原则

《绿色建筑技术导则》明确指出，绿色建筑应遵循以下原则：绿色建筑应坚持"可持续发展"的建筑理念。理性的设计思维方式和科学程序的把握，是提高绿色建筑环境效益、社会效益和经济效益的基本保证；绿色建筑应实施建筑的全寿命周期管理，不仅在规划设计阶段充分考虑并利用环境因素，而且确保施工过程中对环境的影响最低，运营管理阶段能为人们提供健康、舒适、低耗、无害空间，拆除后又对环境危害降到最低，并使拆除材料尽可能再循环利用；绿色建筑应适应自然条件，保护自然环境；绿色建筑应以创建适用与健康的环境，加强资源节约与综合利用，减轻环境负荷为鲜明特征。

我国正处于经济快速发展阶段，作为大量消耗能源和资源的建筑业，必须发展绿色建筑，改变当前高投入、高消耗、高污染、低效率的模式，承担起可持续发展的社会责任和义务。发展绿色建筑，应倡导城乡统筹、循环经济的理念和紧凑型城市空间的发展模式；全社会参与，挖掘建筑节能、节地、节水、节材的潜力；正确处理节能、节地、节水、节材、环保及满足建筑功能之间的辩证关系；应坚持技术创新，走科技含量高、资源消耗低与环境污染少的新型工业化道路；应注重经济性，从建筑的全寿命周期综合核算效益和成本，引导市场发展需求，适应地方经济状况，提倡朴实简约，反对浮华铺张；应注重地域性，尊重民族习俗，依据当地自然资源条件、经济状况、气候特点等，因地制宜地创造出有时代特点和地域特征的绿色建筑；应注重历史性和文化特色，要尊重历史，加强对已建成环境和历史文脉的保护和再利用；绿色建筑的建设必须符合国家的法律法规与相关的标准规范，实现经济效益、社会效益和环境效益的统一。

3. 绿色建筑指标体系

绿色建筑指标体系由节地与室外环境、节能与能源利用、节水与水资源利用、节材与材料资源、室内环境质量和运营管理六类指标组成。这六类指标涵盖了绿色建筑的基本要素，包含了建筑物全寿命周期内的规划设计、施工、运营管理及回收各阶段的评定指标的子系统。

4. 绿色建筑技术要点

实现绿色建筑的技术内容主要包括以下几个方面要点：①绿色建筑规划设计技术。它包括节地与室外环境、节能与能源利用、节水与水资源利用、节材与材料资源、室内环境质量。②绿色建筑施工技术。它包括场地环境、节能、节水、节材与材料资源。③绿色建筑的智能技术。它包括智能技术、智能化系统。④绿色建筑运营管理技术。它包括管理网络、资源管理、改造利用、环境管理体系。⑤绿色建筑技术产业化。

绿色建筑技术产业化应以政府引导下的市场需求为导向，构建绿色建筑的技术保障体系、建筑结构体系、部品与构配件体系和质量控制体系；开展绿色建筑技术产业化基地示范工程；将绿色建筑的研究、开发、设计、施工、部品与构配件的生产、销售和服务等诸环节联结为一个完整的产业系统。实现绿色建筑技术的标准化、系列化、工业化、工程化与集约化。要发展绿色建筑的新技术、新产品、新材料与新工艺，及时淘汰落后产品，加速新型绿色建材的推广应用。

《绿色建筑技术导则》还明确国家要通过开展试点和示范工程，不断总结完善，逐步建立完整系统的绿色建筑评价和认证体系，包括等级划分、评价指标、认证方法与工作流程和认证机构等。这就为其后出台的《绿色建筑评价标准》、《绿色建筑评价标识管理办法》等作了法律上的准备和引导。

12.4.3 《绿色施工导则》简介

2007年9月10日，由建设部制定的《绿色施工导则》开始实施，现行有效。

1. 制定背景及目的

我国尚处于经济快速发展阶段，作为大量消耗资源、影响环境的建筑业，应全面实施绿色施工，承担起可持续发展的社会责任。

2. 遵循原则

根据《绿色施工导则》，绿色施工应遵循以下原则：实施绿色施工，应进行总体方案优化。在规划、设计阶段，应充分考虑绿色施工的总体要求，为绿色施工提供基础条件。实施绿色施工，应对施工策划、材料采购、现场施工、工程验收等各阶段进行控制，加强对整个施工过程的管理和监督。

3. 绿色施工总体框架

绿色施工总体框架由施工管理、环境保护、节材与材料资源利用、节水与水资源利用、节能与能源利用、节地与施工用地保护六个方面组成。这六个方面涵盖了绿色施工的基本指标，同时包含了施工策划、材料采购、现场施工、工程验收等各阶段的指标的子集。

4. 绿色施工要点

绿色施工要点主要包括以下内容：①绿色施工管理。主要包括组织管理、规划管理、实施管理、评价管理、人员安全与健康管理等五个方面。②环境保护技术要点。主要包括扬尘控制、噪音与振动控制、光污染控制、水污染控制、土壤保护、建筑垃圾控制、地下设施、文物和资源保护。③节材与材料资源利用技术要点。主要包括节材措施、结构材料、围护材料、装饰装修材料、周转材料。④节水与水资源利用技术要点。主要包括提高用水效率、非传统水源利用、用水安全。⑤节能与能源利用技术要点。主要包括节能措施、机械设备与机具、生产、生活及办公临时设施、施工用电及照明。⑥节地与施工用地保护技术要点。主要包括临时用地指标、临时用地保护、施工总平面布置。

国家鼓励发展绿色施工的新技术、新设备、新材料与新工艺，施工方案应建立推广、限制、淘汰公布制度和管理办法。

5. 应用示范工程

我国绿色施工尚处于起步阶段，应通过试点和示范工程，总结经验，引导绿色施工的健康发展。

在《绿色施工导则》提出应用示范工程建设任务后，中国建筑业协会制定了《全国建筑业绿色施工示范工程管理办法(试行)》、《全国建筑业绿色施工示范工程验收评价主要指标》、《全国建筑业绿色施工示范工程申报与验收指南》等配套文件。

12.5 案例分析

【案例 12-1】比利时绿色建筑案例简介

1. 布鲁塞尔节能住宅社区

本社区除使用加厚外墙保温层、利用"断桥"式窗框、使用中间充惰性气体的中空玻璃等欧洲比较普及的技术外，在利用太阳能、采集雨水、中水(淋浴等生活用水的二次利用)循环、冷热空气交换等方面也颇具匠心。由此，降低了50%的能耗。

2. 世界著名的节能住宅项目——"三升房"

本项目是世界最大的化学公司——巴斯夫在一幢已有 70 年历史的老建筑基础上改造而成，因其每年每平方米(使用面积)消耗的采暖耗油量不超出 3 升(相当于当量煤约 4.5 千克)而被称为"三升房"。改造过程中主要采用了加强围护结构的保温性能、设置可回收热量的通风系统、截热技术等措施。与改造前相比，采暖耗油量从 20 升降到了 3 升，如按 100 平方米的公寓测算，每年取暖费可从 5400 元人民币降至 770 元，二氧化碳的排放量也降至原来的七分之一，具有极大的经济和环保价值。

3. 埃森 RWE 办公楼

本楼高达 30 层，由透明玻璃环抱，外形呈圆柱状，这种设计既能降低风压，减少热能流失和结构损耗，又能优化自然光照的射入；固定外层玻璃幕墙的铝合金构件呈三角形连接，使日光的射入达到最佳状况；内走廊的墙面与顶部采用玻璃，折射办公室内的阳光以作照明；外墙由双层玻璃幕墙构成，用于有效的太阳热能储备；内层可开启的无框玻璃窗，可使办公室空气自然流通。整个大楼 70%通过自然的方式进行通风，热能节约在 30%以上。玻璃幕墙的反射系数为 0。

4. 世界最大的太阳能居住型社区——阿姆斯福特市"太阳能村"社区

阿姆斯福特市的"太阳能村"是以建筑节能为中心的、装机容量名列世界前茅的太阳能发电居住区，也是当今荷兰住宅建设的示范项目。太阳能利用是该项目的重点，辅以配套的建筑节能技术，达到节约能源和社区可持续发展的目标。太阳能村共有 6000 幢住宅，10 余万人，太阳能光伏发电能力达 1.3 兆瓦(MW)。

在上述绿色建筑案例中，可以发现绿色建筑的发展与新技术、新材料的应用关系密切。上述案例中包含的外墙保温、"断桥"式窗框、中间充惰性气体的中空玻璃、太阳能发电、采集雨水、中水(淋浴等生活用水的二次利用)循环、设置可回收热量的通风系统、截热技术等新技术、新材料的应用，提供了传统建筑向绿色建筑升级的技术载体。因此，节能建筑、绿色建筑、绿色施工发展所依赖的技术创新至关重要。

我国《节约能源法》第八条规定："国家鼓励、支持节能科学技术的研究、开发、示范和推广，促进节能技术创新与进步。"有理由相信，随着我国建筑节能科学技术的不断创新研发以及对其成果的广泛应用，我们一定会赶超国外同业的发达水平。

(摘编自中国节能服务网)

【案例 12-2】瑞典哈马比新型节能建筑小区简介

哈马比新型建筑小区，原址是重工业用地，区域内有许多污染物留存，是瑞典推进可持续发展的具有试点性质的示范住宅小区。重点展示在系统化的规划设计和成熟适用技术的集成方面的理论与实践。该小区在系统化的规划设计上，按照闭合的生态系统理念，从环保、节能、节水、节材、节地和交通等方面综合统筹设计，由斯德哥尔摩市政府分管水务和垃圾处理的管理部门联合开发了一套生态循环系统，通过对当地住宅、办公室及其他设施能源、水、污水及废弃物的有机循环和管理，实现了预定的比原来标准对环境影响减少 50%的目标，在"四节一环保"方面取得了积极成效。

节能方面：在能源供应上，小区内 1000 多户住宅单元 100%利用当地的可再生能源，包括风能、太阳能、地热能、生物能等，并已达到自给自足。其中 2MW 风力发电站能够满足小区所有住户的家庭用电，热泵及小区电力机车的用电；此外约 $120m^2$ 的太阳能光伏电池系统(年发电量约 1.2 万 kW·h)，可满足 5 户住宅单元的年需电量。利用地源热泵技术可满足小区 85%的供热需求，另外的 15%则通过 $1400m^2$ 的太阳能板来提供。在能源消耗上，严格规定每户的能源消耗(包括家庭用电、暖通空调)不能超过 $105kW·h/m^2$·年。在满足使用需要和保障舒适度的同时，体现了节约能源的原则。该小区制定了更为严格的能耗指标，即到 2005 年不能超过 $60kW·h/m^2$·年；2015 年达到 $50kW·h/m^2$·年。采取多种措施提高能效，如制定"质量宪章(Quality Charter)"，要求从楼面设计、建材选择，以及户内电器的配套上都力求实现能源效率高、日常能耗少。又如，普遍采用断桥式喷塑铝合金门窗、高效暖气片、可调式通风系统、节能灯具、空心砖墙及复合墙体技术；部分楼宇安装有可将热量回收的通风系统、加厚的复合外墙外保温墙板等。

节水方面：重点抓好雨水处理系统和污水排放对生态环境的影响。在住宅单元中普遍采用节水器具，例如两档、甚至三档的节水马桶，部分单元还安装了节水龙头。

节地方面：通过合理的规划和设计提高小区的土地利用率，同时增加小区的美学观赏性。哈马比小区套型面积平均在 $100m^2$ 以内，最小的户型 $46 m^2$。

节材方面：通过合理的规划、设计和采用先进的住宅建造技术，尽量应用使用寿命较长、可再生利用的材料(木材、石料等)，引进 LCA 全寿命周期造价评估，来体现住宅合理的性价比以达到节约建筑材料的目的。

环保方面：加强生物多样性保护，实行植被屋顶；通过地下管网垃圾收集系统分类处理生活垃圾，通常食物垃圾经过市政生物能反应器(沼气反应堆)，可转化生成甲烷、二氧化碳和有机肥；其他类干燥垃圾经焚化产生热能和电能，再回用于小区；对污水进行发酵处理，生产沼气。实验表明，通过采用合理的规划设计理念、集成的技术和产品以及先进的施工工艺，小区能源需求减少20%～31%，人均对土地的占用减少45%～59%，人均节水10%，建材总需求减少10%，建材废弃物减少20%。

哈马比新型建筑小区是瑞典政府重视建筑节能事业的一个缩影。近些年来，瑞典政府根据欧盟相关立法的规定，结合本国国情，修订、制定了一系列的法律，规范建筑市场行为，推动绿色建筑与节能方面可持续发展。例如，在2005年11月3日对1967年发布的《住宅标准法》进行了修订，瑞典住宅建筑规划委员会公布了修订后的建筑法规、强制性规定和一般建议的法规，其修订内容涵盖了5个部分：法规导言，关于建筑物的一般法规，卫生、健康和环境，防止噪声，节约能源，新法规于2006年2月起生效。通过对《住宅标准法》的修订，完善了节能建筑、绿色建筑、绿色施工管理的法律制度建设，为节能建筑事业的发展提供了法律依据和引导。

瑞典政府非常重视在住房建设领域进行可持续发展工作，对于在住宅建设和消费过程中，开展可再生能源的生产和使用、降低二氧化碳排放、降低建筑全寿命周期能耗以及减少环境污染和噪音等工作的，政府制定了有关鼓励捐赠和财政补贴的政策。为推动可持续发展战略和环境保护工作，瑞典改革了政府管理机构，成立了可持续发展部，集中行使建设(包括建筑、规划、住房)、土地、交通、环保和能源等政府管理职能；实施了公众参与、企业参与、政治家辩论等活动，逐步形成了全社会对可持续发展和节能问题的共识；推动大学和科研院所积极寻求解决现存问题的方案，推进产业界调整生产方式，使企业树立了强烈的可持续发展和节能理念，并为此储备了大量技术。

瑞典政府还将房屋建筑本身的节能水平，作为引导、规范购房、租房市场的一个首要指标。在推进节能建筑管理中，政府重视采用跨学科、综合的方法将各个领域的各种活动和措施进行整合。比如哈马比小区，从环保、节能、节水、节材、节地和交通等方面综合统筹设计，实现了能源、水、污水及废弃物的有机循环和管理，实现了环境影响减少50%的预定目标。此外，瑞典还制定了大量的节能建筑、节能材料等方面的技术规范标准。

(摘编自中国城市科学研究会"绿色建筑与节能培训团"2007年赴瑞典考察报告，报告执笔人：金星等)

【案例12-3】中建八局西南公司银泰项目部绿色施工的成功实践

《建筑法》第四条规定："国家扶持建筑业的发展，支持建筑科学技术研究，提高房屋建筑设计水平，鼓励节约能源和保护环境，提倡采用先进技术、先进设备、先进工艺、新型建筑材料和现代管理方式。"《节约能源法》第四条规定，"节约资源是我国的基本国策。国家实施节约与开发并举、把节约放在首位的能源发展战略"。

因此，在建设工程施工过程中，理应贯彻上述法律规定。在我国，随着绿色施工理念的逐渐扩散，一些施工单位在工程项目实施中，比较好地进行了绿色施工的策划、管理、技术创新与践行。

中建八局西南公司银泰项目实施工程总承包管理的银泰中心项目位于成都市金融城核心地带，总建筑面积 $74 \times 10^4 m^2$，造价60亿元，建成后将是星级酒店、甲级写字楼、大型商业与商品房集于一体的我国西部地区规模大、业态全、档次高的城市高端综合体。在该项目实施工程中，公司项目部高度重视绿色施工技术、材料的方案策划、研发创新与积极实施，其中较典型的绿色施工表现在：

一是通过垃圾回收排放处理系统增效。通常项目产生的固体垃圾均采取集中外运，不仅增加了成本，而且对生态环境造成极大污染。银泰项目部成功研制出了"建筑固体垃圾回收处理再利用系统"，将建筑垃圾排至地下 4 层固液分离装置，液体随排水沟进入沉淀池后加压进入地面蓄水箱循环使用，无机固体垃圾随传送带经锤式破碎机破碎，粗骨料用于地下室回填，细骨料一部分通过配比搅拌制砖机分别制成任意模数的标准砖、空心砌块、过梁等，经送试验室压力机检测符合国家规范要求，另一部分超细骨料添加发泡剂制成无机保温浆料用于现浇内隔墙，实现了固体垃圾"零外运"。据估算，仅此项就可节约资金 370 万元。

二是建筑节能降耗增效。以往建筑施工灯具全部采用白炽灯、日光灯等，且存在长明灯现象，用电浪费严重。为解决上述问题，银泰项目施工现场照明设施全部采用了声、光组合控制技术的低能耗 LED 灯；项目部每天节约电费可达 4200 元。同时在现场供电系统中对感性负载的大型设备安装无功功率就地补偿装置，可降低电耗 30%。针对传统临时水电安装投入大量材料，施工后需要再次拆除、浪费极大等问题。项目部按照"临时设施正式工程标准做、正式工程兼顾临时设施使用"的施工总体设计，在现场临时消防、临时施工用水和临时照明中实现了利用正式工程预埋管线，既降低了临时施工设施的材料投入，又节约了大量安装、拆除过程中人工成本。

三是工艺革新与施工节材增效。①为节约木材，提升模板、木方周转次数，项目部在引进接木机、模板机、梳齿机等设备的基础上，对机械设备进行改造革新，大大提高了模板木方回收重复使用率，节约成本 20% 以上。②钢筋加工采用数控弯箍机和弯曲中心，仅需 2 名女工，单日就可加工各种图形钢筋 300 吨，箍筋 2 万个。不但质量精度等级高，并且还对钢筋加工产生的铁屑进行集中回收，用于制作耐磨混凝土、耐磨砂浆等，做到了建筑材料的最佳利用，避免了对环境的污染。③不断进行技术革新和工艺改进。先后制作了移动式 PVC 定型化围挡隔离栏杆，改变了周转性差的弊端；基坑、楼层临边均采用工具式钢板网防护，辅助太阳能警示灯、反光带，安全美观；钢结构施工采用定型化操作平台，通道采用组拼式钢坡道、钢走道，实现了临时性道路的快捷搭建，不但可多次周转使用，而且充分展现了项目人性化管理。④针对传统施工现场临时场地、道路采用混凝土路面，施工结束后二次破除，产生大量建筑固体垃圾的问题，研制并进行"装配式混凝土场地、道路铺块工艺"，实现了节材与环境保护。⑤创新模架组合体系，改革以往钢管扣件、木龙骨模架传统做法，采用全钢键槽式快装早拆支撑体系。安装、拆卸方便，装卸速度是传统钢管扣件配合木龙骨模架体系的 20 倍，不仅提高了施工效率，而且节约了大量木材。⑥实施项目标准化精益管理。编制了《建筑工程安全质量标准化图集》、《建筑安全防护平面做法图集》、《建筑施工样板平面做法图集》、《可周转临建图集》等多项图集和企业标准，实现了"三化两可一降低"，即定型化、模数化、工具化，可移动、可周转，从而降低工程成本。

四是水资源回收循环利用增效。项目部在施工现场建造了雨水、地下降水回收循环再利用装置系统。通过对雨水、地下降水进行储存、三级沉淀、水质检测，然后经过供水管网进入现场水资源装配式处理系统，用于施工和消防用水，包括现场养护、降尘、喷淋厕所冲洗等，基本上做到了除生活用水外的市政饮用水"零使用"。仅此项预计节约水费 240 多万元。

五是施工现场环境保护增效。项目部着力打造花园式文明工地，利用废旧模板制作花车、栅栏，通过撒草籽、覆盖等方式绿化环境；为降低声污染，项目定期进行了噪声测控；为降低光污染，为路灯设置了定型灯罩，为焊接作业设置了防光棚；为降低扬尘，基础施工阶段，在基坑周边设置环形排水沟并均匀设置喷雾装置，主体施工阶段，在9层硬防护上设置了可通过电磁阀结合时钟控制器或智能遥控操作的人工降雨系统，实现了施工现场任意时间段的降尘及绿化灌溉要求。除此之外，项目部还针对施工场地狭小，从现场总平面布置策划采购，分区堆放，生活及办公区采用多层周转板房，最大限度减少对施工场地的占用。

　　(摘编自《建筑》，2014年12期，绿色施工是建筑业转型升级的重要途径——中建八局银泰项目绿色施工对建筑业发展循环经济的启示，作者：吴涛)

复习思考题

1. 何谓建筑节能？实施建筑节能有哪些重大意义？
2. 简述新建建筑节能管理的法律规定内容。
3. 简述既有建筑节能管理的法律规定内容。
4. 建设行政主管部门的建筑节能标准监督管理工作的主要任务包括哪些？
5. 简述绿色建筑及绿色施工的概念。
6. 绿色建筑指标体系构成包括哪些指标？
7. 绿色施工总体框架由哪些方面构成？

参 考 文 献

北大法律信息网. http://www.chinalawinfo.com
曹明德. 2008. 环境与资源保护法. 北京：中国人民大学出版社.
法制网. http://www.legaldaily.com.cn
韩世远. 2004. 合同法总论. 北京：法律出版社.
何红锋. 2002. 工程建设中的合同法与招标投标法. 北京：中国计划出版社.
黄安永. 2002. 建设法规. 南京：东南大学出版社.
江平. 2000. 民法学. 北京：中国政法大学出版社.
金维兴，陆歆弘，尚梅，等. 2006. 21世纪中国建筑业管理理论与实践. 北京：中国建筑工业出版社.
李慧民. 2009. 土木工程项目管理. 北京：科学出版社.
李云峰. 2009. 建筑工程质量与安全管理. 北京：化学工业出版社.
王利明. 2010. 民法. 北京：中国人民大学出版社.
王曙光. 2013. 知识产权法. 北京：中国政法大学出版社.
王潇洲. 2009. 工程招投标与合同管理. 广州：华南理工大学出版社.
徐雷. 2013. 基于业主方的施工合同风险识别研究. 北京：知识产权出版社.
郑润梅. 2004. 建设法规概论. 北京：中国建材工业出版社.
中国人大网. http://www.npc.gov.cn
中华人民共和国中央人民政府网. http://www.gov.cn
中华人民共和国住房和城乡建设部网. http://www.mohurd.gov.cn
中华人民共和国最高人民法院网. http://www.court.gov.cn
周湘伟. 2005. 行政许可法要论. 长沙：湖南人民出版社.
朱宏亮. 2003. 建设法规. 武汉：武汉理工大学出版社.